成瀬仁蔵の帰一思想と女子高等教育

比較教育文化史的研究

Jinzo Naruse's Perspectives on Concordia and Higher Education for Women:
A Comparative Study of Educational History

東信堂

はしがき

本書は、女子高等教育のパイオニアとして知られる成瀬仁蔵の帰一思想と女子高等教育思想を比較教育文化史的に考察した研究です。著者は今から一〇年前に『多元的宗教教育の成立過程――アメリカ教育と成瀬仁蔵の「帰一」の教育』を上梓し、そこでは日本の宗教的土壌の中でキリスト教と出会い、牧師・キリスト教学校の推進者となった成瀬が、リベラル・プロテスタンティズムを経由して、エマソン、ジェイムズ、デューイといったアメリカを代表する哲学者の思想と教育から多大な影響を受けて帰一思想を形成し、日本女子大学校で宗教宗派にとらわれない宗教教育を実践したことについて論じました。本書はその後の継続研究として、地域横断的に国際的な広がりを持つ比較教育史という観点から、成瀬のアメリカ思想の受容を再考し、成瀬の思想形成の全体像の解明を試みるものです。

本論では、宗教と女子高等教育の二つの領域を軸に、成瀬がアメリカ留学で吸収した学問の潮流を帰国後実践に適用し、さらなるアメリカの思想と教育の受容によって思想変容させていく過程を検討しています。リベラル・エデュケーションを基礎として人格教育を重んじたキリスト教学校と同じ教育理念を共有しながら、成瀬が人間教育のための宗教心の形成に根ざす信念の涵養を主張し、リベラル・エデュケーションと専門教育というバランスのとれた女子高等教育モデルを打ち出した点を、巌本善治、エリオットといった同時代人の思想、同志社・神戸女学院・青山女学院・東京女子大学等のキリスト教学校が表明した理念や女子高等教育構想と比較しています。宗教思想の面では、宗教間対話に貢献する帰一運動が国際運動として展開する過程において関係した、平和団体のネットワークを解明し、帰一協会会員の多様な見解と差異化される成瀬の見解を、多元的宗教教育の方法論的モデルとして提示しています。世界の宗教教育と女子教育のゆくえを考える方々に読んでいただけましたら幸いです。

本書の刊行は多くの方々のご協力と励ましによるものです。執筆する中で日本女子大学名誉教授の片桐芳雄先生から有益なご意見を賜りましたことを心から感謝申し上げます。史料の収集・閲覧・使用に際し、日本女子大学成瀬記念館の岸本美香子氏には格別のご高配をいただきました。史料の掲載をご許可下さった諸機関の関係各位に御礼申し上げます。

成瀬仁蔵没後一〇〇年にあたる年に本書の公刊の機会を得、東信堂社長下田勝司氏のこれまでの好意あるおすすめに感謝の意を表する次第です。編集部の方々には大変お世話になりましたことを御礼申し上げます。

二〇一九年九月

目次／成瀬仁蔵の帰一思想と女子高等教育―比較教育文化史的研究―

凡例

一　原文の明らかな誤字・誤植・脱字は改めた。不明確な部分は〔ママ〕、〔sic〕とした。
二　振り仮名のある原文は、ルビを省略した。
三　漢字は原則として、常用漢字を使用した。
四　傍線・傍点は原文通りとし、圏点は傍点に統一した。
五　第一次史料のノートから頁数を本文で示す際に、その直後に（　　）に入れて記した。
六　第一次史料のノートの中の引用文は原典に従った。
七　手書き修正のある講演草稿や文書は、修正された内容を示した。
八　第一次史料（書簡、ノート、日記、講演草稿、文書、新聞・雑誌）の英文の翻訳は、著者自身による。

図版出典一覧

図 1-1　梅花女学校創設期の校舎（梅花学園資料室提供）　32
図 2-1　アメリカ留学時代のノート（1892 年）（日本女子大学成瀬記念館所蔵）　57
図 3-1　梅花女学校の寮（1894-1895 年頃）1 階　『この花創立五拾年記念誌』（1928 年 7 月）（梅花学園資料室所蔵）　90
図 3-2　梅花女学校の寮（1894-1895 年頃）2・3 階　『この花創立五拾年記念誌』（1928 年 7 月）（梅花学園資料室所蔵）　91
図 4-1　エリオットの日本女子大学校訪問　『家庭週報』192 号（1912 年 7 月）（日本女子大学成瀬記念館所蔵）　127
※本紙でエリオット講演日が 6 月 5 日になっているが、実際には 7 月 5 日である。
図 5-1　帰一運動に関する文書（1912 年）（Courtesy of Harvard University Archives）　149
図 6-1　*Theosophical Manuals*（1908）に基づく図　『成瀬先生伝』（1927 年、333 頁）　189
図 6-2　*Theosophical Manuals*（1908）に基づく図　『成瀬先生伝』（1927 年、334 頁）　189
図 6-3　柳敬助模写「精神的律動の諧和を表す絵」（日本女子大学成瀬記念館提供）　193

成瀬仁蔵の帰一思想と女子高等教育

―比較教育文化史的研究―

序章

第1節　本研究の視角と意図

グローバル時代の多信仰社会にあって、各国の移民問題への対応は、統合と排除の議論の狭間で、宗教を道具にして民族や国家の分断へと追い込んでいるようにみえる。かつてのキリスト教国は移民の流入によって宗教的価値が多元化し、ヨーロッパの公立学校はキリスト教以外の諸宗教の学習に着手してすでに三〇年が経過した。今日では主要宗教だけでなく無神論・ヒューマニズムも含め、どのようなバランスで宗教的価値の全体を取り扱うのかという課題に対し、新たな対応が求められている。

他方、アジアの女子教育は混迷を極める中、抑圧された女性に対し教育をどのように普及発展させていくかが、今日的課題となっている。また、戦後、女子高等教育を確立した日本の女子大学では、学生数が減少し、トランスジェンダーの学生の受け入れが始まる一方で、男女共学をあえて指向しない女子高等教育の新たな方向性が模索されている。

本書は、現代の宗教的共生と女性のための教育へ向かう一つの史的モデルを提供する研究として、国際社会における宗教間対話と日本の女子高等教育の道を拓いた成瀬仁蔵（一八五八―一九一九）を取り上げ、彼の帰一思想と女子高等教育思想について考察する。

日米修好通商条約調印の年、すなわち一八五八（安政五）年に、成瀬は現在の山口市吉敷に生まれた。翌年、アメリカのミッション団体によって日本に宣教師が派遣されたが、プロテスタント伝道が公に認められたのは、キリシタン禁制の高札が撤廃された一八七三（明治六）年のことである。一九歳の時、同郷の人、澤山保羅（一八五二―一八八七）の感化によってキリスト教に入信し、牧師・キリスト教学校の推進者となった成瀬は、アメリカの思想と教育から多大な影響を受け、その後、彼の宗教観と教育観を大きく変容させた。彼の最初のアメリカ思想の積極的受容は留学体験によるものである。

一八九〇（明治二三）年末にアメリカに向けて日本を出発した成瀬は、サンフランシスコ到着後、シカゴ経由でボストンに入り、マサチューセッツ州で約三年間を過ごしている。成瀬の留学時代をアメリカ思想史の観点からみると、かつてのピューリタニズムは、一九世紀初頭に登場したユニテリアニズムを経由して、エマソン（Ralph Waldo Emerson, 1803-1882）やオルコット（Amos Bronson Alcott, 1799-1888）等のトランセンデンタリズム（超絶主義）へと変容し、その流れを受けてプラグマティズムが浸透しつつあった。宗教の面では、第三次信仰復興運動が展開され、なかでもムーディ（Dwight Lyman Moody, 1837-1899）は神学校や夏期学校で人々の魂に福音信仰をもたらしていた。さらに、ロシア人のブラヴァツキー（Elena Petrovna Blavatsky, 1831-1891）と英国人のベサント（Annie Wood Besant, 1847-1933）の神智学（theosophy）が、キリスト教の伝統や様式にこだわらない新しい宗教形態となって現れていた[1]。世界の宗教界では宗教史上の画期的出来事として、一八九三年九月に万国宗教大会がシカゴ万国コロンビア博覧会(五月～一〇月末)と同時開催され、諸宗教の真理について相互理解を深め、世界の平和を永久に維持すべく友愛の情を結ぶことを目的として、世界の宗教家が一堂に会している。[2]

女性史の観点からみると、一九世紀中葉までに家庭及び国家の道徳の守護者とみなされたアメリカ中産階級の女性像は、共和国の母という概念を定着させ、一九世紀末にはニュー・ウーマンによって家庭性を取り込んだ社会改革運動がＹＷＣＡ(Young Women's Christian Association)(一八六七［慶應三］年創設)、女性キリスト教禁酒同盟(一八七四［明治七］年結成)、ハル・ハウス(一八八九年設立)等を通して展開されていた。高等教育の面では、一九世紀後半は男性にとってリベラル・アーツ・カレッジから大学院主体の大学への移行期にあたり、女性にとっては女子カレッジの創設を通して、やっと高等教育への門戸が開かれた時代である。ソロモンによれば、一八六〇年代から一九二〇年代は、学問の新分野をリベラル・アーツと科学の中に組み入れようとするカレッジ・大学にとって大きな混乱と創造に満ちた時代であった。リベラル・エデュケーションを受ける女性の究極目標や完全なリベラル・アーツ教育の定義づけは、女性や教師にとって未知数であった。女性と男性がリベラル・エデュケーションの共通の要素を共有したとしても、女性のアカデミック体験は異質なものを巻き込んだ。[3]

日本の女性史では小山静子が指摘するように、賢母良妻の思想そのものは前近代の封建社会における女性像とは異なる近代的な新しい女性像として形成され、性別役割分業を成立させた。[4] しかし、一八九四年に成瀬が帰国した日本では、天皇制家族国家観に基づく良妻賢母の育成が目指され、高等女学校において家事・裁縫・手芸といった実用的科目と儒教的な修身教育が重視されている。大日本帝国憲法、教育勅語の発布以来、反動の時代に入り、日本の近代化において中等教育の先駆的役割を果たしてきたキリスト教学校も苦難の時代を迎える。こうした中、アメリカ思想に影響づけられた成瀬は、宗教宗派にとらわれない宗教的スタンスで女子高等教育事業に着手した。

一八九九(明治三二)年の文部省訓令第一二号公布後、シカゴ万国宗教大会によって打たれたうねりも日本の宗教界では沈滞した。しかし、一九一二(大正元)年開催の内務省主催の三教会同は、上からの宗教協力として宗教と政治との接近を示す出来事となった。その頃から宗教間対話と宗教教育の興隆がみられ、成瀬が組織した帰一協会も大きな役割を担っている。大正期には新教育運動の高まりと共に、アメリカの宗教心理学や児童心理学の影響を受けて、児童の宗教教育研究が発達した。とりわけ、ホール(Granville Stanley Hall, 1844-1924)の児童研究及びアドレセンス(青年期)の概念、コー(George Albert Coe, 1862-1951)の宗教教育論は、広く宗教関係者によって受け入れられ、青少年の生き方を宗教的に方向づけることに貢献した。その後、社会主義運動の活発化と関東大震災後の社会不安に対し、政府の国民精神作興運動が始まり、学校教育において宗教的信念の啓発が提唱されてくる。一九二五(大正一四)年一一月に全国高等女学校校長を対象に文部省主催の会議において、「宗教的信念を啓発するに力め、生徒信教に便宜を与ふること」が奨励され、翌年一一月には、帝国教育会主催全国小学校教員大会で「小学校児童に宗教的信念の基礎を培養するに、如何なる方法を採るべきか」について話し合われ、教師の宗教理解と宗教的信念の確立によってその教養に資することや、児童の宗教的要求に留意してその発展に努めること等が決議された。昭和期に入ると、下からの宗教協力として、一九二八(昭和三)年に神道・仏教・キリスト教及び学校関係者によって日本宗教大会が開催され、教育部会において文部省への建議項目が決議されている。一九三五年の文部次官通牒「宗教的情操ノ涵養」に至るまでの一連の流れを包括的に分析した鈴木美南子は、「大正期の世界的普遍的性格をもった宗教動向が、急激な社会変化の中で、その普遍的超越性を『国民道徳』に剝奪吸収され、逆に昭和期には、巨大な宗教性を備えた国家神道が超越的絶対性を主張して、諸宗がその下に統合従属させられてゆく過程をみることができるのである。」[5]と述べている。

成瀬の生きた前後の日米の時代的背景をふまえ、本研究は研究視角として比較教育史という観点を用いて成瀬のアメリカ思想の受容を再考し、成瀬の思想形成の全体像の解明を試みるものである。石附実によれば、比較教育史という言葉の意味は、必ずしも明確ではない。しかし、何らかの教育の事象や課題について、歴史的な比較を行う場合、並置比較と関係比較が存在する。並置比較は比較対象となる事象や問題を並べて吟味することである。この比較においては、国や文化圏の教育の相互の出会いや接触の有無にかかわらず、研究対象の間に貫かれる教育の普遍的な原理の追求が目指されている。他方、関係比較は、出会いや接触に基づく関係の検討を指す。その関係は、直接的な導入、受容から反発、拒絶に至るまで、様々な様相を呈する。並置比較と関係比較は操作概念として分離していても、実際に分析する際には、問題によって互いに結合して用いられるケースが多い[6]。たとえば、関係比較で思想の受容を分析する際に、原初的なものと変容したものとを並置して比較することや、変容した思想と同じ文化圏、あるいは別の文化圏のそれとを並置比較すること等が考えられる。

本研究の目的は、関係比較の視角から、成瀬仁蔵という一人の日本人がアメリカ留学によって宗教と女子高等教育の面でいかなる影響を受け、その後も続く日米交流やアメリカ思想への接近によって何を受容したのかについて分析する。と同時に、並置比較の視角から、留学後に形成される宗教と女子高等教育に関する成瀬の思想が、原理的に同時代の人物・学校・団体の目指す構想とどのように類似、あるいは相違しているのかを解明し、彼の宗教教育及び女子高等教育の独自性を究明する。また、変容した思想が異なる文化圏の中で時代的な制約を受けることで生じる問題点を検討する。

第2節　先行研究の概要と本研究の意義

近年発行された中嶌邦『成瀬仁蔵研究―教育の革新と平和を求めて―』[7]の序章には、成瀬仁蔵研究資料の紹介と共に、成瀬仁蔵研究の現状に関する詳細な分析がなされており、成瀬研究者にとって貴重な道案内となっている。この研究書は四章から構成され、その中で特に第一章の「『婦女子の職務』の成立期の女性観」、「『婦女子の職務』について」、「新潟におけるキリスト教伝道と女子教育」、第二章の「家政学部の成立」、第三章の「明治末期の女子高等教育論―日本女子大学校の『毎月会』について―」、「帰一協会の成立過程」、「帰一協会の活動―その初期の活動を中心に―」は本研究に有益な示唆を与えている。

女子教育及び女子高等教育のプロジェクト研究としては、日本女子大学女子教育研究所[8]が中心に進めた一連の研究がある。そのうち、『大正の女子教育』所収の中嶌邦「大正期の女子教育」、遠藤明子「臨時教育会議と女子教育」、菅支那「成瀬仁蔵と宗教教育」は、本研究にとって要となる成瀬の教育論を描出している。また、『女子の高等教育』所収の小島蓉子「日・米女子大学教育の比較―我が国の女子高等教育の発達に及ぼした米国東部女子カレッジ教育の影響を中心として―」、真橋美智子「成瀬仁蔵の女子高等教育―職業教育の視点から―」は、女子高等教育の日米比較、国内の女子高等教育理念の比較をする上で、欠かせない先行研究である。

成瀬研究の初期の研究の中で、麻生誠[9]の研究は宇宙進化論と汎神論的世界観に彩られた成瀬の人格教育が個人の中で目的論的に調和する教育論であると共に、国家体制との矛盾を内包する教育論であることを指摘し、思想受容の日本的展開を考える上で示唆に富んでいる。日本の女子教育の通史的理解を与え、成瀬の位置づけを示した研究に、平塚益徳[10]による人物を中心とした女子教育史研究、明治三〇年代の良妻賢母主義教育の確立から明治四〇年代の反対論を経て、臨時教育会議の答申へと至る流れの中で成瀬の役割について触れた片山清一[11]の研究、成瀬の女子高等教育思想の形成過程をキリスト教と国家主義との関係から分析した渋川久子[12]らの研究がある。アメリカ思想からの影響として、成瀬とジェイムズ（William James, 1842-1910）のプラグマティズムとの関連性について、哲学的視点から論究した菅支那[13]の研究は貴重である。比較の観点からの先駆は、『女学雑誌』を中心に巌本善治（一八六三―一九四二）の女子教育との対比をした碓井知鶴子[14]の研究である。

その後の成瀬研究は、中嶌[15]や青木生子[16]の伝記的研究、影山礼子[17]の教育思想研究、馬場哲雄[18]の体育・スポーツ研究、白井堯子[19]の日英女子高等教育の研究が単行本で発表されている。これまで大学理念[20]、国際交流[21]、生涯教育[22]、児童教育[23]、アジアへの影響[24]、平和思想[25]、女性ジャーナリズム[26]、社会学[27]、家政学[28]、フェミニズム[29]、奉仕観[30]、講話[31]等の多様な視点から研究が進められてきた。なかでも、日本女子大学学寮一〇〇年研究会[32]の研究は、日本女子大学寮と国内外のカレッジ寮を教育理念と実態の両面から分析しており、成瀬のアメリカ思想受容の一端を示している。成瀬の蔵書調査をした小林陽子[33]の研究は、カタログ・シラバス・パンフレット等の資料を紹介した点において、成瀬のアメリカ留学時代を解明する手がかりを提供している。第一次史料を駆使した研究は、成瀬の「女子教育之方針」と題したノートを考察した片桐芳雄[34]の研究が発表されたばかりである。

成瀬の帰一思想に関する代表的研究は、前述の中嶌の研究と高橋原[35]の研究である。昭和初期の帰一協会の活動を紹介した高橋は、帰一協会結成時の理念からの後退を指摘しつつ、国家の宗教教育政策との関係性を考察している。この他に、渡辺英一[36]、今岡信一良[37]、岸本英夫[38]らの小論・講演記録があり、近年では、成瀬の帰一思想形成をユニテリアンとの関連において考察した片桐[39]の研究や、帰一協会の成立と活動を新たにまとめた見城悌治[40]らによる研究が発表されている。成瀬の宗教観は、キリスト教史の文脈で廣池真一[41]、星野靖二[42]が分析しているが、神秘主義の視点からは大越保[43]が、宗教心理学からは高橋[44]が神智学の影響を指摘している。

成瀬の新潟時代について、書簡翻刻を含む本井康博[45]や中嶌[46]の研究は成瀬の留学前後の思想的連関性を知る上で貴重である。加えて、北越学館事件をめぐって、松川成夫・本多繁[47]、鈴木範久[48]、片桐[49]の詳細な研究がある。

以上の先行研究をふまえ、本研究は、女子教育の面において、これまで十分に明らかにされてこなかった、成瀬のアメリカ留学による変化、とりわけ、留学中に成瀬が記録したノート、収集したカタログの分析から成瀬の女子高等教育への契機を導き出した点に少なからず意義がある。また、書簡・雑誌・講演原稿や成瀬蔵書の分析、各学校史や宣教会議文書の検討から、巌本善治、エリオット（Charles William Eliot, 1834-1926）といった同時代人の思想、同志社・神戸女学院・青山女学院・東京女子大学等のキリスト教学校が表明した理念や女子高等教育構想と比較し、成瀬の教育論の特異性と課題を示す。宗教思想の面では、アメリカ現地調査によって発掘されたエリオットやバトラー（Nicholas Murray Butler, 1862-1947）との往復書簡を含む成瀬文書の分析を通して、帰一運動が平和運動の流れの中で一定の成果を挙げることのできたネットワークを解明した点に特徴がある。また、日本の帰一協会における宗教教育の研究が未開拓であったことから、宗教的情操教育への歴史的な流れも視野に入れ、帰一協会会員の多様な見解と成瀬のそれを差異化し、帰一思想を日本の宗教教育に適用する際の功罪について検討する。

第3節　本書の構成と第一次史料

本書は七つの章から成り立っている。まず第一章では、成瀬の多元的宗教思想形成の端緒を明らかにし、彼の最初の著作である『婦女子の職務』を中心に、そこに展開された女性論とホーム論から彼のキリスト教教育観を考察する。また、新潟時代における内村鑑三(一八六一―一九三〇)との確執や松村介石(一八五九―一九三九)との出会いを通して体験した衝撃の足跡を辿る。

第二章は、成瀬の留学時代の経験にスポットをあて、留学先のアンドーヴァー神学校の神学思想とその影響を探るために、機関誌『アンドーヴァー・レヴュー』の内容を検討すると共に、ノースフィールドでの夏期学校への参加による影響を明らかにする。また、アメリカ留学時代のノートや彼が収集したカタログを取り上げ、その内容に意味を与える史的文脈を、一八九〇年代前半の学問発達とそれを適用するアメリカ女性の生活空間に求め、成瀬の女子高等教育への契機を探る。

第三章では、留学後、アメリカで刺激を受けた宗教と学問を軸にしながら、特殊な日本社会の中で成瀬が女子大学設立運動に着手するまでの前史を解明する。ここでは、関西のアメリカン・ボード系女学校のネットワークの中での成瀬の動きに着目し、書簡分析を通して同時代人の女子高等教育論者である巌本善治との接点を探る。他方、天皇制国家主義時代にあって『女子教育』を執筆した背景について、執筆協力者である麻生正蔵(一八六四―一九四九)の立ち位置を分析し、成瀬のキリスト教学校からの離脱について論じる。

第四章では、日米の女子高等教育について、アメリカ女子大学を類型化し、そこで新しく生まれつつあった家政学に着目した成瀬の女子大学構想を分析すると共に、彼のリベラル・エデュケーションと職業教育、専門教育の考えを青山女学院及び東京女子大学との対比において検討する。また、来日したエリオットの報告書、講演原稿、著作を通して、成瀬との思想的関係を考察し、日本発の女子高等教育モデルの特質を探る。

第五章では、当時、日米紳士協定以来、移民排斥が深刻化しつつある状況の中で、日本発の帰一運動によって、アメリカにおいて米国帰一協会の組織化を実現した背景とその経緯について究明する。特に、エリオットやバトラーとの往復書簡を含む成瀬文書、インターナショナル・コンシリエーションの機関誌の内容を精査し、帰一運動の国際的展開を検証する。

第六章では、成瀬の思想形成を考える上で、アメリカのポイント・ロマを拠点とする神智学協会からの影響を無視できないことから、ラジア・ヨガ学校との関わり、帰一協会での神智学研究、成瀬の実践倫理講話を考察し、神智学への接近を跡づける。また、成瀬が講話で活用した神智学テキストやエマソンの図書分析等を通して、「帰一」の概念を究明する。

第七章では、成瀬の変容した思想としての帰一思想に基づく宗教教育とその特質について述べる。特に、これまで踏み込んだ研究のなされてこなかった、日本の帰一協会例会での宗教教育論議について、帰一協会会報と関連図書の分析を通して帰一協会会員の意見を整理し、成瀬の宗教教育の方法論的モデルを抽出する。

本研究において使用した主な第一次史料は、以下の通りである。成瀬仁蔵の著作については、『成瀬仁蔵著作集』全三巻（日本女子大学、一九七四年、一九七六年、一九八一年）、『日本女子大学校長成瀬仁蔵先生述　実践倫理講話筆記』（明治三十七・三十八年度ノ部［二〇〇九年］、明治三十九年度ノ部［二〇〇四年］、明治四十年度ノ部［二〇〇五年］、明治四十一年度ノ部［二〇〇七年］、明治四十二年度ノ部［二〇一二年］、明治四十三年度ノ部［二〇一五年］、明治四十四年度ノ部［二〇一七年］、明治四十五年及び大正元年度ノ部［二〇一八年］、大正四年度ノ部［二〇〇一年］、大正五・六年度ノ部［二〇〇二年」、日本女子大学成瀬記念館)、「アメリカ留学時代のノート」オリジナル(一八九二年、日本女子大学成瀬記念館所蔵)、『成瀬仁蔵資料集二(D2014)』(日本女子大学成瀬記念館、二〇一八年)、書簡(日本女子大学成瀬記念館所蔵)、「大学教育法改善案　附エリオット教授四十年間の経験」(一九一三年推定、日本女子大学成瀬記念館所蔵)を用いた。

帰一運動については、『帰一協会会報』第一号〜第八号、特別号(一九一三―一九一六年)、『時局論叢』第一輯〜第二輯(一九一五―一九一六年)、『帰一協会叢書』第一輯〜第六輯(博文館、一九一六―一九一八年)、*First Report of the Association Concordia of Japan* (Tokyo: June 1913)、*Second Report of the Association Concordia of Japan* (Tokyo: July 1914)、*Aspects of Japan: Being four series of lectures delivered at the Summer School for Missionaries, Karuizawa,1913* (Tokyo: Kyobunkan, 1913)、*International Conciliation: The Concordia Movement* (New York: American Association for International Conciliation, 1912)を使用した。帰一運動の国際的背景は、*International Conciliation* (New York: American Association for International Conciliation, 1907-1908, 1911-1914), *International Conciliation* (New York: Carnegie Endowment for International Peace, 1936)、*Papers of Charles William Eliot: an inventory, General Correspondence Group 1, 1909-1926* (Harvard University Archives)を参照した。

学園関係史料として、*Journal of Henrietta Chapin Seelye* (Smith College Archives)、*Calender of Wellesley College 1890-1891 and 1891-1892* (Boston: Frank Wood, Printer, 1891 and 1892) (Wellesley College Archives)、*The Wellesley Prelude*, Vol. II.-No.25 (April 11, 1891) and Vol. II.-No.26 (April 18, 1891) (Wellesley College Digital Scholarship and Archives)、*Smith College Official Circular*, No.19 (1892) (日本女子大学成瀬記念館所蔵)、*Twenty-Sixth Annual Report of the Boston Young Women's Christian Association* (March 7, 1892). (日本女子大学成瀬記念館所蔵)、Hope W. Narey, *Department of Physical Education, Boston Young Women's Education, October 1891, to June, 1892* (日本女子大学成瀬記念館所蔵)、『梅花女学校々則　附教育要領』(一八九四年、日本女子大学成瀬記念館所蔵)、『この花　創立五拾年記念誌』(一九二八年七月、梅花学園資料室所蔵)、「同志社明治廿五年度異動表」『同志社明治

廿五年度報告』『同志社明治廿六年度報告』(同志社社史資料センター所蔵)、「同志社明治廿八年度異動表」「明治廿九年壱月七日条」「明治廿九年弐月廿四日、廿六日、廿八日条」『同志社明治廿八年度報告』(一八九二―一八九三年、一八九五―一八九六年、同志社社史資料センター所蔵)、*Life: A Periodical Magazine for Japanese Students of English*, Vol. 1, No.1 (1910), *Life: A Review of Modern Thought, Life and Art*, Vol.1, No.2 (1910), *Life and Light: A Survey of Modern Thought, Life and Art*, Vol.1, No.3-No.6 (1911)(日本女子大学成瀬記念館所蔵)を参照した。

定期刊行物として、*Vermont Watchman & State Journal* (July 15, 1891)、*Daily Hampshire Gazette* (March 11, 1893)、*The Andover Review: A Religious and Theological Monthly*, Vol. I-XIX (Boston: Houghton, Mifflin and Company, 1884-1893)、『東京朝日新聞』、『婦女新聞』、『女学雑誌』、『婦人世界』、『家庭週報』を使用した。

注

1 曽根暁彦『アメリカ教会史』(日本基督教団出版局、一九七四年)、一六六―一七一頁。

2 J.W. Hanson (ed.), *The World's Congress of Religions* (Tokyo: Edition Synapse, 2006). 鈴木範久『明治宗教思潮の研究』(東京大学出版会、一九七九年)、二〇七―二四九頁。日本の仏教界を代表して、釈宗演、土宜法竜、芦津実全、八淵蟠竜、神道からは柴田禮一、キリスト教界からは小崎弘道(一八五六―一九三八)が参加した。当時、ハーバード大学に岸本能武太(一八六五―一九二八)が留学しており、九月二六日に「日本における宗教の将来」と題して、シカゴ万国宗教大会で演説している。成瀬の日記(一八九二年五月二八日―六月一日ボストン・ケンブリッジ視察時)に岸本と交流した事実が認められる。(『成瀬仁蔵著作集　第一巻』[日本女子大学、一九七四年]、五五五頁。)シカゴ万国博覧会では宗教会議の他に、教育会議や女性代表者世界会議も同時開催された。教育部門では、総括責任者のハリス(William T. Harris, 1835-1909)が委員長となり、幼児教育から大学拡張に至るまで広いテーマで会議が行われた。(石附実『世界と出会う日本の教育』[教育開発研究所、一九九二年]、一一三頁、一一五頁。)成瀬は谷川熊五郎宛書簡(一八九二年五月一七日付)で「小生は……其次は『シカゴ』に参り、世界大博覧会を覧殊ニ世界婦人の進歩に付き研究之積に御座候」(梅花学園澤山保羅研究会編『澤山保羅全集』[教文館、二〇〇一年]、六〇九頁)と述べ、女子教育研究のためのシカゴ博参加の意志を伝えているが、参加したかどうか不明である。

3 Barbara Miller Solomon, *In the Company of Educated Women: A History of Women and Higher Education in America* (New Haven and London: Yale University Press, 1985), p. 78.

4 小山静子『良妻賢母という規範』(勁草書房、一九九一年)、第一章参照。

5 鈴木美南子「天皇制下の国民教育と宗教―大正~昭和期を中心として―」伊藤彌彦編『日本近代教育史再考』(昭和堂、一九八六年)、二五二頁。

6 石附前掲書、一二四―一二六頁。

7 中嶌邦『成瀬仁蔵研究―教育の革新と平和を求めて―』(ドメス出版、二〇一五年)。

8 日本女子大学女子教育研究所編『明治の女子教育』(国土社、一九六七年)、『女子の生涯教育』(国土社、一九六八年)、『大正の女子教育』(国土社、一九七五年)、『女子の高等教育』(ぎょうせい、一九八七年)、『女子大学論』(ドメス出版、一九九五年)。小島蓉子「日・米女子大学教育の比較研究序説―わが国の女子高等教育の発達に及ぼした米国東部女子カレッジ教育の影響を中心として―」日本女子大学社会福祉学科『社会福祉』第二四号(一九八三年)、六三―八三頁参照。

9 麻生誠「成瀬先生における女子教育理論の構造」『泉』第二巻第六号(日本女子大学、一九五七年)、九二―一〇三頁、八五頁。

10 平塚益徳編著『人物を中心とした女子教育史』(帝国地方行政学会、一九六五年)。

11 片山清一『近代日本の女子教育』(建帛社、一九八四年)。

12 渋川久子「成瀬仁蔵の女子教育思想―そのクリスト教と国家主義をめぐって―」『日本大学精神文化研究所・教育制度研究所紀要』第四集(一九六七年六月)、八五―一〇五頁。

13 菅支那『成瀬仁蔵先生の女子教育』(「成瀬仁蔵先生の女子教育」刊行会、一九八一年)。菅支那「成瀬仁蔵とウィリアム・ジェームス―第一九回婦人週間にあたって思うこと―」『女子大通信』第二二〇号(一九六七年五月)、一四―一八頁。菅支那「成瀬仁蔵とウィリアム・ジェームス(Ⅰ)(Ⅱ)」『桜楓新報』第一八九号(一九六七年五月)、六頁。第一九二号(一九六七年八月)、二頁。

14 碓井知鶴子「女子教育―『女学雑誌』を中心に―」本山幸彦編『明治教育世論の研究 上―思想・言論・宗教界編―』(福村出版、一九七二年)、二七七―三二八頁。碓井知鶴子『女子教育の近代と現代―日米の比較教育学的試論―』(近代文藝社、一九九四年)。

15 中嶌邦『成瀬仁蔵』(吉川弘文館、二〇〇二年)。Kuni Nakajima, "Jinzo Naruse," in Benjamin C. Duke (ed.), *Ten Great Educators of Modern Japan* (Tokyo University Press, 1989), pp.67-85.
16 青木生子『いまを生きる 成瀬仁蔵—女子教育のパイオニア—』(講談社、二〇〇一年)。
17 影山礼子『成瀬仁蔵の教育思想—成瀬的プラグマティズムと日本女子大学校における教育—』(風間書房、一九九四年)。
18 馬場哲雄『近代女子高等教育機関における体育・スポーツの原風景—成瀬仁蔵の思想と日本女子大学校に原型をもとめて—』(翰林書房、二〇一四年)。
19 白井堯子『明治期女子高等教育における日英の交流—津田梅子・成瀬仁蔵・ヒューズ・フィリップスをめぐって—』(ドメス出版、二〇一八年)。
20 中嶌邦「日本女子大学の建学理念と教旨の展開」大西健夫・佐藤能丸編著『私立大学の源流—「志」と「資」の大学理念—』(学文社、二〇〇六年)、一二三—一三九頁。新井明「三綱領について—軽井沢の自然のなかで—」『成瀬記念館』第二二号(日本女子大学成瀬記念館、二〇〇八年)、一一—一八頁。谷岡郁子「近代女子高等教育機関の成立と学校デザイン」(神戸芸術工科大学大学院博士論文、一九九七年)。
21 島田法子・蟻川芳子・小林陽子・松沼真由子・杉森長子・小塩和人・高宮裕子「成瀬仁蔵の女子教育—初期日本女子大学校卒業生のアメリカ留学と国際交流にみる—」『日本女子大学総合研究所紀要』第五号(二〇〇二年)、一五一—一九四頁。
22 山本和代「成瀬仁蔵から託された桜楓会の使命」『成瀬記念館』第二三号(日本女子大学成瀬記念館、二〇〇八年)、五八—七三頁。
23 真橋美智子「成瀬仁蔵の児童観と児童教育」『日本女子大学紀要 人間社会学部』第一七号(二〇〇六年)、一六一—一七三頁。
24 陳暉「明治教育家 成瀬仁蔵のアジアへの影響—家族変革をめぐって—」(国際日本文化研究センター、二〇〇四年)。大浜慶子「成瀬仁蔵著『女子教育』の中国語版と近代中国における役割について」『成瀬記念館』第一九号(日本女子大学成瀬記念館、二〇〇五年)、五六—六二頁。弘中和彦「インド女子大学の誕生—近代における日印教育交流の一断面—」『国立教育研究所紀要』第一二一集(一九九二年三月)、七五—九一頁。臼杵陽「成瀬仁蔵の実践倫理講話とインド女子大学設立構想」『日本女子大学総合研究所紀要』第一一号(二〇〇八年)、五五—六三頁。
25 中嶌邦・杉森長子編『二〇世紀における女性の平和運動—婦人国際平和自由連盟と日本の女性—』(ドメス出版、二〇〇六年)。

26 青木生子「平塚らいてうと成瀬仁蔵」日本女子大学国語国文学会『國文目白』第四二号（二〇〇三年二月）、九〇―九八頁。水田珠枝「平塚らいてうの神秘主義（上）（下）―成瀬仁蔵・ドイツ観念論・禅との関連で―」『思想』第九九六号（岩波書店、二〇〇七年四月）、四―三三頁。第九九七号（岩波書店、二〇〇八年五月）、一二八―一四六頁。高良留美子「成瀬仁蔵の女子教育思想と平塚らいてう」新・フェミニズム批評の会編『『青鞜』を読む』（學藝書林、一九九八年）、三五〇―三七五頁。

27 山本鎮雄「成瀬仁蔵の社会学的世界―受容と実践―」『日本女子大学紀要　文学部』第三九号（一九九〇年三月）、八一―九一頁。山本鎮雄「成瀬仁蔵と社会学思想―『社会学』の受容と実践―」『日本女子大学大学院人間社会研究科紀要』第七号（二〇〇一年三月）、一―一一頁。

28 常見育男「明治期三名の家政学研究の留学者に関連して（三）」『家庭科学』第九一集（一九八二年一二月）、一二―二一頁。赤塚朋子「わが国における家政学教育成立時の諸状況」『日本女子大学紀要　家政学部』第三八号（一九九一年二月）、八九―九九頁。小林陽子「井上秀の家政学における女性の経済的自立」『教育学論集』第一六号（甲南女子大学大学院文学研究科［教育学専攻］、一九九八年一月）、三一―四八頁。小林陽子「井上秀の家政学形成過程―その初期におけるアメリカ留学と桜楓会社会事業をとおして―」『教育学論集』第一九号（甲南女子大学大学院文学研究科［教育学専攻］、二〇〇一年二月）、一―一五頁。一番ヶ瀬康子「創立者成瀬仁蔵の家政学部構想」『日本女子大学総合研究所紀要』第五号（二〇〇二年）、五―七頁。鬼頭七美「家政学という場―成瀬仁蔵、リベラル・アーツ、女子教育―」『日本女子大学総合研究所紀要』第八号（二〇〇五年）、九九―一〇三頁。

29 山内恵「成瀬仁蔵とギルマン夫人」『成瀬記念館』第二五号（日本女子大学成瀬記念館、二〇一〇年）、一五―二七頁。

30 坂本道子「ボランティア思想の源流としての奉仕観―日本女子大学創始者成瀬仁蔵氏の『共同奉仕』を通して―」『日本女子大学紀要　人間社会学部』第五号（一九九五年三月）、一〇九―一一八頁。

31 片桐芳雄「フクシマ後の成瀬仁蔵―『軽井沢山上の生活』を読む―」『人間研究』第四九号（二〇一三年三月）、二五―三七頁。片桐芳雄「『軽井沢山上の生活』の詩について―原詩を尋ねて―（上）（下）」『成瀬記念館』第二八号（日本女子大学成瀬記念館、二〇一三年）、四一―六二頁。第二九号（日本女子大学成瀬記念館、二〇一四年）、六七―八三頁。長野和子「成瀬仁蔵の『実践倫理』講義―日本女子大学校長成瀬仁蔵先生述実践倫理講話筆記」の検討から―」『日本女子大学大学院人間社会研究科紀要』第一九号（二〇一三年二月）、一―一五頁。山根知子「宮澤トシの『実践倫理』答案―成瀬校長の導きとトシの心の軌跡―」『成瀬記念館』第三〇号（日本女子大学成瀬記念館、二〇一五年）、一一―四一頁。

32 日本女子大学学寮一〇〇年研究会編『女子高等教育における学寮―日本女子大学 学寮の一〇〇年』（ドメス出版、

二〇〇七年)。

33 小林陽子「成瀬仁蔵の蔵書調査―旧成瀬仁蔵宅と関連人物を中心に―」(第一報)『鳥取大学地域学部紀要『地域学論集』第二巻第二号(二〇〇五年一一月)、二五七―二六八頁。小林陽子「成瀬仁蔵の蔵書調査―カタログ・シラバスなど資料の概要―」(第二報)『鳥取大学地域学部紀要『地域学論集』第三巻第三号(二〇〇七年三月)、二九七―三一三頁。

34 片桐芳雄「成瀬仁蔵と『女性の領域』(Woman's Sphere) ―アメリカ留学で学んだこと―」『愛知教育大学研究報告』第六七―I輯(教育科学編)(二〇一八年三月)、二三九―二四七頁。

35 高橋原「帰一協会の理念とその行方―昭和初期の活動―」『東京大学宗教学年報』第二〇号(二〇〇三年三月)、四三―五四頁。高橋原「明治知識人の宗教観と成瀬仁蔵」『日本女子大学総合研究所紀要』第一一号(二〇〇八年)、三六―五〇頁。

36 渡辺英一「成瀬先生の帰一協会運動と時代の要求」『家庭週報』第一二一六号(一九三四年三月九日)、三頁。渡辺英一「『帰一』の眞意(一)」「『帰一』の旨意(二)〜(二〇)[欠番(一二)]」『桜楓新報』第三四号(一九五四年五月)、三頁。第三五号(一九五四年六月)、一頁。第三六号(一九五四年七月)、一頁。第三七号(一九五四年八月)、二頁。第三九号(一九五四年一〇月)、一頁。第四一号(一九五四年一二月)、二頁。第四三号(一九五五年二月)、二頁。第四四号(一九五五年三月)、二頁。第四五号(一九五五年四月)、五頁。第四九号(一九五五年八月)、二頁。第五一号(一九五五年一〇月)、二頁。第五六号(一九五六年四月)、五頁。第五七号(一九五六年五月)、四頁。第五八号(一九五六年六月)、一頁。第五九号(一九五六年七月)、一頁。第六〇号(一九五六年八月)、一頁。第六一号(一九五六年九月)、一頁。第六二号(一九五六年一〇月)、一頁。第六三号(一九五六年一一月)、三頁。

37 今岡信一良「成瀬先生の帰一について」『家庭週報』第一六三二号(一九五一年二月二〇日)、一頁。今岡信一良(講演)「自由宗教運動の先駆者・成瀬仁蔵先生」『桜楓新報』第一六〇号(一九六四年一二月)、一二頁。

38 岸本英夫「帰一思想について―岸本英夫氏の講演―」『桜楓新報』第一〇号(一九五二年二月)、一頁。岸本英夫「成瀬先生の宗教観―岸本英夫講演―」『桜楓新報』第一〇二号(一九六〇年二月)、二頁。岸本英夫『岸本英夫集―生と死―』第六巻(渓声社、一九七六年)、一二一―一二七頁。

39 片桐芳雄「成瀬仁蔵のアメリカ留学、タッカーとの出会い―帰一思想への道(一)―」『人間研究』第五〇号(二〇一四年三月)、一一―二一頁。片桐芳雄「アメリカにおける成瀬仁蔵とキリスト教―帰一思想への道(二)―」『人間研究』第五一号(二〇一五年三月)、二三―三二頁。

40 見城悌治編著『帰一協会の挑戦と渋沢栄一―グローバル時代の「普遍」をめざして―』(ミネルヴァ書房、二〇一八年)。

41　廣池真一「明治キリスト教史における成瀬仁蔵」『日本女子大学総合研究所紀要』第六号（二〇〇三年）、一四―一七頁。
42　星野靖二「成瀬仁蔵のキリスト教理解―郡山時代を中心に―」『日本女子大学総合研究所紀要』第一一号（二〇〇八年）、一六―三五頁。
43　大越保「成瀬仁蔵における神秘思想と教育」『早稲田大学大学院文学研究科紀要　別冊　哲学・史学編』第一〇集（一九八四年一月）、九一―一〇〇頁。
44　高橋原「初期宗教心理学と成瀬仁蔵」『日本女子大学総合研究所紀要』第六号（二〇〇三年）、一八―二六頁。
45　本井康博『近代新潟におけるプロテスタント』（日本キリスト教団新潟教会、二〇〇六年）。本井康博『近代新潟におけるキリスト教教育―新潟女学校と北越学館―』（思文閣出版、二〇〇七年）。
46　中嶌邦「新潟時代の成瀬仁蔵―成瀬宛書簡の紹介を通して―」『日本女子大学紀要　文学部』第四一号（一九九二年三月）、九五―一一五頁。
47　松川成夫・本多繁「明治二十年代におけるキリスト教主義学校の一側面―北越学館・新潟女学校について―」『宣教研究』第一号（一九六八年）。
48　鈴木範久『内村鑑三とその時代―志賀重昂との比較―』（日本基督教団出版局、一九七五年）。
49　片桐芳雄「北越学館事件の成瀬仁蔵と内村鑑三―『成瀬意見書』の検討を通して―」『人間研究』第五三号（二〇一七年三月）、三―一六頁。

第1章　武士道に接木したキリスト教[1]

第1節　宗教的ルーツ

一八九三（明治二六）年三月一一日付のアメリカの新聞『デイリー・ハンプシャー・ガゼット』に、一人の日本人に関する記事がある。

昨夜、成瀬仁蔵師はエドワーズ教会で日本の侍に関する面白い演説をした。彼は「侍」が最も高位の社会階級であると話した。自分はその出自であるけれども、自らの生い立ちを話すことによってよりほかに、その身にまとったものを描くことはできないとも語った。子どもの頃、いつも彼は乳母から世話を受け、日本の富裕層の子どもが受けるのとほとんど同じ作法で育てられた。武士階級の最も独特な慣習の一つは、喜びとか悲しみを表す感情を隠すことであった。彼は仏教徒に育てられたが、ほとんど信仰しておらず、ついにキリスト教に改宗した。その時から聖職に向かって自己教育した。現在、祖国で彼は教会に属し、学校を運営している。表明された彼の働きに対して、献金がなされた。彼の英語はとてもブロークンで、理解しにくかった。[2]

一八五八（安政五）年に周防国吉敷郡（山口県山口市）に誕生した成瀬仁蔵は長州藩の士族の家で育った。アメリカ留学中、彼がエドワーズ教会で語った幼少時代は、同年九月に会衆派の日曜学校協会出版部から英文出版された『澤山保羅―現代日本のポウロ―』に、よりまとまった形で書き表されている。武士道徳に関する内容は新渡戸稲造（一八六二―一九三三）の『武士道』に似ているが、成瀬の執筆の方が六年早い。表1―1[3]は成瀬の武士道徳及び武士の教育に関する記述に従って、新渡戸の『武士道』の章を対照させ引用したものである。

表1－1

<table>
<tr><th>成瀬仁蔵、新井明訳『澤山保羅―現代日本のポウロ』（一八九三年）日本女子大学、二〇〇一年発行</th><th>新渡戸稲造、矢内原忠雄訳『武士道』（一八九九年）岩波書店、一九三八年発行</th></tr>
<tr><td>〔冷静沈着、克己〕
使用人たちは、自分に課せられた仕事をさぼって、一人きりの跡継ぎ息子を危険にさらしたことにたいして、父が激怒するであろうと、びくびくしていた。
　しかし、藩主邸の勤務室からもどった父は、非常に冷静で沈着であったという。彼は一言の怒りも口にせず、叱ることさえしなかった。なぜならば、このような事態に直面したとき、武士（サムライ）の魂は、いかなる感情にも動かされてはならなかったからである。起こるかもしれないいかなる困難にあっても、勇敢に立ち向かうように鍛錬されていたのだ。彼の運命の上にいかなる悲しみが降りかかろうと、いかなる貧困にさらされようと、たとえ死が訪れたときでさえ、顔色など変えることは許されなかった。
　　喜怒哀楽の未だ発せざる、これを中と謂う。発して皆な節に中る、これを和と謂う。中なる者は天下の大本なり。和なる者は天下の達道なり。
　この哲学に武士（サムライ）は一心に服従した。私の母や叔母や弟が死んだとき、幼かった私は自分を抑制できずに、ひどく泣いてしまったことを覚えている。だが父は精神の平静さを全く失わず、父の目に涙が宿ったのさえ見た覚えがな</td><td>第十一章　克己
　武士が感情を面に現わすは男らしくないと考えられた。「喜怒色に現わさず」とは、偉大なる人物を評する場合に用いらるる句であった。………
　挙止沈着、精神平静であれば、いかなる種類の激情にも擾されない。………家庭生活においてもまた、親心の弱さに出ずる行為を気づかれないように、襖の蔭に立ちながら病む児の呼吸に終夜耳を澄ませた父がある！臨終の期にもその子の勉学を妨げざらんがために、これを呼び返すことを抑えた母親がある。（九一―九二頁）</td></tr>
</table>

い。（二〇―二一頁）

〔武士の教育、忍耐〕

　われわれの幼年時代の教育について言えば、読み書きを習い、訓話を聞き、漢詩を作り、算術、絵描き、武道の鍛練をする、というのが主な授業内容だった。明け方、朝食の前には読み方を習った。昼間は訓話を聴き、そして夕方には算術を習った。

　数千個にわたる漢字をおぼえなければないということは、ひじょうな難事業であった。………

　ときには雪のなかや真白な霜の上を裸足で登校させられた。これなどは虐待と思われても仕方ない。このようなしつけが男子にはよく課せられた。しかしこのような訓練は、われわれが学んでいた学問そのものと同じように、教育の重要な一部であると考えられていた。（二一―二二頁）

〔切腹〕

なぜなら、このような訓練によって武士階級の父母は、彼らの子どもたちにいわゆる「大和魂」、すなわち日本精神を育

第十章　武士の教育および訓練

武士道教育における教課目が主として撃剣、弓術、柔術もしくは柔ら、馬術、槍術、兵法、書道、倫理、文学および歴史等より成りしことを見ても驚くに足りないであろう。これらの中柔術と書道については説明の数語を必要とするであろう。能書に重きを置きし所以は、おそらく我が国の文字が絵画の性質を帯び、したがって芸術的価値を有したるが故であり、また筆蹟は人の性格を表わすものと認められたからであろう。（八七頁）

第四章　勇・敢為堅忍の精神

　剛毅、不撓不屈、大胆、自若、勇気等のごとき心性は、少年の心に最も容易に訴えられ、かつ実行と模範とによって訓練されうるものであって、少年の間に幼時から励みとせられたる、いわば最も人気ある徳であった。………幼少の児童に用を命じて全然未知の人に遣わし、或いは厳寒といえども日出前に起き、朝食前素足にて師の家に通って素読の稽古に出席せしめた。（四四頁）

第十二章　自殺および復仇の制度

　すでに読者は、切腹が単なる自殺の方法でなかったことを領解せられたであろう。それは法律上ならびに礼法上の制度

成したいと念願していた。つまり、藩主やお国のために自己を否定し、献身する精神である。親たちはまた、いわゆるハラキリ（切腹）、自殺の精神をも育成することを望んだ。このハラキリということばは文字どおりに訳せば腹部を切ることである。ハラキリの精神を親が教えたかった動機は、他人のために喜んで死ねる、優れた目的のためなら喜んで死ねる、という勇敢な精神を育成したいからであった。武士はいつでも切腹できる勇敢さをもっていなければ恥とされた。なぜなら臆病さのゆえに、正義のため、君主のため、国のために彼は死ぬことができなくなるからである。したがって、他人の刀によって殺されること、戦場で囚われの身となることは、ひじょうに不名誉なことと考えられるようになった。ハラキリは英雄行為（ヒロイズム）のしるしであり、武士の特質といえるものであった。（一二二—一二三頁）

〔礼儀、作法形式〕
われわれには厳重な規則によって定められた多くの作法形式がある。手のこんだ、洗練された礼儀の体系である。例えば、畳の上に座るにも日本式に正しく座る作法があった。……私の父は、この作法であろうが他のどんな規則であろうが、自分の個室にいるときでも、極端なまでに厳格な態度を崩したことはなかった。自分の子供の前で不謹慎な範を垂れては

であった。中世の発明として、それは武士が罪を償い、過ちを謝し、恥を免れ、友と贖い、もしくは自己の誠実を証明する方法であった。それが法律上の刑罰として命ぜられる時には、荘重なる儀式をもって執り行われた。それは洗煉せられたる自殺であって、感情の極度の冷静と態度の沈着となくしては何人もこれを実行するをえなかった。……

……かくして武士道の教うるところはこれであった—忍耐と正しき良心とをもってすべての災禍困難に抗し、かつこれに耐えよ。……

　これらの語は我が国民をして、「わがため己が生命を失う者はこれを救わん」と教えし大建築者〔キリスト〕の宮の門に接近せしめているではないか。これらは、キリスト教徒と異教徒との間の差異を能う限り大ならしめんと骨折る試みがあるにかかわらず、人類の道徳的一致を確認せしむる数多き例証中の、僅か二、三であるに過ぎない。（一〇〇—一〇六頁）

第六章　礼

　礼が社交の不可欠要件にまで高められる時、青少年に正しき社交的態度を教えるため、行儀作法の詳細なる体系が制定せらるるに至るはけだし当然である。人に挨拶する時にはいかに身を曲ぐべきか、いかに歩むべきか座るべきかは、最大の注意をもって教えられ、かつ学ばれた。食事の作法は一の学問にまで発達し、茶を点じまた喫むことは礼式にまで高

いけないと、酷寒の季節でさえ、父が炉端で火に向かって足を投げ出したことは一度もなかった、と母が話してくれたものだ。こうして父は、定められた時間ではないときに菓子や果物を口にしたことは一度もなかったし、子供にとって強い誘惑となると考えて、芝居を見に行くことも一度もなかったし、厳格な作法規則の範だけを示してくれたのである。（二四頁）

〔神道、儒教、仏教の融合からなる道徳〕

この時代の道徳はやや特異なものであり、日本の神道と、中国から伝来した儒教や仏教との融合によってできたものであった。

第一の義務は宗教的なもので、天命に従い、祖先の霊を祀ることであった。最も一般的な義務が天命に従うことであり、「天からさずけられたものは自然と称せられる。この自然に調和することが本分の道である。この道を正しい方向に向けることが教育である。」

次の義務は「五倫」、すなわち五つの間柄の義務である。これら五つの間柄は、一　主君または藩主と家臣、二　父子、三　夫婦、四　兄弟姉妹、五　朋友である。

以上でわかるように、忠義、孝行、愛国心が最高の美徳で、このような徳を数多く積んだ人びとが日本には大勢いた。

………

められた。教養ある人は当然すべてこれらの事に通暁せるものと期待せられた。（五九頁）

第二章　武士道の淵源

まず仏教から始めよう。運命に任すという平静なる感覚、不可避に対する静かなる服従、危険災禍に直面してのストイックなる沈着、生を賤しみ死を親しむ心、仏教は武士道に対してこれらを寄与した。……

仏教の与え得ざりしものを、神道が豊かに供給した。神道の教義によりて刻みこまれたる主君に対する忠誠、祖先に対する尊敬、ならびに親に対する孝行は、他のいかなる宗教によっても教えられなかったほどのものであって、これによって武士の傲慢なる性格に服従性が賦与せられた。………

神道の教義には、我が民族の感情生活の二つの支配的特色と呼ばるべき愛国心および忠義が含まれている。………

厳密なる意味においての道徳的教義に関しては、孔子の教訓は武士道の最も豊富な淵源であった。君臣、父子、夫婦、長幼、ならびに朋友間における五倫の道は、経書が中国から

孝行は忠義の次に大切な徳であった。「孝は徳の本なり。」子供や若者は勤勉で、忠節を尽くし、自分の健康に留意し、危険を避けるようにしなければならない。これは自分自身のため、というよりは、自分の身体は両親から授かったものだからである。（二五―二六頁）	輸入される以前からわが民族的本能の認めていたところであって、孔子の教えはこれを確認したに過ぎない。（三二―三五頁）
〔誠実〕 われわれにとっての「してはならない」戒律の主なものは、嘘をつくな、盗みをするな、他をねたむな、であった。これらを守ることを厳しくしつけられた。私は父に一マイル以上も離れた店に使いに出されたことを思い出す。私は言いつけられたものを買い、金を払い、お釣りを受け取って家にもどった。父にそのお釣りを渡すと、父は店の人が私にくれたお釣りが一厘（1/10セント）多すぎたことに気づいた。私はその一厘を、ただちに返してくるように、命ぜられた。ごくわずか、と思えることにさえ父が、ことのほか几帳面であったことが、自分の足の疲れをとおして私の意識の中に植えこまれた。……… もしも嘘をつくと、現世の神からは罰を受け、冥土で舌を抜かれる、とわれわれは教えられている。（二八―二九頁）	第七章　誠 虚言遁辞はともに卑怯と看做された。武士の高き社会的地位は、百姓町人よりも高き信実の標準を要求した。「武士の一言」―ドイツのリッターヴォルト Ritterwort は正確にこれに当たる―と言えば、その言の真実性に対する十分なる保障であった。（六五頁）

（本対照表は著者作成。〔　〕付きの道徳等は著者挿入。）

成瀬は新渡戸と同様、冷静沈着、克己、忍耐、切腹を支える自己犠牲の精神・勇敢・名誉、日常生活における礼儀、目上の者に対する忠義・孝行、誠実といった封建社会の武士道徳について語り、その道徳の源流が神道、儒教、仏教にあることを書き表している。なかでも、切腹にみる自己犠牲について、成瀬は武士の美徳の極みとして位置づけた。切腹は武士にとって単なる自殺ではなく、名誉の死であり、君主や国への献身のしるしとして自らのいのちをよろこんで差し出す行為であった。成瀬は自分が実際に遭遇した切腹の例を挙げながら、その精神を養成することが武士道教育の根本であったと説いている。

この自発的な死による自己犠牲がキリスト教の道徳と一致していることを暗示したのは、新渡戸である。彼は『武士道』の第一二章「自殺および復仇の制度」で、武士の死ぬ勇気について語り、マタイによる福音書一六章二五節を引用しつつ、キリスト者の生き方との類似性を指摘した。イエス・キリストこそ自らを低くし、すべての人を生かすためにそのいのちを捧げた救い主であり、イエスに奉仕の究極の姿をみることができる。キリスト者のいのちはイエスの犠牲の上に成り立っている。このキリスト教の犠牲奉仕が武士道との道徳的接点となり、キリスト教は武士階層の子弟に受け入れられたのである。

成瀬は日本の宗教性が寛容で、仏教・儒教・神道を融合した武士道の上にキリスト教が日本化したことを、次のように述べている。

日本は同胞姉妹である西洋人ほどには宗教的偏見や狭い宗派的考えを重んじないので、日本の心情は束縛から解放されており、また、日本は静かでより心安らかで、大変楽観的で穏やかである。この宗教的自由の意味は、封建社会の精華として賞賛され謳歌されてきた大和魂、すなわち昔の武士道の時代から、宗教や哲学の原理を同化し統一するための特別の力を日本に与えてきた。そして、大和魂である武士道は仏教・儒教・神道の洗練された透明な本質、精神であるが、日本は仏教・儒教・神道を吸収同化し、日本独特の方法で日本人の独特な性質によって特徴づけられる新しい体系、新しい信仰に形成してきたのである。独特のにおいのする義、勇気、仁、礼儀、名誉の精神、忠誠心、克己等がこの独特な精神の実である。後に、キリスト教がもたらされ、速やかにキリスト教もまた日本化したのである。[4]

武士道精神を育む環境の中で育った成瀬の心底には、一方で深刻な宗教的煩悶が存在していた。

私の幼少のころの宗教生活は母の死によってもたらされた。私が六歳のときだった。母の死後、私が初めて真剣に問いかけた質問は、あの世に天国はあるのだろうか、それとも人間の生命はろうそくの光が消えてしまうようにかき消されてしまうのだろうか、ということであった。ある日、この疑問について考えあぐねた末、ある婦人にこのことを尋ねた。するとその人はこう答えてくれた。「いいえ、あの世に天国などはないのです。あなたがもし今不幸せだと思うなら、あなたは地獄にいることになるし、もし幸せならば、それが天国なのですよ」と。この答えに私は満足しなかった。私は自分が二度と母に会えない、などという考えに満足できなかったし、このような仮説では自分の人生が、まことにつまらないものでしかない、と思えたからである。この機会に私自身、生命に関する日本人の理念についての著書を学び、習得しなければならぬことがあったはずであった。この問題が心配で私はよく学者や神道・仏教の僧侶に問い掛けた。そして、ほとんど全部の方がたが天国と地獄を信じていたのだが、その方がたの答えにも私はじゅうぶんに満足ができなかった。私が一三歳くらいになったとき、西洋の科学、歴史、哲学、数学などが私の故郷にまで輸入された。これらのチャンネルをとおして伝わってきた新しい真理は、私に強い印象を刻みこんだ。私は偶像を崇拝する愚かしさに気づき、ただちにそれをやめてしまった。その代わりになるものをとらえることができず、私は長いあいだ全くの無宗教であった。しかし西洋の歴史で天地創造の物語を読んでから、ある夕方、天なる神を拝もうとした。しかしながら私の心も気持も疑いと恐れで一杯だった。とはいいながら私は、西洋諸国は哲学や科学にこれほど多くの真理を発見したのだから、真の宗教をも彼らは見出したにちがいない、という希望をもっていた。間もなく私は、キリスト教について話を聞くという素晴らしい好機に恵まれた。というのは、澤山氏がキリスト教の信仰を身につけて帰国したのである。[5]

成瀬の回想によれば、成瀬は六歳[6]の時、母親と死別した。これが彼の中に宗教に対する関心を呼び起こす第一の契機となっている。母親を亡くして以来、いのち・真理・神といった問題について悩んでいた彼は、後に牧師澤山保羅(一八五二―一八八七)との出会いによって信仰上の解決を与えられる。澤山はアメリカン・ボードから最初に日本に派遣された宣教師グリーン(Daniel Crosby Greene, 1843-1913)に英語を学び、グリーンの勧めによってアメリカに留学した人物である。成瀬は、伝道者として帰国した澤山から教会生活に導かれ、一八七七(明治一〇)年一一月三日に大阪の会衆派の浪花教会で洗礼を受けたのである。

第2節　福音主義に基づくキリスト教教育

第1項　梅花女学校とクリスチャン・ホーム

成瀬が最初にキリスト者として行った働きは、梅花女学校での活動である。日本のプロテスタント女学校には、その設立と動機の観点から、外国ミッション主導の下、宣教師が校長や創立責任者となって運営された学校の他に、日本人キリスト者によって設立された独立自営の学校や、教会自給論の立場から外国ミッションの援助を極力辞退し日本人が経営した学校等、様々なタイプが認められる。[7] 梅花女学校（図1―1参照）は一八七八（明治一一）年に、澤山やレヴィット（Horace Hall Leavitt, 1846-1920）の力説する教会自給論に立つ、梅本町教会と浪花教会によって生み出された。学校経営の主体は日本人キリスト者で、アメリカン・ボードからは宣教師派遣を受けるのみであった。翌年には新校舎建設に伴い、女性宣教師が外国人居留地を出て学校内で生活することになった。しかし、宣教師が主導権をもつ神戸英和女学校（前身、神戸ホーム）や同志社女学校と異なり、生徒の寄宿舎とは別棟の宣教師宿舎が用意された。[8]

成瀬は二〇歳直前の若さでこの女学校の創立者の一人として名を列ね、教師として四年間女子教育に携わった。ここでの成瀬の教育の土台はキリスト教であり、彼は「凡そ生徒は必ず信者となるやうに教化しなければならぬという方針で、」キリスト教教育を進め、「卒業生たる者は、不信者と結婚してはならぬという意見」を示した。[9] 開校当初の梅花女学校は教会員の子女のための学校として機能した。

一八八一（明治一四）年に成瀬の最初の著作である『婦女子の職務』が出版され、明治初期の女性論の端緒を開い

図１－１　梅花女学校創設期の校舎（梅花学園資料室提供）

た。出版年は成瀬が梅花女学校に奉職して三年目、キリスト者の服部マスエと結婚して二年が経過している。周知の通り、それまでの女性の地位は儒教道徳を基本とする日本の家制度の中で、男性のそれと比べてはるかに低かった。すでに森有礼（一八四七―一八八九）は「妻妾論」を通して一夫一婦制や男女同権を主張していたが、成瀬もまた一夫一婦制に基づき、自らの論を展開した。

『婦女子の職務』は「婦女の真価」、「教育の重任」、「家の重任」の三つを骨子としている。まず最初に、成瀬は「万物の霊たる霊魂の備りたる婦女の真の価を知り之を用ゆれば、実に国家の大なる益をなすこと疑ひなし。」と述べ、霊魂を備えた女性は神の目には価高く、その真価を発揮して国家の発展が打ち立てられるべきであるとした。

次に、女性には子どもを教育する務めと、家を治める務めがあり、成瀬はこれらが国家の基礎を形成するとして、女性を国家の発展の要に位置づけた。

また、この二つの務めを果たすのに際し、母の徳義と学問、家の品行等が求められた。結婚しない女性や子どものいない女性についても触れられており、国家にとって欠くべからざる職務として、女教師、伝道師、日曜学校の教師、看護婦等の働きがあるとした。ここでは、女性の職務が「男の職務とはおのずから別の特色となっているという指摘」[10]が認められる。

成瀬は家を定義づけて、「家は女の政府なり。学校なり。教会なり。」といい、家を聖なる場と捉えた。夫婦のあり方については、エフェソの信徒への手紙五章二一―三三節を引用して、「互に義を顕し互に清き品行を顕し互に清き愛を顕す可きなり。」と論じている[11]。成瀬のいう家はクリスチャン・ホームを意図し、神の前にある二つの人格から成る、清き正しき愛のホームとなっている[12]。

日本におけるホーム論に関する限り、自由民権運動を背景に男女同権論や夫婦論が登場した一八七〇年代にはまだ提唱されていない。いわゆるキリスト教的背景をもつ近代的なホームという概念を日本に紹介したのは、巖本善治である。後述するように、彼は一八八八（明治二一）年に早々と『女学雑誌』でその特質について語った（本書八一―八二頁参照）。成瀬はホーム論をまとまった思想として展開したわけではないが、巖本に先立ち、霊性に満ちたホームの宗教的基礎を指摘している。成瀬にとって、梅花女学校の生徒が将来的に教会に繋がりながらクリスチャン・ホームを確立し、国家の礎を築くことは理想であった。それは日本のプロテスタント伝道が開始されて間もない時代に、日本人がかつて経験したことのない、はじめて築く自覚的なプロテスタント家庭であった。

「誰か賢婦に逢ひしや」は成瀬の女子教育への動機づけを表す言葉であり[13]、彼にその思い抱かせた聖句は箴言三一章一〇節であるといわれている[14]。箴言三一章一〇―三一節をみると、全体的に美しい言で、家庭的な「主を畏れる」女性像が描かれ、よき家政が促されている。

こうして成瀬は家庭と教会と学校が一体化したキリスト教生活をイメージして、教育のわざに励んだのである。その後、梅花女学校は経営難に見舞われ、成瀬は教会立のキリスト教学校が未信者からの寄付を得ることに納得がいかず、一八八二（明治一五）年に梅花女学校の教師を辞した[15]。辞任後、浪花教会で澤山牧師の下、副牧師を勤めた成瀬は、同年末に郡山浪花教会出張伝道所の専任牧師となっている[16]。そこでは特に、家庭伝道や個人教化を中心に宗教活動を行い、夜学や小学校の開設、あるいは青年会の組織を通して地方の教化に奮闘した。

第2項　内村鑑三と松村介石からの影響

一八七九（明治一二）年を境に、オーティス遺産による財政援助を受けたアメリカン・ボードは、日本の伝道方針を変更した。つまり、それまでの現地教会の自治自給自力伝道を基本とする方針から、ボードの資金援助、伝道地の教育活動、日本人と宣教師との共同を重視するという方針への変化である[17]。日本ミッションが後者へと転換したことに加えて、新しく北日本ミッションが設立され、新潟第一基督教会が一八八六年一〇月に創設されることとなった。しかし、北日本ミッションはアメリカン・ボードの初期の方針を保持し、この教会の初代牧師として成瀬を選任したのである。成瀬は従来の教会自給論に立って牧会し、一八八八年二月までそこにとどまった。

これに並行して、一八八七（明治二〇）年五月に成瀬は新潟女学校（一八八六年に新潟英和女学校として発足）を開校し、自ら校長となっている。新潟女学校開校式の演説において、成瀬は宗教と教育との関係を論じ、当学校がキリスト教主義に基づく教育の実践の場であることを、高らかに宣言している[18]。しかしながら、学校設立については自給論をそのまま適用せず、広く県内の名士から寄付を受けている。新潟英和女学校の「主意書」（一八八七年二月に『新潟新聞』で発表）にも、開校時の「規則」にもキリスト教の文言はみあたらず、実際には緩やかなキリスト教教育を展開した[19]。当校の修業年限は予科二年、本科四年、高等科二年である。カリキュラムについて、本科は、修身・読書・数学・習字・英語・作文・裁縫・割烹・体操・作法・地理・図画・音楽・簿記等から成り、高等科は英文学史・英文学・漢文学・幾何・教育心理・和文学等から構成された。この他に別科として英語専修科を置く一方、刺繍科の設置を通して職業教育も用意された[20]。

新潟時代には北越学館の創設（一八八七〔明治二〇〕年）と経営にかかわり、そこでの経験はよしにつけ悪しきにつけ、成瀬の多元的宗教思想形成に影響を与えた。北越学館は、一八八五年に阿部欽次郎が設立した新潟英学校を基とし、アメリカン・ボードの宣教師スカッダー（Doremus Scudder, 1858-1942）と成瀬の勧めに従って開校したキリスト教主義学校である。政治家でキリスト者の加藤勝弥が館主となり、県民有志の子弟のために教育機会を提供した。

一八八八（明治二一）年九月にはアメリカから帰国したばかりの内村鑑三が新任教師として赴任した。その直後、仮教頭内村の「主義並に行為」は、北越学館組織規約書第一〇条（「教頭ハ基督教信徒ナラザルベカラズ」）と第一五条（「徳育ハ基督教道徳ヲ基本トナス」）の解釈をめぐって事件を引き起こした。「北越学館ニ関スル意見書」（『北越学館事件顛末』）は、内村の宗教教育の方法を次のように記録している。

組織規約第十五条ニ従ヒテ徳育ヲ施スト揚言シ毎朝ノ講話ニ仏法ノ講話ヲナサシメントシ亦漢学教師ニ命ジテ儒教ノ講義ヲナサシメタル等其徳育ヲ施スニ当リテハ昨学年ト大ニ其ノ手段ヲ殊ニシタリ而シテ其所以ヲ問ヒバ《ママ》仏法ヲ説キ儒教ヲ講ジ祈祷ヲ廃スル等只之レ方略ニシテ「且生徒ヲ基督教ニ導ク方略也。」其ノ主義ニ至ツテハ少シモ基督教ヲ離レズ而シテ外国教師ニ向テ曰ク北越学館発起人及ビ校友ハ過半非基督教信者ナリ故ニ此学館ハ米国ノオブリ《(ママ)》ー若シクハアムハルストノ如キ基督教主義ノ学校ニアラズ寧ロ合衆国州立大学ニ類スルモノナリ[21]

これによれば、内村は説教を退けて講話をなし、礼拝を廃して仏教や儒教を取り込んだ徳育を施した。内村にとってこの方法は生徒をキリスト教に導く方策であった。また、それは、本校の発起人や校友の過半数が非キリスト者であるため、本校がオーバリンやアマーストのような、会衆派教会系のキリスト教カレッジではなく、むしろアメリカの州立大学の方に類する学校であるとの理解によるものであった。

内村のキリスト教主義の徳育観に関する限り、その真意は彼が提出した「北越学館設立ノ主義ト目的ニ関スル意見書」の第一条から窺い知ることができる。

第一条

北越学館ハ基督教ニアラズ又宗教学校ニモ非ラズ、北越学館ハ政府、教会、又ハ伝道会社トハ少シモ関係ヲ有ス可カラズ、北越学館ハ基督教ノ徳義即チ宇宙ノ主宰ニシテ独一無二ナル真理ノ神ニ事フルニ全心全力ヲ以テス可キコト并ニ自己ヲ愛スル如ク隣人ヲ愛セヨトノ徳義ヲ以テ徳育ノ基本トス、北越学館ハ其生徒ニ向フテ基督教ノ聖書ノ研究并ニ宗式ヲ強ヘズ　基督教外ト雖ドモ前記スル所ノ基本ニ触レザル以上ハ之ヲ本館徳育上ニ採用スルトモ其組織ヲ犯スコトナシ[22]

当時、北越学館ではアメリカン・ボードによる無給の外国人教師派遣を受け、宣教師六名と日本人教師五名とで共同して教育に従事していた。これに対して、内村は学校の経済的独立を訴え、同校がキリスト教学校でも宗教学校でもないこと、政府、教会、伝道会社とも関係ないと述べる。また、この学校は、宇宙の唯一無二なる真理の神に思いを尽くし、力を尽くして仕え、自己を愛するように隣人を愛せよというキリスト教の徳義をもって徳育の基本としながらも、聖書研究や宗教儀式を強制せず、先の道徳に抵触しなければ、キリスト教以外であってもそれを徳育に採用することは、学校組織を侵すことにはならないと主張した。

内村がキリスト教にとらわれないやり方でキリスト教の日本化をめざしたことは、宣教師側の目には非キリスト教的と映り、これが内村解任の一つの理由になった[23]。後に、無教会主義に集約されていく、北越時代からの制度的教会によらない内村の信仰観は、成瀬の宗教意識に潜在的に影響を及ぼしたと思われる。

さらに、内村に代わって北越学館教頭に赴任した松村介石は成瀬に強い衝撃を与えた。松村は一九〇七(明治四〇)年に後の道会となる日本教会を始めたことで有名な人物でもある。松村は北越学館での宗教教育を次のように述べている。

　予は先づ第一、当時何れの宣教師学校にもあつた習例、即ち毎朝教頭若くは教授が、生徒を集めて、礼拝祈祷することの習例を撤廃した。次に日曜日毎に、有志のみではあるが、日曜学校を館内に開きて聖書を生徒に教へて居たのを禁止した。次には毎朝の講話は、所謂る精神教育を主とし、決して宗教を説くべからずと規定した。されば宣教師を始め、日本の基督教信者達は駭いた。基督教主義の学校で祈祷せぬとは怎いふ訳か、更に宗教を説く勿れとは怎いふ訳か、有志のみで日曜学校を開くのに、其れが何故悪いかと。ソコで『何に之は松村が世に媚びる為め、若くは一寸人気を取る策略だ』と云ふのもあつた。而してオルブレクトと云ふ独逸生れの米国宣教師は、祈祷や説教の出来ぬ学校には居ないと云て、断然教授を拒絶して来た。加藤君は諸方より攻められて困つた。然し予に逃げられては、猶更困るから『兎も角暫く松村君に行らして見て呉れ、左もなくば予は学校と絶縁せざるを得ない』と申し出たので、左らば暫く松村の為すところを見んとて、先づ監視的許諾を与ふることゝなり、我が宣教師学校の常型を破られながら、暫く辛抱することゝなつた。

山形英学校では、宗教教育を精神的教育に変へたばかりであるが、此の北越学館では、一歩進んで、当時予が心酔して居た王陽明学を実地に応用して見たくなり、全然従来の校則を撤廃し、学生をして、唯だ各自固有の『良智良能』に憑て百事を断ぜしむべしと覚悟した[24]。

松村は北越学館で毎日の礼拝祈祷や日曜学校出席や校則を廃し、陽明学的視点を取り込んだ、良知良能に従って行動する人間を形成する精神教育を推し進めた。松村自身はこの時すでに、オーソドックスな神学から新神学に転向しており、松村は成瀬に対して友人の間柄として、神学上の新知識を吹き込み、最初、成瀬は不快感を起こしたようであるが、これが成瀬の宗教観に刺激を与えた。松村はその時の成瀬とのやりとりを次のように記述している。

丁度内村鑑三君が、北越学館で、大騒動を起して、其の後任者に困つて居たので、乃ち成瀬君が予を其の後任者に推薦したのであつた。此時成瀬君は歓んで予を迎へて呉れた。然し間もなく大に失望した。其れは予の信仰が変つて居たからである。成瀬君は矢張り旧信仰を固守していた、然し予は已に新神学の人となつて居た。ソコで友人の間柄として、予は伏蔵なく成瀬君に神学上の新知識を吹き込んだ、成瀬君は驚いた、而して一時は、不快の感を起した様であつた。然し成瀬君は元来進歩的な男である。故に毎時も怖い物に触る如き態度で予の説を聴て居たが、遂に『松村君僕は一つ洋行して来る』と云ひ出した。………二三年後に、成瀬君は洋行より帰つて来た。而して其の語るところを聞くと、成瀬君は、最早旧神学どころか、新神学も新神学、予よりもズツト突飛な信仰を抱く様になつて居た。[25]

松村から影響を受けた成瀬の宗教的関心は、科学の発達に対して宗教が従来の輸入されたままの形式と独断を墨守していてよいのか、という問題に向けられるようになる。[26]こうして、彼はアメリカ留学に押し出され、アンドーヴァー神学校に入学したのである。本井康博は成瀬の留学の第一目的が女子教育というより宗教上の研究にあったとみている。[27]

北越学館事件が終結した直後、その事件についてスカッダーがアメリカン・ボードの総幹事クラーク（Nathaniel G.Clark）に宛てた私信に、アメリカン・ボードとアンドーヴァー神学校に関する記述がある。

この頃、また、記録されていない歴史の一事件が起きました。シカゴから、次のような内容の手紙が私たちに届いたのです。プリマス教会は、スプリングフィールド［アメリカン・ボード年次大会］の決定［アンドーヴァー神学論争に関する決議か］に従うことに強硬に反対して、アメリカン・ボードに今後送金しないことにした、ついては、ボードの活動が旧に復帰するまで、宣教師の働きに対する関心をどのように繋ぎ留めておくかについて、すなわち、独自の宣教師を派遣すべきか、あるいは、別の団体へ送金すべきかについて［H・

M・スカッダー］に助言を求めたい、というのです。

いろいろ考え抜いた結果、父と私は手紙を書いて、次のように助言いたしました。すなわち、当地の男子校のために奨学基金を設定すれば、その利子で何人かの卒業生をアメリカに送り、将来、この学校の教師として働く準備をさせるのに使うことが可能である。と。

私たちは、この手紙をすぐに投函せずに、何週間も手元に置いて、他の人に助言を求めました。アルブレヒト氏にも手紙を見せました。彼は激怒して、私たちを非難しました。奨学生として選んだ卒業生をアンドーヴァー［神学校］に送り込み、その［自由《リベラル》］神学を広めさせるつもりだろう、というのです。

もちろん、私たちの頭には、そんな考えは、露ほどもありませんでした。アルブレヒト氏が私たちに対して、アンドーヴァー［の自由神学］の方に大きく傾いているのではないか、という疑いをかけたことが、私たちにはたちどころにわかりました。しかし、実際には、私たちは二人とも、アンドーヴァーの見解に共鳴しているわけではなく、明らかに、先生［本部見解］と主張を同じくしています。

私はこの点に関して、二度と口を開くまい、と決心しました[28]。（本井康博訳）

成瀬の留学以前から、アンドーヴァー神学校はリベラルに転向していたため、アメリカン・ボードはアンドーヴァー論争（本書四七―四八頁参照）の決議によって、アンドーヴァー神学校の卒業生を宣教師として派遣しないことを決定していた。それを受けて、日本に派遣された宣教師も対応を迫られていた。スカッダーは日本のキリスト教主義学校で奨学基金を立ち上げることで対応してはどうかと、宣教師のアルブレヒト（George E. Albrecht, 1855-1906）に個人的に相談したところ、キリスト教主義学校の卒業生を留学させることを控えることが要請され、自らの提案を取り下げた。成瀬は留学して一年を経過したところで、アメリカン・ボードとアンドーヴァー神学校の確執を発見することになる。留学日記に次のように記している。

［党派の害ニ付いての処置］ビーチャーの教会、二ッニわれし時一派（自由派）は一教会を興し氏を招かんとせしが、ビーチャーはこれを否ミたり。コレ大に社会を害スル為也。又アメリカンボードはアンドヴァ卒業生を修道士ニ取らず。故ニ別に会を具し派出スルヲ得るも、其多く競争を始め害ある故、時之至るを待つの傾きなり。日本ニ於て屢々別る処あり。可慎也。[29]

成瀬は留学先でアメリカの教派分裂による党派の害を見抜き、アメリカン・ボードがリベラルなアンドーヴァーの卒業生を教会に送ることを拒否し、別の会に派遣依頼していることを知った。こうした党派の対立が日本でもしばしばみられ、慎むべきだという彼の言葉は、北越学館事件の反省を含んでいた。

注

1　「武士道に接木したキリスト教」という用語は、内村鑑三が一九一六（大正五）年一月に英語で示したChristianity grafted upon Bushidoを援用した。（『内村鑑三英文著作全集　第三巻』［教文館、一九七二年］、五六頁。）武田清子は日本におけるキリスト教の受容について、埋没型・孤立型・対決型・接木型・背教型の五つの型を提示したが、キリスト者としての成瀬は接木型であったといえる。（武田清子『土着と背教—伝統的エトスとプロテスタント—』［新教出版社、一九六七年］、三—二六頁。）

2　"A Japanese Lecture," *Daily Hampshire Gazette*, March 11, 1893.

3 Jinzo Naruse, *A Modern Paul in Japan* (1893)『成瀬仁蔵著作集　第一巻』(日本女子大学、一九七四年)、六二一—六二五頁。Inazo Nitobe, *Bushido: The Soul of Japan* (1899)『新渡戸稲造全集　第十二巻』(教文館、一九六九年)、三—一四一頁。表1—1は、桜楓会成瀬先生研究会主催「二〇〇七年度夏期研修会」栞(二〇〇七年八月二八—二九日)、一一—一四頁に掲載したものを一部修正。

4 Jinzo Naruse, "The Coming World," Jinzo Naruse, Inazo Nitobe and Kazutami Ukita (eds), *Life and Light: A Survey of Modern Thought, Life and Art* (January-Feburary, 1911), Vol. I, No. 3, pp. 5-6.

5 Naruse, *A Modern Paul in Japan*『成瀬仁蔵著作集　第一巻』、六二〇頁：新井明訳『澤山保羅—現代日本のポウロ—』(日本女子大学、二〇〇一年)、三一—三二頁。

6 正確には、成瀬が七歳の時である。母歌子は一八六五(慶應元)年一一月七日に死去。(仁科節編『成瀬先生伝』[桜楓会出版部、一九二八年]、一九頁。)

7 平塚益徳編著『人物を中心とした女子教育史』(帝国地方行政学会、一九六五年)、一七—一八頁。

8 同志社大学人文科学研究所編『アメリカン・ボード宣教師—神戸・大阪・京都ステーションを中心に、一八六九～一八九〇年—』(教文館、二〇〇四年)、一七三—一七四頁。

9 仁科編前掲書、六一—六二頁。

10 中嶌邦『成瀬仁蔵研究—教育の革新と平和を求めて—』(ドメス出版、二〇一五年)、一〇五頁。

11 成瀬仁蔵『婦女子の職務』(一八八一年)『成瀬仁蔵著作集　第一巻』、一〇頁、一八頁。

12 澤山の遺稿に「主の為に尽すべき婦人の職分」がある。澤山はプリスカとアキラの夫婦による家庭礼拝から家の教会が形成された聖書の記事(ローマの信徒への手紙一六章三—五節)に着目し、夫婦が互いに助け慰め、キリストのために各々の職分を果たして、家を神の教会とするよう促している。この内容について、成瀬が澤山から直接影響を受けたかどうかは定かではない。(梅花学園澤山保羅研究会編『澤山保羅全集』[教文館、二〇〇一年]、八七—八八頁。)

13 仁科編前掲書、五五頁。

14 平塚編著前掲書、二二四頁。

15 同志社大学人文科学研究所編前掲書、一七五頁。

16 仁科編前掲書、六八—六九頁。

17 同志社大学人文科学研究所編前掲書、四四三—四四四頁。

18 仁科編前掲書、八九頁。
19 本井康博『近代新潟におけるキリスト教教育―新潟女学校と北越学館―』(思文閣出版、二〇〇七年)、三九―四〇頁。
20 松川成夫・本多繁「明治二十年代におけるキリスト教主義学校の一側面―北越学館・新潟女学校について―」『宣教研究』第一号(一九六八年)、五五頁。
21 同右、八三頁。
22 『内村鑑三全集　一』(岩波書店、一九八一年)、一七一頁。
23 鈴木範久『内村鑑三とその時代―志賀重昂との比較―』(日本基督教団出版局、一九七五年)、一一三―一二八頁。
24 松村介石『信仰五十年』(一九二六年)鈴木範久監修『近代日本キリスト教名著選集　第Ⅲ期キリスト教受容史篇　二四』(日本図書センター、二〇〇三年)、一三〇―一三一頁。
25 同右、一六六―一六七頁。
26 仁科編前掲書、九六―九七頁。
27 本井康博『近代新潟におけるプロテスタント』(日本キリスト教団新潟教会、二〇〇六年)、二〇八―二〇九頁。
28 本井前掲書『近代新潟におけるキリスト教教育―新潟女学校と北越学館―』、一六五―一六六頁。
29 成瀬仁蔵「日記」(一八九一年一二月一三日)、『成瀬仁蔵著作集　第一巻』、五二一頁。

第2章　アメリカ留学における宗教と学問

第1節　アンドーヴァーのリベラル・プロテスタンティズム

一八九一（明治二四）年にマサチューセッツ州にあるアンドーヴァー神学校に特別研究生として入学した成瀬は、一年間社会学の研究に没頭し、タッカー（William Jewett Tucker, 1839-1926）から学問的刺激を受けた。成瀬がタッカーから直接個人指導で学んだ社会学は、授業科目では社会経済学（Social Economics）と呼ばれるもので、「政治経済を含む社会科学全体」を指している。成瀬留学前後のタッカーの社会学講義名は「労働の社会的進化」（一八八九年）、「犯罪と犯罪する人々への対応」（一八九〇年）、「貧困と疾病への対応」（一八九一年）である[1]。成瀬が労働問題・都市問題等を抱えるアメリカ社会の政治・経済等に対する鑑識眼を養ったことは、七月二七日の英文による日記から読み取れる。

〔アメリカの都市のアルコール問題〕

アルコール依存のプロセスは急速になっている。同化のプロセスはゆっくり(Sloue[sic])である。アイルランド人、ドイツ人、イタリア人、ポーランド人、ハンガリー人、ボヘミア人、少数派が未だに彼らの国民性を全くもとの状態のまま保持している。人々の傾向は確実に田舎から都会へと流入しており、田舎から都会への移動は一八五〇年で一二・五%、一八六〇年で一六・一%、一八七〇年で二〇・九%、一八八〇年で二二・五%、一八九〇年で二九・一二%である。大都市では、政党の予備選挙会の揺籃の場は酒場である。ニューヨークでは、一八八〇年に一般的な地区政治集会は、一〇〇二のうち六三三が酒場で開かれた。八三は酒場と隣接し、自由に行き来できる部屋で開かれ、二八三は独立した場所で開かれた。キーパーという酒場はその選挙会のボスであり、直接四万の有権者をコントロールしている。[2]

アルコール依存という社会問題が中心であるかにみえる記述に、二つの注目される問題が含まれている。一つは、政治問題である。都市の政治的なボスが酒場を利用して選挙をコントロールする政治的腐敗が指摘され得る。もう一つは移民問題である。アイルランド系・ドイツ系が先で、南欧・東欧系が後にくる順番そのものが社会的地位の序列化を表しているが、急増する南欧・東欧系はカトリック移民が多かったことから、彼らが母国の文化を捨ててプロテスタント社会に同化することの難しさを表している。こうして成瀬は社会学という科学から、これからの信仰をある特定の独断的な一つの宗教や宗派のみに限って考えるべきではないという考えに至ったのである。

成瀬は留学先から日本に向けて、「キリストにつき、聖書に付ては、当時大に神学上に変化を来し、余の信仰にも大いに影響を来さんとせり。」と記した文書を送ったことが記録されている。[3] キリストや聖書を理解する上で、成瀬は一体アメリカ東部のいかなる神学からどんな影響を受けたのだろうか。

アンドーヴァー神学校の成瀬への影響を探る上で特筆すべきは、当校の神学的性格をめぐる論争である。エグバート・スミス（Egbert C. Smyth）がアンドーヴァー神学校の教会史の教授として一八六三（文久三）年に迎えられて以来、彼は正統派のドグマ主義に抵抗を示し、一八七八（明治一一）年に校長に就任する頃には同僚と同じ考えを共有するようになっていた。当校のリベラリズムへの傾斜を危惧した会衆派の外国伝道部長は、ニューマン・スミス（Newman Smyth）のパーク神学教授職任用に異議を申し立て、彼の説く「来世の試練の概念」（a future probation）が外国伝道にとって災いであると非難したのである。ニューマン・スミスの任用はアンドーヴァーの客員理事会（Board of Visitors）により取り消された。しかし、リベラルな神学運動のパワーは衰えず、一八八四年に『アンドーヴァー・レヴュー』の発刊となって現れた。この雑誌の編集者は、校長のスミス、教授のタッカー、ヒンクス（Edward Y. Hincks）、チャーチル（J.W. Churchill）、ジョージ・ハリス（George Harris）である。彼らは「キリスト教が現代において再生し前進するためには、新しい神学を必要とする」と主張した。[4]

メッガーによれば、この時、上述のアンドーヴァー教授団は、「聖書の高等批評（the higher criticism of the Bible）、自然進化説、さらに、キリストを知らないまま亡くなった人の死後の試練の教義を容認していた。しかし、彼らにはこれらが告発と審査に付されるほどの大きな逸脱であるとは思われなかった。………彼らが常に、ユニテリアンの常軌を逸した考えやスペンサーのような進化論者の不可知論に反対していたのは、確かなことである。」[5]

新神学に立脚するアンドーヴァーのリベラルはユニテリアニズムやスペンサー流の社会進化論を退けている。彼らは自らの立場を「進歩的正統派」（Progressive Orthodoxy）と称し、先の機関誌に並行して、『進歩的正統派』という刊行物を一八八五(明治一八)年に刊行した。その書は九章で構成され、第一章と第七章を除き、すでに同年発行の『アンドーヴァー・レヴュー』に掲載された論説から成り立っている。[6] 副題には、「キリスト教教義についてのキリスト教徒の解釈への寄稿」という言葉が添えられており、キリスト者が自らの信仰を理性と歴史の事実に開いていく時、聖書がますます重んじられると主張されている。[7] 進歩的正統派が外的権威・ドグマ・伝統に対して挑戦し、自由主義神学をもって理性と歴史を重視したのは、真理と宗教信仰を極める上で理性が不可欠であり、歴史批評が形而上学的な思索に劣らない意義ある方法であることを確信していたからにほかならない。[8]

この動きに対して、客員理事会は一八八六(明治一九)年に編集者全員に対し異端審査を開始したが、理事者の見解も内側で分かれたため、スミス校長のみの罷免となった。アンドーヴァー神学校の信条とリベラリズムをめぐる論争は一八九二年にまで及んだ。校長罷免に関し、客員理事会はマサチューセッツ州最高裁判所に控訴され、間もなくスミスはその地位を回復した。

成瀬はアンドーヴァー在学中、松村介石と白木正蔵に宛てた手紙で、「レクチャーは当時タカツー(ママ)、社会学、説教学、校長スミスの教会史、ハリスの宗教哲学、トンクス(ママ)のIntroduction of New Testament 等を取り居候。重に書籍館の書ニより自分定むる問題を研究罷居候余情ハ他日ニゆづる。」[9] としたためている。教授団のリストアップから、成瀬はアンドーヴァーのリベラルな神学の影響を受けたことがわかる。なかでも、成瀬は進歩的正統派による「聖書の高等批評」に影響を受けたと思われる。成瀬がアンドーヴァーにとどまった時期の『アンドーヴァー・レヴュー』をみると、第一六号(一八九一年七月―一二月発行)の論説に、「聖書批評の積極的側面」、「高等批評の利点」、「聖書批評のための宗教的理性」といった記事が認められる。[10]

成瀬の留学中の日記には、聖書研究について次のように記録されている。

［聖書の研究法］
種々のスタンドポイントヨリ聖書ヲ見ルベシ。キリストヲ見ルベシ。
キリストの心キリストの目的ヲ知ラン為聖書ヲ読むべし。
弟子の人物ヲ知る為しらぶ可し。
己ノ品格信仰の為調らぶ可し。
キリストのヒウマニチーヲ調ン為研究スベシ。
キリストのデイビニチーヲ調ベン為め研究ス可し。
道徳の基本ヲ定むる為読むべし。
人情ニ通ジル為読むべし[11]。

さらに聖書の読み方については、「［聖書の繢方《ママ》］己の需要に応ずる様調理して其真理を味ふこと大切也。」[12]とある。これらの記録から聖書解釈に対する彼の見解をはっきりと読み取ることができる。つまり、教義や宗派にとらわれることなしに自分で聖書を読み解釈することができるという考えである。こうして成瀬は、神の誤りなき言としての聖書に権威をおく福音主義的な神学から距離を置くようになっていく。

第2節　夏期学校のエキュメニズム

成瀬はマサチューセッツ州ノースフィールドの夏期学校に参加し、ムーディの人格的愛に触れ、自らの魂を養ったことが留学中の日記から読み取れる。しかし、成瀬の帰国後の宗教観の変化を考慮する時、クレミンがムーディの働きにエキュメニズムへの傾向性を認めた点に注目したい[13]。

エキュメニズムは別名、エキュメニカル運動と呼ばれ、教会一致運動、世界教会運動を指している。エキュメニカルとはギリシャ語で、「全領土、全世界」を意味するオイクメネーを語源とする言葉である[14]。現代のエキュメニカル運動は一九一〇年に開催されたエディンバラ世界宣教会議をその出発点としており、その先駆的潮流には四つの流れがある。それは第一に、宣教教会の設立による海外への宣教運動における協力と一致の働き、第二に、世界教派の交わりと教会合同、第三に、ＹＭＣＡ（Young Men's Christian Association）やＹＷＣＡといった青年と学生の運動、第四に、救世軍のブース（William Booth, 1829-1912）の活動等に代表されるキリスト教的社会活動が挙げられる[15]。

成瀬が参加した夏期学校は一八九一（明治二四）年六月二七日―七月八日に開催された[16]。成瀬は夏期学校に参加した学生について、日記に次のように記録している。

［ムーデー夏期学校ニ就テ］
大凡百三十の大学、神学校より学生集る。其中極少数ハアカデミーより来ルモノ含む。
外国より

英国大学、スコトランド、スウエーデン、独逸等の大学より学生ハ日本、支那、（日本ト間違ル咄）ハワイ人（体格ハ大ナリ）、米国土人等[17]

それでは一体、いかなる学生が国内はもとより英国、スコットランド、スウェーデン、ドイツ、日本、中国、ハワイから大勢集まってくるというのだろうか。それを紐解く鍵は、次の手紙にある。成瀬が夏期学校に参加した翌年、ニューヨークにある夏期学校実行委員会のモット（John Raleigh Mott, 1865-1955）とブルックマン（F.S.Brockman）から、成瀬は一八九二（明治二五）年六月九日付の手紙を受け取っている。

拝啓

あなたはノースフィールドに学生が集まることについて、同封のパンフレットに興味をもっていることでしょう。

過去、我々が我々のコミュニティ以外の多くのコミュニティから学生を受け入れ歓迎してきたことは、まさに世界カンファレンスと呼ぶにふさわしいものです。指導的なヨーロッパの全大学から代表が参加しています。その一方で、アメリカの大学やカレッジにいる多くの日本人学生もまさに大規模な数で出席しています。

この集会を世界のクリスチャン学生の生活を映し出すものにしたいという我々の願いが、ムーディ氏と我々を結びつけ、それ以来、カンファレンスにそのような学生をゲストとして招くことになったのです。今回もまた、あらゆる外国の学生を同じように迎え入れるよう拡大していくことほど、我々に満足を与えるものはないでしょう。しかしながら、我々がその名前を確認している人々を皆、招待することは不可能です。

現在、ムーディ氏はまさに外国にいるという事実から、以前我々が招いたゲストや出席を熱心に勧めた人々を、招待することは不可能であるように思えます。

しかしながら、このことはあなたの出席を妨げるものではないと信じています。なぜなら、各国の青年の間で展開される未曾有のキリスト教奉仕の機会について知り、学生同士の間にキリストの王国を前進させるという共通の目的のために集まることは、どの人にも最も有益なものとなるからです。

あなたが出席できるかどうか知らせてください。広い考えによって世界のクリスチャン学生に開かれた可能性がもたらされるわけですから、来るべきカンファレンスをこれまで以上に素晴らしいカンファレンスにさせましょう。

敬具

J・R・モット

F・ブルックマン

一八九二年六月九日、ニューヨーク

マサチューセッツ州アンドーヴァー

アンドーヴァー神学校

成瀬仁蔵　殿

追伸　我々にどなたか日本の学生か、アメリカに留学している日本の留学生の名前をお知らせいただけませんでしょうか。[18]

成瀬はこの年の夏期学校（七月二日—一三日開催）には出席しなかったようであるが、手紙の内容から判断する限り、モットとブルックマンはムーディと共通の目的によって結ばれ、夏期学校の計画を通して世界の学生を引き寄せ、成瀬を大規模に学生が集まるカンファレンスに招いたことがわかる。また、追伸文から、参加可能な日本のクリスチャン学生への呼びかけを求めていたことが読み取れる。

ムーディは、一八六〇年代にシカゴＹＭＣＡの会長として福音伝道を推し進め、一八七九（明治一二）年にはＹＭＣＡの国内の会長に選ばれ、一八七〇年代後半から八〇年代にかけてカレッジや大学で広がっていくＹＭＣＡを支援して大学内のカレッジ・リバイバルを成功させた。一八八〇年九月にノースフィールドで第一回カンファレンスを開いた時、一〇〇名の参加者を得た。夏期学校はムーディの英国滞在（一八八一年—一八八四年）の後、毎年開催されている。一八八五年にムーディはＹＭＣＡ学生事業主事のウィシャード（Luther D. Wishard, 1854-1925）からＹＭＣＡのカレッジ学生を招待するよう説得を受けた。ムーディの関心は学生をクリスチャン・ワーカーとして奉仕するよう鼓吹することに置かれ、マウント・ハーモン・スクールで開かれた一八八六年のカンファレンスは、「マウント・ハーモン・ハンドレッド」と呼ばれるように、一〇〇名の学生が卒業後、海外伝道を志願することとなった。この時参加した一人の学生が、モットであった。モットはメソジスト派の信徒であったが、コーネル大学ＹＭＣＡの指導者として活躍し、一八八八年に学生奉仕運動（Student Volunteer Movement = SVM）を組織した人物である[19]。モットが生涯を通してキリスト教伝道において主唱したことは、宗派間の協力であり[20]、ムーディの伝道スタンスと重なっていた。

ＹＭＣＡとの協力によって続けられてきたノースフィールドの夏期学校は、正式には世界学生カンファレンスと呼ばれ、講演・聖書研究・運動競技・レクリエーションと多彩なプログラムで計画された。成瀬の参加した夏期学校はその第六回目にあたり、五〇〇名以上が参加した。講演者はムーディの他に、エディンバラの牧師ジョン・スミス (John Smith)、ヴァージニア大学教授モア (W.W. Moore)、シカゴ大学学長に選任されたハーパー (William Rainey Harper, 1856-1906)、ペンシルベニア大学教授トンプソン (R.E. Thompson)、オハイオ・ウェスレアン大学教授バシュフォード (J.W. Bashford)、オハイオのゼニア神学校教授モアヘッド (W.G. Moorehead)、バーミンガム (アラバマ) の牧師フィリップス (A.L. Phillips)、ボストンのヘイスティングズ (H.L. Hastings)、ニュートンセンターのウィルキンス (S.P. Wilkins)、福音主義者のマンホール (L.C. Munhall) であった。この中で、ムーディは夏期学校の校長として青年を最も引きつけた。彼は哲学であろうと宗教であろうと、青年が刺激的なものや進歩的なものに感嘆することを心得ており、青年とムーディの関係から善の世界が創出された[21]。

ムーディの宗教教育は福音主義の正統派信仰に基づき、前千年至福説を説くものでありながら[22]、宗派を超えて青年の信仰復興に大きな力を発揮した。成瀬が夏期学校において影響づけられたのは、ムーディの先駆的なエキュメニカル伝道と、天職を自覚し献身を志す学生の姿であった。成瀬は学生をして、自らの賜物を他者と社会のために奉仕する信仰的決断をなさしめるムーディについて、次のように日記につづっている。

ムーデーハ実ニ己を忘れて人之為ニなす人也。故ニかゝる大事業を為す事を得る也。又人を各々の賜を適用し、人ヲ悦せ、益し、働せ、栄さす也。真ニ社会之為、共同事業を起さんとするものは第一己を捨テザル可ラズ………ムーデーは実ニ愛ニ満ち、至誠ニ満ち、真ニ人心ニ入リ人の感情を喚起し、又決断せしむるの力あり[23]。

第3節　アメリカ女性の生活空間

第1項　女性の娯楽と社会事業

成瀬の留学のもう一つの目的は女子教育であった。留学中に交わした書簡をみると、紹介状も含め、かなりの点数にのぼる。なかでも、一八八九(明治二三)年九月に病気のため新潟を去ったスカッダー[24]はアメリカのシカゴへ帰国してからも、手紙のやりとりを通して彼の留学の最初から最後まで見守り支援した。以下の書簡は、成瀬の女子教育に関する疑問にスカッダーが丁寧に応答し、医者や教育者の立場から女性研究の適切な方向性を与えていたことがわかる。

親愛なる成瀬兄

(略)

あなたはまた次の通り三つの質問をしました。1.男性と女性の違いは何ですか、2.女性の体質は男性の体質とどのように違いますか、3.女性の知的能力(the mental capacity)とは何ですかという質問です。第一の質問と第二の質問に関して、解剖学と生理学を研究すべきです。前者が無味乾燥で難しいということがわかってくることでしょう。当然、両性間の違いは身体的なものと知的なものとで分類されなければなりません。まず身体面では、主として生殖作用の器官にあり、これらをあなたは十分自分で書物から学ぶことができます。知的な組織の差異に関して、私がこの主題において読んだものはすべて、特殊な弁解の類で、事実といわれる多くのことがあれこれ様々に規定され、経験と矛盾しています。男性と同様、女性も訓練といったようなもので知力を発達させるというのが、公平な一般的な意見だと信じています。刑務所会議とか、全国慈善矯正会議のような集会に出席した時、男女間で知的能力の差をみつけることはできませんでした。……言い換えれば、性別は知的能力に関係ありません。母性は、我々が心(mind)―すなわち、意志、知性、感情―の三つの部分の間に一定のバランスを調整させるものですが、これは、二番目の知性固有の力と、何ら関係のないことです。

雑誌文献はこのすべての問題に関する豊富な情報を与えてくれますので、プールの索引と同様、ここ最近数年間の主要な雑誌の協同索引をお調べになることをお勧めします。これらの索引によって「ウーマン」という事項の下に、あなたが必要とする記事を参照することになるでしょう。しかし、非常に有益だと特別に推薦された記事がなければ、一八八〇年以前の、この主題に関する雑誌を読まないで下さい。かなり長い間、フォーラムで相当議論され、論争が繰り広げられてきました。……

一八九一年五月二三日、イリノイ州シカゴ

貴兄の変わらぬ友人、兄弟

ドレムス・スカッダー[25]

この手紙で成瀬はスカッダーから女性の知的能力の発達においては性差や母性に何ら関係のないことを示され、アメリカで論争中の女性研究に慎重に情報を得るよう助言された。

アメリカ留学時代に成瀬の綴った日記・ノートは、執筆年のはっきりしないものも含めて全部で九点存在する。[26]その中で、一八九二(明治二五)年一月二四日に始まるノート(図2—1参照)は、成瀬が女子高等教育研究へと専心していくプロセスを探る上で貴重である。このノートは縦二〇・九センチ、横一二・二センチの大きさの外国製ノートである。赤茶色の孔雀模様の美しい表紙をもつノートに破損はほとんどみられず、状態は良好でしっかりとした形状をとどめている。成瀬がノートを記した場所はマサチューセッツ州アンドーヴァー、扱われているテーマは娯楽、社会改革の方法、文芸、読書等である。本文に記された日付は一八九二年一月二四日、二月一八日の二日のみである。一月の日付はおよそ書き出し部分に記されており、二月の日付はノート三分の一を過ぎたあたりに登場する。一四七頁から成るノートの大半は英文で執筆されており、それぞれの英文の後に、成瀬自身のコメント

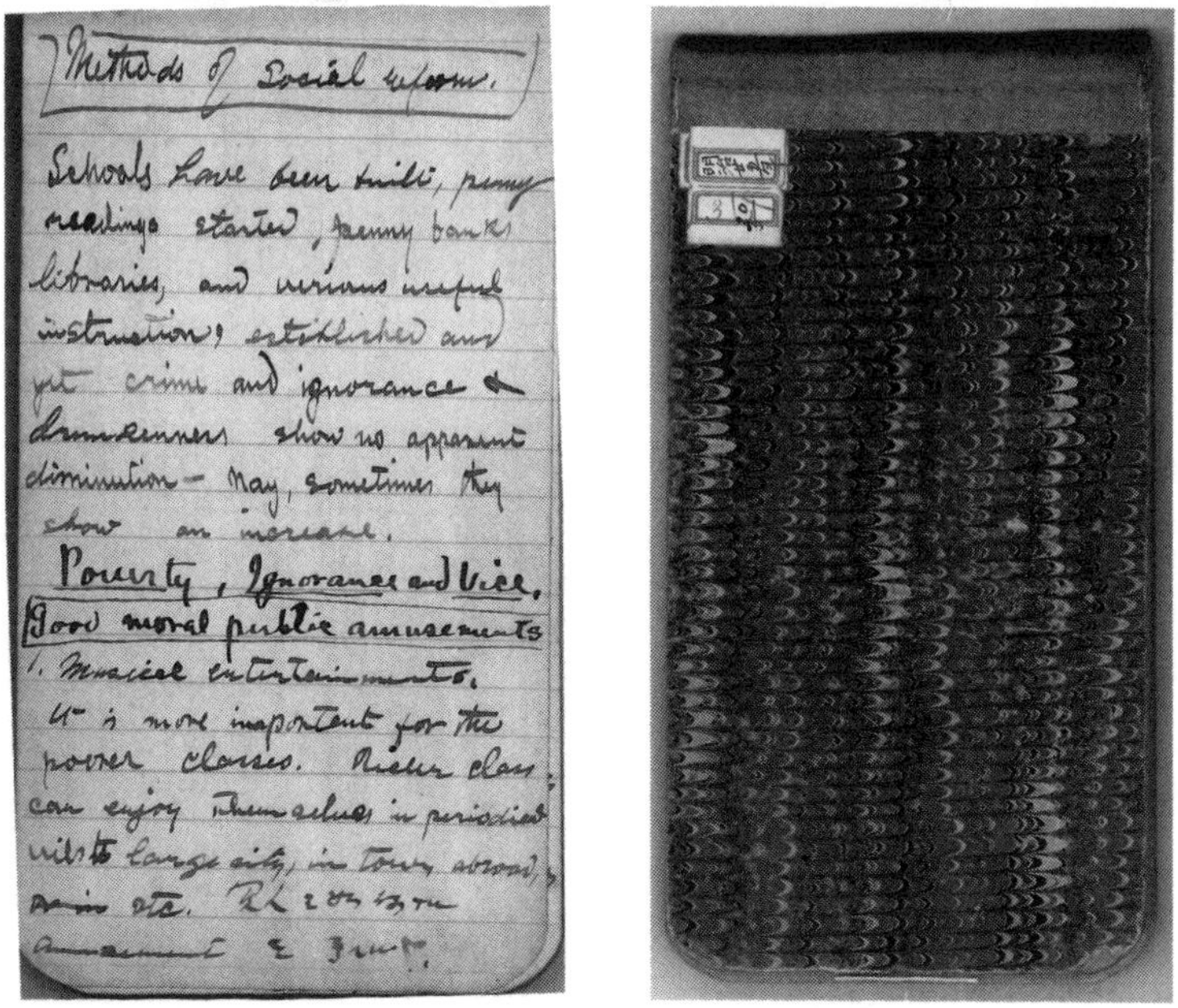

図2—1　アメリカ留学時代のノート（日本女子大学成瀬記念館所蔵）

が和文で続いている。精査したところ、英文は次の二冊の本からの引用であることがわかった。

一冊は、ジェヴォンズ(William Stanley Jevons, 1835-1882)の *Methods of Social Reform and Other Papers* (1883)、もう一冊はソーヤ(Frederic William Sawyer, 1810-1875)の *A Plea for Amusements* (1847)である[27]。成瀬文庫にはジェヴォンズの *Methods of Social Reform and Other Papers* (London: Macmillan, 1904)が保存されているが、帰国後に入手したものである。ジェヴォンズは一九世紀の有名なイギリスの経済学者で、ミル(John Stuart Mill, 1806-1873)の功利主義における道徳的・倫理的感情という質的な側面を、経済政策方法論として取り扱い、社会改革について論じた[28]。一方、ソーヤはメイン州生まれのアメリカ人で、一八四〇年にボストンで弁護士を開業し、the Pawners' bank を設立している。ソーヤの主著に、*Merchant's and Shipmaster's Guide* (1840)等がある[29]。表2―1及び表2―2から表2―7は成瀬が筆写した英文引用の一部を取り出して訳出したものである。

表2－1

ジェヴォンズ『社会変革の方法・諸論文集』
〈「人々の娯楽」からの英文引用〉

社会改革の方法

「学校が創設され、ペニー・リーディングが始まり、ペニー銀行、図書館、様々な有用な制度が確立しているが、未だ犯罪や無知、アルコール依存は明らかに減じていない。否、時々、増えている。」(成瀬ノート、5頁)

ジェヴォンズの見解

「私は劇場、美術館、博物館、公立図書館、科学講義、他の様々な社会制度の価値を過小評価したくない。というのは、おそらくそれらの価値と本当の利用について、幾つかの他のケースで評価できそうだから。しかし、音楽は最も評判のよいレクリエーションの手段であると確信している。」(同、9頁)

表2－2

ソーヤ『娯楽擁護論』
〈第1章からの英文引用〉

娯楽の定義

「軽やかな快活な性質をもつ楽しみに向かって促進するもののすべてが、娯楽と呼ばれる。その名称はラテン語のmusa、すなわち歌に由来し、歌のように注意を軽く誘うことを意味する。娯楽は何千という楽しみへの種類の助力の一つに過ぎない。娯楽という題目の下に、あらゆるエンターテインメント、気晴らし、スポーツ、レクリエーション、遊戯、ゲーム、芝居が包含される。それらは、骨の折れる、深刻なものと異なり、我々の身体と精神の力を軽快に快活に陽気に用いることに属している。」(成瀬ノート、18-19頁)

娯楽擁護論の第1章の内容

1. 娯楽に強く反対する起源を跡づける
2. 禁欲主義が最初に記録された足跡
3. キリストの教えと行いの反禁欲的性格
4. パリサイ派の信条と原始キリスト教の信条との対比
5. 修道院出家の制度の確立
6. 修道士の言語の実際的意味
7. ローマカトリック教会の信条
8. 宗教改革の影響
9. 娯楽に対するキリスト教会の現在の感情
10. 娯楽の現在の位置　(同、19-20頁)

イエスの見解と娯楽

「我々はパリサイ派の時代、つまり、キリスト教時代に先立つ二〜三世紀前に遡らない限り、禁欲的な、あるいは修道士の原理を示唆するものを見出すことはない。数多くの祝祭日が確立し、それを遵守するよう命じられてきたのを心得ているが、断食の日は全くなかったか、ほとんど存在しなかった。周知のように、祝宴のために時を特別に用いる季節がある一方で、たった一日だけ『彼らの魂が苦難を覚える』ために特別に用いる日がある。……」(同、21-22 頁)

禁欲主義者の思想

「故に、自己否定・節制・禁欲・懺悔・苦行という言葉が、恵みや美徳の類義語であるのと同じように、楽しみ・娯楽・喜び・嬉しさ・幸せは、罪という言葉の類義語であった。」(同、23 頁)

表２－３

〈第２章からの英文引用〉

第２章の内容

1. 生活の楽しみの一般的享受の妥当性のよろこび
2. 例証される楽しみに向かう現在の感情
3. 娯楽、楽しみの一部
4. 完全に吟味されない主題
5. 神の摂理の恵み深さを享受する妥当性
6. その問題に対する自然の証言
7. 啓示の証言
8. 歴史的証言
9. 長い人生の助けとなる神の摂理の恵み深さを自由に受けること
10. 完全で健全な組織の発展のために
11. よき道徳のために
12. 怠慢・迷信・傲慢・残忍に対する最善の矯正手段(同、27-28 頁)

神の摂理の恵み深さを享受する妥当性

「人を幸福にし、よろこびで満たす存在とするために、あらゆるものがデザインされたのでないとすれば、どうして地球を美で包みこんだりするだろうか。何故、地球に広大な天蓋があるのだろうか。何故、地上にバラの花が咲き、緑で一杯になるのだろうか。何故、地球には絶えず変化する様相、変化する色合い、美という宝物、貴いダイヤモンドや光る鉱石があるのだろうか。目や心が人のために、あるいは、目や心のために人が創られたのではないとすれば、どうしてあらゆる美に対する目や、あらゆる魅力に対する生き生きとした心を有する人間が創られようか。何故、全自然界がメロディーで鳴り響くのだろか。何故、昆虫の小さな声、鳥の歌、小川のさざ波、風のささやき、大滝のうねり、大海の大波、森林の変動、遠い雷の低いうめき、これらのあらゆるものが人間の耳に調和して響き、よろこびで人間の心を震わせるよう定められているのだろうか。自然のわざの真の目的は我々に創造主を知らしめ愛するよう導く。そして、あらゆる歴史や経験はそのことが自然な傾向であると教えている。」(同、29-31 頁)

表2−4

〈第3章からの英文引用〉

第3章の内容

1. 娯楽のよろこびと自然から引き出された娯楽支持の証言
2. 娯楽支持に対する現在の宗教界の実際的見解
3. 幼少期の心性史にみる自然な社会願望
4. 偉大なる自然法の交替
5. 娯楽の役割　(同、39頁)

「私が最も期待することは、現在と未来の幸福に向かって、我々が身体的道徳的的知的社会的宗教的に訓練される上で、娯楽が我々人類の自然な提携者であることを示すことである。」(同、40頁)

表2−5

〈第5章からの英文引用〉

第5章の内容

1. 娯楽に関する歴史的証言
2. 娯楽の普遍性
3. 我々の社会的関係の影響
4. 社会で教わるよき育ち
5. 子どもにおける娯楽の影響
6. 心を優しく温かく保つ傾向
7. 模範—Socrates, Lucian, Virgil, Maecenas, Horace, Agesilaus, Frederic the Great
8. 娯楽に最も多くかかわる階級の特徴にみる娯楽の傾向
9. 町の定住外国人
10. 田舎の人々
11. 大都市の進歩主義的な特徴
12. ロンドン、パリ
13. 最も知識ある階級の日常的な楽しみ
14. その傾向　(同、49-50頁)

家族における社会的な関係

「家族の社会的な関係は後に続く学びの場となり、その学びの場を通して、我々は生活の中の大きな努めに自らをうまく適合させていけるようになる。家族集団はあらゆる学びの場の中でも重要な最初の学校である。そこでは、他で得ることのない、初歩的なことが教えられる。それ故、これらの社会的組織の各段階を通って、新たな別個の特別な唯一の勉学がなされる。つまり、そこで学ばれないなら、他で決して学ぶことのない学びであり、何も学ばないとすれば、その時、我々の教育は全く不完全なものとなる。」(同、57-59頁)

子どもへの娯楽の影響

「娯楽を追求することは子どもの仕事である。子どもは狩人が追跡するように娯楽を追いかける。娯楽なしに子どもが育てられれば、子どもは娯楽のすべて、すなわち、最も愛すべき特色あるものを失い、世の中のあらゆる利己的な方法で考えるようになり、冷淡で狡猾で無感覚になる。」(同、61-62頁)

「それは、英国の工場地帯を旅した、最近の旅行家が注目するところである。英国の工場地帯では、子どもは食事と睡眠以外はほとんど休むことなく、週末まで働くために、たいてい直接、子どもらのいる部屋から仕事場・工場へ連れて行かれる。英国社会によって報告、さらには、議会の調査によって明らかにされてきたことがある。すなわち、偉大な自然秩序を妨げ、子どもが遊ぶべき時に子どもに労働を課すことによって、子どもの成長が押しとどめられると共に、子どもの能力は麻痺し、子どものモラルが堕落させられ、健康も害されるということである。」(同、62-64頁)

「もし彼らの家がまさしくもてなしの住居であるなら、一家団欒は日常的な娯楽の場となり、その戸口は宗教的であれ、世俗的であれ、あなた方の社会集団にとっての最初に開かれた扉となり、無邪気な楽しみに向かうことに反対して閉じることのない扉となるでしょう。」(同、66頁)

表2－6

〈第11章からの英文引用〉

ダンス　舞

「ダンスに反対する<u>偏見</u>の性質と程度はよく知られている。」(同、100-101頁)

「それ(ヲドリ)は不自然で人工的な楽しみであるというのだろうか。それ(ヲドリを指ス)にふけるのは、我々の性質になじみのないものとでもいうのだろうか。否。ダンスは<u>笑ったり泣いたり</u>するような感情である。ダンスは我々のフィーリングや感覚を伝達するのに与えられた、我々の自然形態の一つである。」(同、101頁)

「子どもが話すことのできるよりもはるかに早く、我々は幼児にダンスの感覚をみてとることができる。子どもがよろこびの感情にめざめるや否や、調整された動作の中で自分の腕や足を揺さぶることによって、自分の幸福を証しする。少し年長になると、一とんだり、ダンスしたりすることで一子どもの最初の予期しない強烈なよろこびの表現が、調整された直観的な動作となって現れる。」(同、103-104頁)

表２－７

〈第 13 章からの英文引用〉

娯楽の組織

「組織、組織、組織は進歩の偉大なる原理である。もし娯楽が有するに値するのであれば、娯楽は組織の上に存在するに値する。そして、若者は彼らの社会的教養と身体的訓練のための娯楽をほとんど享受している。人間的な教養における偉大な要因は、精神的道徳的宗教的社会的教養である。我々には学校がある。学校は知的教養のためのものである。我々には教会と安息日学校がある。それらは宗教的教養のためのものである。若者の社会的教養と身体的訓練のための直接的な備えはどこにあるのだろうか。ここで私の目的は、親にとっての組織的な家族の娯楽という主題を示すことである。それは、親が親自身と子どもたちの両方に負う務めとして示すことである。」(同、128-130 頁)

「最も重要な目的は、両親の手元で家庭を子どもにとって最も幸福な場として作り上げることであるはずである。その目的のために、家族集団が無邪気で陽気な愉快な娯楽で活気づくことは、いかに重要なことであろうか。」(同、130-131 頁)

「この方法で両親は子どもの娯楽をコントロールするのと同様、子どもの社会的な仲間を確実に選ぶ。その集団で、子どもたちの両親は子どもが勉強するのと同じように、子どもの楽しみを計画し、同じやり方で子どもを監督し、そして、その方法でこれらの気晴らしを子どもの教育の重要な部分に置くのである。」(同、133-134 頁)

ジェヴォンズの『社会改革の方法・諸論文集』は六つのエッセー[30]と一一の論文・講演録等から成っている。このうち、成瀬は主として「人々の娯楽」(一八七八年)と「無償公立図書館の原理」(一八八一年)いうエッセーの原文を数頁に亘って筆写した(成瀬ノート、五―七頁、九―一四頁)。成瀬が興味を示したのは、公共の娯楽と文明との関係について論じた箇所である。義務教育制度が成立しながらも、犯罪や無知、アルコール依存といった社会の歪みが減じることのない一八八〇年前後にあって、ジェヴォンズは学校外の劇場、美術館、博物館、公立図書館といった社会制度のもつ価値を評価している。これを受けて、成瀬は「人は幸あらざは何事も出来ず又之を得る為ニは生命をも投るもあり故に有益の Amusement は実ニ大切也」と述べ、社会事業の一環として組織されたクラブで人々が人間的な喜びや幸福を得る、有用な娯楽に着目した。と同時に、アメリカ人が家庭という私的な空間だけでなく、公共空間において陽気で快活な生活を送り、娯楽が道徳的身体的知的な面を促進していることをつかみとっている。

当時のアメリカの社会教育に関する限り、一九世紀前半に展開されたライシアム運動(Lyceum Movement)によって社会教育の土台が築かれ、成瀬が渡米した頃には、図書館・博物館の建設を通して知識を普及するという目的がすでに実現し、公立図書館は社会の中で確固たる位置を占めていた。また、一八七四(明治七)年以来、メソジスト派のヴィンセント(John Heyl Vincent)とミラー(Lewis Miller)が始めたシャトーカ運動(Chautauqua Movement)が盛んで、シャトーカ文理サークルや夏期学校といった成人教育プログラムが積極的に実施され、この運動を支えた人々が草の根的に、婦人クラブや青年グループ等の活動を展開していた。また、シャトーカ運動は通信教育や大学拡張等の先駆的働きをなすものでもあった[31]。

このような活動が成瀬自身にとって現実味を帯びてくるのは、帰国後、日本女子大学校を開校して数年経ってからのことである。文芸会や大学拡張の活動にその影響をみることができる。文芸会は寮で学生が音楽会や活人画会を楽しむところから始まった[32]。児童の遊戯にも通じる娯楽の本質について、成瀬は「人は生涯を通じて娯楽によりて直接には休養、慰安を得て、活動力を養ひ、間接には娯楽そのものに含まるゝ理想から、智徳を磨くことが出来るのであります。」と述べ、娯楽の種類の欠乏を補うこと、高尚な娯楽を選ぶこと、団欒的娯楽の風習を作ること、児童の娯楽に対する父母・兄姉・教師の教育的態度を促している[33]。成瀬の大学拡張論は将来的に卒業生の団体である桜楓会の各支部を母体として、校外講義、巡回図書館、巡回機械（移動博物館）、夏期学校、講義録の発行、ユニバーシティ・セツルメントを組織化し、社会教育・社会事業を展開することに主眼が置かれている[34]。

他方、ソーヤの『娯楽擁護論』は一六章で構成されている。このうち、成瀬は第一章～第六章、第八章、第一一章～一四章を部分的に引用している（第一章（成瀬ノート、一五―二五頁）、第二章（同、二七―三九頁）、第三章（同、三九―四七頁）、第四章（同、四八頁）、第五章（同、四九―五〇頁、五三―七二頁）、第六章（同、七三―九六頁）、第八章（同、九七頁）、第一一章（同、一〇〇―一一六頁）、第一二章（同、一一七―一二八頁）、第一三章（同、一二八―一三六頁）、第一四章（同、一三六―一三九頁））。

第一章では、「娯楽の定義」に従って娯楽のもつ人間形成的意義に目を留め、娯楽の歴史的起源を探っている。宗教的観点から娯楽に対するイエスの見解を検討した成瀬は、「キリストハ結婚式ニも到り又宴会ニ行き飲食せり。交際せり。Amusement を賛同せり。」との考えに達し、中世の修道院にみられる禁欲主義を斥けている。第二章に入ると、成瀬は害のない健康的な娯楽のあり方に賛成し、「Amusements は心ニも身ニも薬となるべきものを毒として捨てたること多し。……若し交際候しホームの有様真に時ニ戯れ話し誠ニ愉快を得せしめば何ぞ酒を求めん他ニ害なき其 Amusements を求むるの要求ニ代フルモノ多し」と述べている。同章で浪漫主義的ともいえる自然観を通して、「神の摂理の恵み深さを享受する妥当性」に共鳴した成瀬は、引き続く第三章で、自然法に基づく娯楽擁護の考え方を支持している。

第四章では、「社会的娯楽、感覚的娯楽、社会的議論、休日の娯楽、ダンス、歌、訪問、社交上のゲーム、運動場でのスポーツ」といった多様な娯楽の種類を取り上げ、そこから日本の女性にとっての交際の意義を引き出した。子どもの娯楽について論じた第五章で、ソーヤは児童労働を批判し、子どもが遊戯や娯楽のないまま育てられると、冷淡で狡猾で無感覚になってしまうと戒めている。楽しみの場となる家庭について、成瀬は「日本の食堂を改ムルコト。談話して徐々食スル風。Family talking を為スコト。等大切也又食後 Social hour を設け長幼打寄て遊ぶこと等大切なり。」とコメントし、食卓が家族団欒の場となり、食後のソーシャル・アワーが子どもにとって楽しみの時間となることを強調した。

第六章はユダヤ人の祝祭、古代ギリシア人のオリンピア競技会、古代ローマ人の狂暴で残忍な闘技、中世騎士道時代におけるフランス・プロバンスの叙情詩人の様子等を描いている。西洋の娯楽史に対して、成瀬は日本の五節句やその他の祭日を対照させ、「日本ニ於て祭日を守ルコト大切ならん。」として、それらが一致の精神や愛国心を養うとした。

第一一章に及んでは、ダンスが老若男女の身体の健康を促すことから、成瀬は幼稚園や小学校・女学校でダンスを採用し、さらに男子校と女学校の交流を通して、男子と女子が相互にそれぞれの芸を披露することを奨励している。娯楽による男女交際を認めた成瀬は「時々は男女合併の amusement を為さしむ也。是れ相方ニ利益あり。

之を制するは両校教員、或ハ父母をも交へば決して弊害なからん。」と述べている。第一二章で成瀬は劇場や演劇に関心を寄せた。放縦な近代劇に対する劇場出入り禁止というより、ラシーヌ（Jean Baptiste Racine, 1639-1699）やシェークスピア（William Shakespeare, 1564-1616）といった劇作家に注目し、演劇の効能について学んでいる。

第一三章では、家族集団に娯楽の組織化の基本があり、親が子どもの楽しみを計画し、子どもの仲間集団をコントロールする責任が示唆されている。この内容に対して、成瀬は「両親は小児の為めに善き Social companionship を造り Home に於て十分の Amusement を予ること必要なり殊に temptation 多き幼中其他ニ就ては殊ニ注意ス可きなり。然らざれは両親の感化小児ニ及ばず。」とコメントした。

第2項　女性と子どもをめぐる学問領域

筆写に一か月以上要したと思われるノートの性格は、日記と区別される。この時期にわずかに重なる和文日記をみると、筆写を始めた翌日に、アメリカで視察すべきターゲットを一二項目定め、自らの決意を表明している。それは個人生活、家族生活、学校、アシュラム、教会、米国文明の大勢、商業・農業、建築・機関、万国博覧会、現代世界思潮、図書館で世界のよき知識に通じること・ジャーナリズム事業、青年会・禁酒会・王女会等の慈善事業である[35]。

学校視察に関する限り、成瀬はすでに前年（一八九一年）の四月一三日から一週間、ウェルズリー・カレッジ（一八七五年開校）に滞在見学している。この訪問はウェルズリーの卒業生であり新潟女学校の元英語教師のジャドソン（Cornelia Judson）及び、同女学校元教師でウェルズリー・カレッジ留学中の杉江田鶴の紹介によって実現したものであろう[36]。成瀬は「ウェレズレー女子大学観察略記」と題して、学校の様子を『女学雑誌』に報告している。

訪問した週の行事は以下の通りである。

四月一二日(日)　朝　チャペルで礼拝
　カースベルト・ホール牧師(ニューヨーク・ブルックリン)
　夕方　月一回の宣教師会議
四月一三日(月)　夕方　三年生の禁酒討論
四月一六日(木)　夕方　フィリップス・ブルックス博士の演説
四月一七日(金)　午後　ヒル教授の講義　主題「ギリシャ人の音楽」
四月一八日(土)　午後四時　エドワード・アトキンス氏の講義　主題「銀の問い」
　夕方　ファイ・シグマとアート・ソサイエティの定期集会
四月一九日(日)　朝　チャペルで礼拝
　ジョージ・ゴードン牧師(ボストン)[37]

アメリカで女性キリスト教禁酒同盟の運動が勢いを増す中、ウェルズリーの禁酒会も積極的に活動した。この禁酒会の集会に参加した成瀬は、女性の能弁術に感嘆し、「余は該校の禁酒会に臨み、生徒数名の演説を聴聞したる時、其音声七百名の耳朶に達するに十分の力ありて、思想も明亮に聞取らるゝを覚えたり。此禁酒会の会員は悉く女生徒女教員なるが、或は拍手、喝采し或は花にて製し褒典、を与る等のことなりて、中々熱心に満ち、随分盛なりき。」[38]と述べている。また、学内の礼拝は宗派を超えて行われており、説教者はウェルズリーを取り巻く近隣教会だけでなく、少し離れたボストンの中心地や遠方のニューヨークから招かれていることを発見し、聖公会派牧師ブルックス（Phillips Brooks, 1835-1893）の説教にも与った。『女学雑誌』への報告記事で次のように述べている。

徳育は、全く基督教の信仰を以てす、毎朝講堂に於て聖書朗読、礼拝、讃美等の式を施行し、生徒は残らず出席して、最と厳粛に式を守れり、又た日曜日毎には、何れの宗派を問わず、地の遠近を論ぜず、有名なる牧師を、方々より招きて、説教を委頼せり、余の在留中は、彼の有名なるボストン市のヒリップ、ブルークスの説教ありたり[39]

ウェルズリーの理事やスタッフは創立当初からクリスチャン・コードに基づいて福音主義の教会員であることが求められたが、一八九八（明治三一）年に廃止された[40]。一九世紀後半以降のアメリカの大学では、ダーウィンの進化論がカレッジ学生の宗教信仰を揺さぶり、福音主義信仰は弱まりつつあったが、ウェルズリーでは一九〇〇年に強制礼拝を自発的な礼拝出席に切り替えたものの、一九六八年まで必修のバイブル・コースを保持している[41]。

成瀬の留学当時、セブン・シスターズと呼ばれる七つのアメリカ女子カレッジのうち、ジョンズ・ホプキンズ大学を範に創設されたブリンマー・カレッジ（ペンヴェルニア州、一八八五年開校）と女子セミナリーから出発したウェルズリー・カレッジ（マサチューセッツ州、一八七五年開校）[42]は対照的なカリキュラムを提示した。前者はアカデミックなカリキュラムに徹し、次の四つの要素をもつジョンズ・ホプキンズ・グループ・プランを積極的に取り入れた。それは第一に、必修コースのコア、第二に、主要な学習領域を構成する一連の科目からの選択、第三に、拡充必修のための限られた選択科目からの選択、第四に、二つか三つの完全な自由選択科目から構成される[43]。「我々の失敗、唯一結婚」と宣言した第二代学長トマス(Martha Carey Thomas, 1857-1935)[44]は、ドメスティック・サイエンス、児童研究、公衆衛生学といった科目を一切差し出さず[45]、寮生活における家事労働を合理化して家庭性を極力排除し、専門教育を重んじた[46]。

一方、後者は女性の学長と女性教授団から構成された唯一の女子カレッジとして、全人的な人間形成を理想とする教養教育を志向した[47]。生活面では、日常的な家政を共に担うレジデンシャル・システムにおける寮生活を通して、教師と学生は「ウェルズリー・マリッジ」と呼ばれる師弟関係を築き、友愛的知的コミュニティを形成していた[48]。大場昌子は、ウェルズリー・カレッジのアーカイブズに保存されている一八八九(明治二二)年から一八九〇年の募集要項から、成瀬の留学時期に実施していた寮の形態が、大きなレジデンスに全学生が共に生活するレジデンシャル・システムと、一〇名から五〇名前後の人が一つの寮舎で生活し、学校全体が幾つかの寮舎からなるコテッジ・システムとを併用していたと報告している。成瀬が日本女子大学校で採用した寮のシステムは後者で、モデルそのものはスミス・カレッジのコテッジ・システムに求めた[49]。

家庭性と結合したリベラル・エデュケーションと家庭性を排するアカデミックな専門教育という対照的な二パターンが生み出される一方で、家政学が女子高等教育の新局面を切り拓いていた。家政学のコースを発達させたのは一八六二(文久二)年のモリル法制定を機に成長するミシガン大学等の州立のランド・グラント大学(Land-grant colleges and universities)や、リサーチ・ユニヴァーシティとして誕生したシカゴ大学等である。

学問論の観点からいえば、ウェルズリーは男子カレッジをモデルとし、教養系のリベラル・アーツ・カレッジの高等教育カリキュラムから出発したが、成瀬の留学した一八九〇年代までに、カリキュラム改革が何度かなされている。創立者デュラント（Henry Fowle Durant, 1822-1881）によれば、リベラル・アーツ・カレッジは数学・化学・物理学なしでは完全ではない。一八七七（明治一〇）年には古典コースの他に科学コースを並置し、アメリカの中でもいち早く物理学を学ぶ実験室を備えた。さらに、一八八二年以降、上級コースとして選択科目を配置し、一八九〇年から一八九二年の間、ドメスティック・サイエンスを最上級生と第二、第三学年の特別生に開講している[50]。この科目をタルボット（Marion Talbot, 1858-1948）[51]が担当したことは、ホーム・エコノミクスへと発展するアメリカ家政学の土台づくりがウェルズリーで試行錯誤的に始まったことを意味する。家庭衛生や栄養学等を教授する本コースは講義と実習に加えて、校外のフィールドトリップを実施した。成瀬の見学に先立つ一か月前の三月一六日に、女子学生は午前中にボストンのニューイングランド・キッチンを訪問した後、午後にウォルター・ベイカー・チョコレート工場の視察をしている。前者では科学的なクッキングだけでなく、よく調理された、味のよい栄養のある食物を貧しい人に届けるという慈善目的を学び、後者では食品の生産工程を学習している[52]。

成瀬がボストンのＹＷＣＡを訪問したのは、一八九二（明治二五）年五月二八日である。この時、成瀬が受け取ったボストンＹＷＣＡの便覧にその日付が付されている。当団体の目的は「ボストンの青年女性の身体的道徳的霊的幸福（welfare）に備えること」にあり、成瀬が訪問した年はＹＷＣＡ創設二五年目にあたる。施設面において、小さな二つの借室から出発したＹＷＣＡも、一八九〇年代には二つの大きな寄宿舎と別館を有した。事業は職業事務局、夜間クラス課、七つのトレーニング・スクール（家事のためのトレーニング・スクール、ドメスティック・サイエンスと産業技術の学校、料理学校、速記術学校、体育学校、聖書学校、裁縫婦のためのトレーニング・スクール）、旅行者援助課において展開されている。この中で、旅行者援助課はアメリカ東海岸に到着した移民を援助する部門で、波止場で汽船から下船し、困っている人を保護する役割を担っている。

成瀬が便覧に印をつけ注目したのは、ドメスティック・サイエンスと産業技術の学校である。一九世紀末の女性は家庭経営上の知性と技術を必要としていた。そのため、この学校では、よきハウスキーパーを育てること、職業学校や公的制度の教師・女性監督を育てることに主眼が置かれ、プログラムが始まって四年目を迎えていた。家政学部門では料理、自然科学、市場での売買、家計簿、家庭管理、教育的裁縫、家内婦人服仕立て、婦人帽製造を含み、産業技術部門では、マネキン研究、描画、粘土造形、彫刻、スロイド、軽じゅうたん装飾を学ぶ。必要に応じ、家庭看護なども補足的に教えられた。二年課程で修了すると、卒業証書が手渡されるが、一年間の場合、証明書だけが与えられる[53]。

内容の面から新奇なプログラムを展開したのは、体育学校である。成瀬が別に受け取った『ボストンＹＷＣＡ体育部門』の冊子には三つの目的が記されている。成瀬は第一目的の「健康の維持に影響を与え、身体の美と釣り合いを増大させるテーマで関心を目覚めさせ、教授すること」、第二目的の「教師として資格づけられ、学校やカレッジで体育部を指導したいと願う青年女性に特別の準備を与える」こと〔傍線部は成瀬による〕に注視している[54]。体育実技はもちろんのこと、講義では解剖学・生理学・衛生学・体育トレーニング理論が教えられ、体力測定や検査も実施された。加えて、体育館は地域の貧しいセツルメントの児童にも開放され、週二回、四〇名以上の生命力あふれる元気一杯の若者が体育館に集まり、押さえきれないエネルギーを発散して運動する中で自己抑制や従順を学ぶ。先の便覧の余白をみると、学校の種類やカリキュラムに関する成瀬の毛筆のメモ書きが残されており、「一、実業学校　一、慈善学校　一、家政学、一、社会学、一、体操術、一、職工学校　一、育児法　一、衣服、一建築学　一割烹　一文学、一教育学、一修身、一能弁術　一美術、一神学」〔原文通り〕と記されている[55]。

このように、新規移民の流入するアメリカの都市産業社会の中で、教会の女性は地域や家庭の援助者となる女性のための組織的トレーニングに取り組み、移民や女性の自立支援を開始していた。成瀬はＹＷＣＡで新しい家政学の内容、女子実業教育の方法、慈善的奉仕活動の実際、スポーツを含むレクリエーションのあり方等を吸収した。

一八九二（明治二五）年九月に研究の拠点をアンドーヴァー神学校からウースターのクラーク大学に移した成瀬は、マサチューセッツ州及びニューヨーク州の教育機関を中心に調査した。英文日記によれば、クラーク大学（九月一二日）の他に、ウースター州立師範学校（一〇月一〇日・一一日・一三日、一一月一日・二日）、ハーバードのアネックス（ラドクリフ）（一一月二八日）、マウントホリヨーク・カレッジ（一八九三年一月六日、三月二四日）、スミス・カレッジ（一月六日、三月五日・六日・二四日）、アマースト・カレッジ（三月六日・七日）、コロンビア大学ティーチャーズ・カレッジ（五月四日）等を訪問している[56]。この中で、成瀬が、ホールの「教育学セミナリー」（一八九一年開講）に参加したことに注目したい。

一八八九（明治二二）年に開校したクラーク大学の初代学長ホールは、児童研究運動を指導した心理学者である。質問紙法によって児童の心的内容を客観的に把握する方法は、データを集め、その分析によって発見したことを普及・実践していく上で、女性クラブの協力を必要とした。ホールは、シカゴ万国コロンビア博覧会（一八九三年）の「実験心理学と教育に関する国際会議」の要となる知識人として、クラーク大学を全国の児童研究運動の拠点とし、「教育学セミナリー」を活用した。女性クラブのネットワークを通して定期的に集まった女性は、児童の道徳的知的情緒的発達について議論し、教育改革に参与した[57]。進歩主義教育時代を迎えると、ホールはアダムズ（Jane Addams, 1860-1935）と同様、レクリエーションを唱道し、地域社会における子どもの遊び場運動を支援している。

成瀬がクラーク大学を訪問した五日後に、ホールは成瀬に以下のような、女性・児童・教育史に関する推薦図書のリストを与えた。

親愛なる成瀬様

私は次のような本を読みます。

フェヌロン（Fénelon）（女性伝記辞典参照）
児童研究に関する論文（『教育学セミナリー』第一巻第二号参照）
ギル（Gill）『教育史』
クイック（Quick）『教育史』
コンペーレ（Compayré）『教育史』
『性と教育』の中のアンナ・C・ブラケット（Miss Anna C. Brackett）のクラーク博士（Dr. Clark）への返信
また、あなたはプール（Poole）の『雑誌文献の索引』や『週刊会報』にも多くの参考書を見つけるでしょう。

心をこめて

一八九二年九月一七日

G・スタンリー・ホール[58]

この手紙には倫理学・動物学・物理学・読書の観点からの図書メモが四枚同封されており、それらにバウン(Borden Parker Bowne, 1847-1910)の『倫理学』、トムソン(J.A. Thomson)の『アニマル・ライフの研究』、クテ(Joseph Le Coute)の『進化』、アレン(Allen)の『チャールズ・ダーウィン』、トンプソン(Silvanes P.T. Thompson)の『電気と磁気の初歩』、ハリソン(Frederic Harrison)の『本の選択』の六冊の書名が記されている[59]。この中で、バウンはボストン大学で約三〇年に亘り教鞭をとったメソジスト派の神学者・哲学者である。彼の人格的宇宙観によって、成瀬は晩年、宇宙の統一にまで至り得る「至上人格」という考えを確立している[60]。

総じて、成瀬がアメリカ留学した時期は、進歩主義教育運動の本格化を前に、家庭や児童を科学研究の対象として家政学研究や児童研究が始まったばかりの時代であった。このような女性と子どもをめぐって発達する学問領域とその学問的成果を適用する改革運動の潮流は、リベラル・エデュケーションと専門教育へ向かう女子高等教育の新たな視点を、成瀬に与えたようにみえる。

注

1 片岡芳雄「成瀬仁蔵のアメリカ留学、タッカーとの出会い―帰一思想への道(一)―」『人間研究』第五〇号(二〇一四年三月)、一四―一六頁。

2 成瀬仁蔵「日記」(一八九一年七月二七日)『成瀬仁蔵著作集 第一巻』(日本女子大学、一九七四年)、四九九頁。

3 仁科節編『成瀬先生伝』(桜楓会出版部、一九二八年)、一三八頁。

4 Gary Dorrien, *The Making of American Liberal Theology: Imagining Progressive Religion, 1805-1900* (Louisville: Westminster John Knox Press, 2001, pp. 291-292.

5 Walter P. Metzger, *Academic Freedom in the Age of the University* (New York: Columbia University Press, 1955), p. 55.

6 『進歩的正統派』(一八八五年)の目次は次の通りである。括弧内は初出となった『アンドーヴァー・レヴュー』の号数を表している。 I. Introduction, II. The Incarnation (Vo.l.III), III. The Atonement (Vol.IV), IV. Eschatology (Vol.IV), V. The Work of the Holy Spirit (Vol. IV), VI. The Christian (Vol.IV), VII. Christianity and Missions, VIII. The Scriptures (Vol.IV), IX. Conclusion - Christianity Absolute and Universal (Vol.IV).

7 The editors of "The Andover Review" (eds.), *Progressive Orthodoxy: A Contribution to the Christian Interpretation of Christian Doctrines* (Boston and New York: Houghton, Mifflin and Company, 1885), p. 12.

8 Hannah Bacon and Jannine Jobling, "Why Feminists Should Still Be Liberals," in J'annine Jobling & Ian Markham (eds.), *Theological Liberalism: Creative and Critical* (London: SPCK, 2000), pp. 92-93.

9 成瀬仁蔵「松村介石・白木正蔵宛書簡」(一八九一年一〇月二三日付)『成瀬仁蔵著作集　第一巻』(日本女子大学、一九七四年)、二六一頁。

10 The Positive Side of Biblical Criticism" (August), "A Benefit of the Higher Criticism" (September), "The Religious Reason for Biblical Criticism" (October), *The Andover Review: A Religious and Theological Monthly*, Vol.XVI (Boston:Houghton, Mifflin and Company, 1891), 172-175, 279-282, 403-406. なお、一八九二年から一八九三年に発行された『アンドーヴァー・レヴュー』の論説には、「キリストの神性」(The Divinity of Christ) に関する記事がシリーズとして掲載されている。記事の構成は、以下の通りである。 I. Introduction (Vol.XVII), II. The Primitive Church (Vol.XVII), III. The Self-Consciousness of Jesus (Vol.XVIII), IV. Revelation and Redemption (Vol.XVIII), V. The Divine-Human Personality (Vol.XVIII), VI. The Early Church (Vol.XVIII), The Early Church (concluded) (Vol.XVIII), VII. The Satisfaction of Humanity in Jesus Christ (Vol.XIX).

11 成瀬仁蔵「日記」(一八九一年八月一〇日)『成瀬仁蔵著作集　第一巻』、五〇四頁。

12 成瀬仁蔵「日記」(一八九一年一一月八日)『成瀬仁蔵著作集　第一巻』、五一三頁。

13 Lawrence A. Cremin, *American Education: The Metropolitan Experience, 1876-1980* (New York: Harper & Row Publishers, 1988), pp. 33-34, p. 38.

14 神田健次「宗教間の対話と共生―エキュメニカルな視座から―」間瀬啓允編『宗教多元主義を学ぶ人のために』(世界思想社、二〇〇八年)、一八三頁。

15 神田健次「草創期の現代エキュメニカル運動」関西学院大学神学研究会『神学研究』第三七号(一九九〇年三月)、二一二―二一七頁。

16 片桐芳雄「アメリカにおける成瀬仁蔵とキリスト教―帰一思想への道(二)―」『人間研究』第五一号(二〇一五年三月)、

二六頁。

17 成瀬仁蔵「日記」(一八九一年八月八日)『成瀬仁蔵著作集 第一巻』、五〇三頁。

18 Letter of John R. Mott and F.S. Brockman to Jinzo Naruse, June 9, 1892. (4409) (日本女子大学成瀬記念館所蔵)

19 Cremin, *op.cit.*, pp. 37-38. 土居譽雄編『ジョン・アール・モット—彼の伝記と彼の講演—』(東京学生キリスト教青年会連盟、一九二六年)、二一—三頁。

20 モットは一八九五(明治二八)年に結成された世界学生キリスト教連盟(The World's Student Christian Federation)の創設者であり、世界YMCAの中心的人物として、日本の学生YMCAの世界キリスト教連盟への加盟を導いた。また、一九四八年に世界教会協議会(The World Council of Churches=WCC)を設立し、エキュメニカルな諸教会間の一致、協力を推進した。一九四六年にノーベル平和賞を受賞している。(Franklin Hamlin Littell, *From State Church to Pluralism: A Protestant Interpretation of Religion in American History* (New York: Anchor Books, 1962), pp.131-133: 柳生望・山形正男訳『アメリカ宗教の歴史的展開—その宗教社会学的構造—』[ヨルダン社、一九七四年]、二〇一—二〇四頁。)

21 "The World's Student Conference," *Vermont Watchman & State Journal*, July. 15, 1891, p. 4.

22 Cremin, *op.cit.*, pp. 36-37.

23 成瀬仁蔵「日記」(一八九一年六月三〇日)『成瀬仁蔵著作集 第一巻』、四九一頁。

24 松川成夫・本多繁「明治二十年代におけるキリスト教主義学校の一側面—北越学館・新潟女学校について—」『宣教研究』第一号(一九六八年)、六一頁。

25 Letter of Doremus Scudder to Jinzo Naruse, May 23, 1891. (4371) (日本女子大学成瀬記念館所蔵)

26 『日本女子大学成瀬記念館収蔵資料目録一 旧成瀬記念室資料』(日本女子大学成瀬記念館、二〇一四年)に、成瀬のアメリカ留学時代の日記やノートの写真が掲載されている。『成瀬仁蔵著作集 第一巻』に翻刻された日記は、一八九一(明治二四)年四月下旬~一八九二年一月二七日と、一八九二年五月八日~一八九三年五月一日の内容を記しており、五点の史料が関係している。同『著作集』ではアメリカ到着前後から一八九一年三月までの内容、一八九二年一月末から一八九二年五月上旬までの内容、一八九三年五月以降の内容が欠けている。一八九二年一月二四日のノートは、その時期に相当する四点の史料のうちの一つであり、『成瀬仁蔵資料集二(D2014)』(日本女子大学成瀬記念館、二〇一八年三月)に翻刻されている。

27 成瀬ノートの英文と原典との照合は、下記の文献を使用した。W. Stanley Jevons, *Methods of Social Reform and Other Papers* (London:

Macmillan and Co., 1883). Frederic W. Sawyer, *A Plea for Amusements* (New York: D. Appleton and Company, 1847). Frederic William Sawyer, *A Plea for Amusements*, (reprint ed., Memphis: General Books, 2010).

28 経済学史学会編『経済思想史辞典』(丸善株式会社、二〇〇〇年)、一五八頁。

29 James Grant Wilson and John Fiske (eds.), *Appleton's Cyclopaedia of American Biography*, Vol. 5 (Bristol: Thoemmes Press, 2002), p.407. (orig. pub. 1894.)

30 エッセーは「社会改革の方法」というタイトルの下に"The Contemporary Reviewで発表されたものが再録されている。(Jevons, *op.cit.*, p.v.) それは次の通りである。"Amusements of The People" (Oct. 1878), "The Rationale of Free Public Libraries" (Mar. 1881), "Married Women in Factories" (Jan. 1882), "Experimental Legislation and The Drink Traffic" (Feb. 1880), "Postal Notes, Money Orders, and Bank Cheques" (Jul. 1880), "A State Parcel Post" (Jan.1879).

31 梅根悟監修『世界教育史体系三六　社会教育史I』(講談社、一九七四年)、一〇〇—一〇七頁。

32 『家庭週報』第六八号(一九〇六年七月一四日)、一頁。

33 『家庭週報』第六九号(一九〇六年七月二一日)、一頁。

34 『家庭週報』第一五二号(一九〇八年八月一日)、一—二頁。

35 『成瀬仁蔵著作集　第一巻』、五二五頁。

36 Cornelia Judson, Letter of Cornelia Judson to Alice Freeman Palmer, December 7, 1890. (4365) Cornelia Judson, Letter of Cornelia Judson to Jinzo Naruse, December 28, 1890. (4367) (日本女子大学成瀬記念館所蔵)

37 *The Wellesley Prelude*, Vol. II.- No. 25 (April 11, 1891), p.344. http://repository.wellesley.edu/prelude/60 (accessed 05-21-2019).

38 「ウェレズレー女子大学観察略記(一)」『女学雑誌』第二六七号(一八九一年五月三〇日)、四五八頁。

39 同右。

40 Ella Keats Whiting, "The Faculty," in Jean Glasscock (ed.), *Wellesley College, 1875-1975: A Century of Women* (Massachusetts: Wellesley College, 1975), p. 93.

41 Barbara Miller Solomon, *In the Company of Educated Women: A History of Women and Higher Education in America* (New Haven and London: Yale University, 1985), p. 92.

42 一八七〇(明治三)年にウェルズリー・フィーメール・セミナリーが州議会により認可され、一八七三年にウェルズリー・カレッジに名称変更した。(Margaret E. Taylor and Jean Glasscock, "The Founders and the Early Presidents," in Jean Glasscock [ed.],

op. cit., p.1, p.10.)

43　Solomon, *op.cit.*, p.80.

44　*Ibid.*, p. 84.

45　Nancy Woloch, *Woman and American Experience: A Concise History* (New York:McGraw-Hill/ Irwin, 2002 and 1996), p. 189.

46　高橋裕子「ブリンマー大学とスペルマン大学の創設期を通して見る一九世紀後半のアメリカ」有賀夏紀・小檜山ルイ編『アメリカ・ジェンダー史研究入門』(青木書店、二〇一〇年)、一〇〇頁。

47　小島蓉子「日・米女子大学教育の比較研究　序説―わが国の女子高等教育の発達に及ぼした米国東部女子カレッジ教育の影響を中心として―」日本女子大学社会福祉学科紀要『社会福祉』第二四号(一九八三年)、七一頁。

48　Patricia A. Palmieri, "Here Was Fellowship: A Social Portrait of Academic Women at Wellesley College, 1895-1920," *History of Education Quarterly* (Summer 1983), 197-200.

49　日本女子大学学寮一〇〇年研究会編『女子高等教育における学寮―日本女子大学学寮の一〇〇年―』(ドメス出版、二〇〇七年)、一九四頁、一九七頁。成瀬はスミス・カレッジを訪問した時、受け取ったカタログに I came here on 24th, 1893. と記載し、カタログの中の寮に関連する箇所(洗練され秩序づけられた家庭の文化、食堂・居間・台所、私的な家族のような組織、舎監の役割等)に下線を引いている。(*Smith College Official Circular*, No.19 [1892], p.19. [日本女子大学成瀬記念館所蔵])成瀬の英文日記をみると、一八九三(明治二六)年三月五日に、スミス・カレッジで「日本のキリスト教の将来」と題して演説をし、その日の夜、シーリー学長夫妻の晩餐会に招待されたと記録されている。(『成瀬仁蔵著作集　第一巻』、五二八頁。)スミス・カレッジの学長ロレナス・C・シーリー(Laureus Clark Seelye, 1837-1924)の妻ヘンリエッタ・C・シーリー(Henrietta Chapin Seelye)の三月五日(日)の日記には、"The little Japanese was here to supper. He was ordained by Joseph Niishima."(小柄な日本人がここで夕食を共にした。彼はジョセフ・新島から按手礼を受けた。)と記されている。(*Journal of Henrietta Chapin Seelye*, March 5, 1893. [Smith College Archives])

50　Virginia Onderdonk, "The Curriculum," in Glasscock (ed.), *op.cit*, pp.126-127, pp.132-134. *Calender of Wellesley College 1890-1891* (Boston: Frank Wood, Printer, 1891), p. 9, p.24, p.36. *Calender of Wellesley College 1891-1892* (Boston: Frank Wood, Printer, 1892), p.9, p.23, p.35.

51　タルボットは男女共学のボストン大学卒業後、一八八二(明治一五)年に女性大学卒業生協会(現在のアメリカ女性大学人協会の前身)結成を通して、大卒の女性にとっての共通の課題に取り組んだ。また、一八八四年にMITでリチャーズ(Ellen Swallow Richards, 1842-1911)の指導を受け、一八八八年に公衆衛生学でB. S. の学位を取得している。(Marion Talbot, *More Than Lore:*

Reminiscences of Marion Talbot, Dean of Women, The University of Chicago, 1892-1925 [Chicago: The University of Chicago Press, 1936], pp.144-146.)

52 *The Wellesley Prelude*, Vol. II.- No. 25, pp.345-346.　http://repository.wellesley.edu/prelude/60 (accessed 05-21-2019).

53 *Twenty-Sixth Annual Report of the Boston Young Women's Christian Association* (March 7, 1892), pp.12-13. (日本女子大学成瀬記念館所蔵)

54 Hope W. Narey, *Department of Physical Education, Boston Young Women's Educaion, October 1891, to June, 1892.* (日本女子大学成瀬記念館所蔵)

55 *Twenty-Sixth Annual Report of the Boston Young Women's Christian Association*, p.14. 小林陽子「成瀬仁蔵の蔵書調査(第二報)―カタログ・シラバスなど資料の概要―」『地域学論集(鳥取大学地域学部紀要)』第三巻第三号(二〇〇七年三月)、三〇四頁参照。

56 『成瀬仁蔵著作集　第一巻』、五二七―五二九頁、五三一―五三五頁、五三七頁。『成瀬仁蔵著作集　第一巻』に掲載された日記は、一八九三(明治二六)年五月四日で途絶えているので、その後の足取りははっきりしない。帰国は一八九四年一月となっているが、正確な帰国日はわかっていない。書簡から判断する限り、スカッダーは一八九三年九月に始まる成瀬のニューヨーク旅行を全面的に支援し、シラキュースの牧師パッカード(Dr. Packard)らに協力を仰いだ。一〇月一五日にはグリーブランドを訪問し、シカゴへ行くよう勧めている。(Letter of Doremus Scudder to Jinzo Naruse, May 19,1893. [4698] 日本女子大学成瀬記念館所蔵)。その後、スカッダーはシカゴにおける成瀬の諸教会訪問について、アメリカン・ボードの牧師ヒッチコック(A.N. Hichcock)にその段取りをしてほしい旨、依頼した。しかし、一二月四日に成瀬宛に宛てた手紙で、ヒッチコックは一二月の訪問がアメリカン・ボードとの関係、並びに、クリスマス・シーズンであることから難しいと伝え、個人的には成瀬をシカゴで快く迎える用意があることを伝えている。(Letter of A.N. Hitchcock to Jinzo Naruse, December 4,1893. [4453] 日本女子大学成瀬記念館所蔵) そして、サンフランシスコを経由して帰国する成瀬の旅費の工面をするために、ヒッチコックは一二月一一日にサンフランシスコ在住の牧師フリア(Walter Frear)に依頼状を送った。(Letter of A.N. Hitchcock to Jinzo Naruse, December 11, 1893. [4455] 日本女子大学成瀬記念館所蔵)

57 Lawrence A. Cremin, *American Education: The Metropolitan Experience, 1876-1980* (New York: Harper & Row, Publishers, 1988), pp. 278-279.

58 Letter of G. Stanley Hall to Jinzo Naruse, September 17,1892. (4390) (日本女子大学成瀬記念館所蔵)

59 同右。

60 片桐芳雄「フクシマ後の成瀬仁蔵―『軽井沢山上の生活』を読む―」『人間研究』第四九号(二〇一三年三月)、二六―二九頁。

第3章　天皇制国家主義時代における女子高等教育構想

第1節　キリスト教女学校のネットワーク

第1項　巌本善治の女子教育論

巌本善治は成瀬と同様、キリスト者の校長として日本の女子教育を牽引し、女子高等教育を構想した同時代人である。一八八五（明治一八）年に木村熊二（一八四五―一九二七）と妻鐙子（一八四八―一八八六）によって創設された明治女学校[1]は、鐙子の逝去後、巌本によって引き継がれた。女性論において両性の生物的差異を認め、男女を同等異質なものとみる巌本は、男女同権論に同意せず、「男女は必らず天職を異にし、各自に相違したる責任あり。而して政治上に社会上にも家政上にもそれぐ〳〵男女の分労すべき仕事あり、男女は各其の長所に随ふて其用を為すべきなりと。」[2]と説いた。この性別役割分業の考えは、巌本の恋愛結婚[3]に基づくホーム論に関係している。

出版ジャーナリズム界では、『女学雑誌』が一八八五（明治一八）年に近藤賢三を編集人として創刊され、翌年から巖本善治が編集を引き受けた。本雑誌は他の雑誌に先駆けてホーム論を取り扱った。巖本のホームに関する最初の記事は一八八八年に登場している。日本の家制度に基づく儒教的な家族観に対して、巖本は「日本の家族」と題して、日本で打ち立てられるべきホームとして、一夫一婦制による夫婦愛に満ちた、和楽団欒のホームについて語り、女性が家族の女王としてホームを司ることを強調した。[4] 一八九三年に及んでは、ホームの真の目的を問い、「何んとなれば、一家の一人たる主旨は、その利己にあらずして、その献身にあるがゆへなり。」[5] と述べ、ホームの目的が一家のために献身することであると説いている。巖本は欧米の新聞雑誌の定期購読を通して女子教育に関する情報を吸収していた[6]が、彼のホーム論は、理念的にはアメリカのヴィクトリア社会の伝統的なホーム論に近い。

アメリカの師範学校や女子セミナリーで使用された家政書として有名なものに、『アメリカン・ウーマンズ・ホーム』(一八六九年)がある。この本の著者はキャサリン・ビーチャー (Catherine Esther Beecher, 1800-1878) と、『アンクルトムの小屋』の著者のストウ夫人で有名な妹のハリエット・ビーチャー (Harriet Beecher Stowe, 1811-1896) であるが、内容はキャサリン執筆の『家庭経済論』(一八四一年) が下敷きとなっている。

ビーチャー姉妹は伝統的なジェンダーと階級差を前提としながらも、クリスチャン・ホームの母を育てるために各章で物理的な家の諸相を詳述し、家庭の管理者としてのなすべき務めをこと細かに示した。この本の特徴は、裕福な女性にとって価値のおかれていない家族労働が女性の聖なる仕事であるという主張によって、英国ヴィクトリア時代の家庭像に一石が投じられた点にある。家庭における手の労働を正当化する理由について、ビーチャー姉妹は、イエスが三〇歳近くまで大工として家族労働に従事し、究極的に僕となって仕えた自己犠牲の精神にその根拠を見出している。しかしながら、クリスチャン・ホームにおける自己犠牲は、母だけに限られない。父親自ら家族を養うために粉骨砕身し、年長の子どもが年少者への助け手となり、病人ができれば健康な人が自己犠牲的な牧師（ministers）となり、年老いた両親に対して子どもは自己犠牲的な僕となる。[7] ここに存在する家族の原理は、弱きものへの自己犠牲である。

ビーチャー姉妹の家庭は天の国を最もよく地上に描くものとして理解されており、そこにおいて女性は主要な牧師（chief minister）として位置づけられる。母は天に宝を積むべく子どもの育児にあたり、不死の魂を訓練して、その労働の報いを永遠の命を通して受けるのである。家庭の祝福された特権は共和国の母としての使命をも担っている。生計を立てることのできる女性は適切に資格づけられた女性仲間と提携し、天の恵みに対して孤児・病人・ホームレス・罪人を受け入れる。母なる献身によって現世と来世における家庭の真の幸福に向かって地上の子どもを教育する時、キリストの自己否定の模範に従うよう彼らを訓練するのである。[8] ビーチャー姉妹は、クリスチャン・ホームの女性を次のように記述する。

> 賢き女性はこの聖職（ministry）を行使するホームを求める時、健康・勤勉・節約のための最もよい方法で、家事の楽しみと成功に基本的に必要となるものを与えることができるようまさしく計画された家を確保することを目指すでしょう。[9]

こうして、賢き女性はクリスチャン・ホームの要として、あたかも牧師が牧会するかのように、家政・家事を営むことが期待された。その論旨は、巖本のホーム論の骨子と重なっている。

明治女学校の教育方針について、巖本は一八八七（明治二〇）年一〇月から一八九一年八月にかけて『女学雑誌』

に明治女学校設立の主旨を著した。一八九〇年四月の「明治女学校生徒に告ぐ　目下の女子教育法」では、その冒頭でフレーベル (Friedrich Wilhelm August Fröbel, 1782-1852) の名著『人間の教育』(一八二六年) を取り上げ、教育の目的が神性の実現であるとしたフレーベルの説に従って、「女子の天性を伸ばすとにて、女をして其の常に有るべきの女たらしむる訳なり」[10]、「諸子をして自由に発達せしめ、而して諸子が各自好む所の途に達し、天賦の性を伸して、夫々に完きの女性とならるゝとを望むにあり」[11]と述べ、天賦の素質を発展させることに女子教育の本質を置いた。同時に、この観点から欧米ミッションによる教育に対しては、宣教師派女学校が洋学や伝道者養成に傾き、普通に女性を開発するという目的に適っていないと痛烈な批判をしている。

宣教師方の女子教育は其伝道の一方策なるを以て、学校に於て聖書を講じ之を暗誦せしむるの事格外に多く、随つて卒業生は殆んど女伝道士の如きものとなり、普通に女性を開発するの目的に適はざるとも少なしとせず。……故に明治女学校は、一の宗派に属せず　宗教に於ては基督教を信ずる人の手に属すれども、何等の宗派にも属せず……而して徳育の基礎を基督教に置くと云へども、学科目中に聖書を加ふるとなく、平常に基督教を講ずるとなく、生徒に向かつて直接に伝道すると少なし。即はち宗教上の信仰を自択発心に任せ毫末も之を強ゆるとなく、たゞ教員の感化と精神上の修養とを専一にせり。日曜日に於いて安息日学校を開き此に於て純粋に聖経を講ずと云へども聴聞は生徒中の有志の者に許し画然平常の科目と別にせり。之れ必らずしも宗教伝道を軽んずるにあらず、如此くするが即はち真誠の伝道にして且つ真誠の徳育なりと信ずるが故なり[12]。

こうして、巌本は宗教教育について、徳育の基礎をキリスト教に置きながらも、学科目に聖書を加えず、一宗派によることなしに、教師のキリスト教的感化や生徒の精神修養を重視したのである。

女子教育の未来を展望し、今日の女性学に該当する女学を追究していた巌本は、論考「女学普及の経論」(一八九一［明治二四］年八月)において、普通教育を通して女性の品性を開発し妻母の資格を高め、女子高等教育への道を拓くことによって、女学が普及すると主張した[13]。巌本は女学を「婦女子に関する一科の学問」[14]と定義づけ、一八九二年から一八九三年にかけて『女学雑誌』で一〇回にわたって講じる中で、諸学の学理の総合適用された女学の科目配置を奨励している。

(十二)故に、先づ婦女子を生理上及ひ心理上道徳上の諸点より観察して、男子に対する其関係を研究し、之に相等する教育及び職業の何如を論じて当然の天職何処に存するかを考へ、之により引て、天地及び人世の愛と美との元素並に其の人類に於ける関係等に論及するは、頗ふる有益なるものと信ず、女学とは、此意義に於て、諸学科の学理を一科の目的に総合適用したるものなり。

(十三)凡そ女学校の科程には、是非とも此一学科を備置かさる可らすと信ず、特に今日の如く女子教育を初て行はんとする時に当ては、取分け此一科を教授するの必要を見るなり[15]。

一八八九(明治二二)年の明治女学校高等科(修業年限三年)のカリキュラムをみると、正科は「日本歴史、心理学、倫理学、欧米古近代史、生物学、理化天文学、経済学、英文学、社会学、支那歴史、日本文学、教育学」から成り、自由科には「哲学、数学、独逸語学、比較宗教学、家政学、音楽、画学」が配置されている[16]。学問論的には男子系カレッジにみられるリベラル・アーツ科目に家政学がプラスされている。そもそも木村時代の明治女学校には、「家政科がなく、人文科学の幅広い教科が取り上げられてい」た[17]。その理念を継承し、高等教育を目指した巌本にとって、家政学は単なる裁縫や料理等の家事教育ではなく、学問性を有する女学の意義を内包する科目でもあった。論考「科学としての家政学」（一八九六年）では、シカゴ大学・ウィスコンシン大学・スタンフォード大学に家政関係学科が設置された動向をおさえ、講義科目を紹介している[18]。

寮に関する限り、巌本は七〜八人が一つの家族となり、そこに一名の取締り（主婦／主人）を置いて、他の同居者が共に家政を担うコテッジ・システムを推奨した。明治女学校では一八九〇（明治二三）年の夏からこのシステムに着手している[19]。一八九一年に、下六番町に移転した明治女学校の速記科に入り、高等科に進んだ羽仁もと子（一八七三—一九五七）は、最盛期の明治女学校で過ごし、一〇〇名強の学生から成る寮生活で、「日々五分とも違わない規則正しい時間に、よく調理された簡素な食物を、適量にきちんとした体裁において摂ることが、どんなによい事であったか」と、規則正しい生活の意義を見出している。日曜日には植村正久（一八五八—一九二五）の一番町教会（富士見町教会の前身）に出席し、説教に耳を傾けた[20]。

しかしながら、巣鴨校舎の明治女学校に一九〇〇（明治三三）年に入学した野上弥生子は、回想録においてその末路を鋭く批判した。明治女学校敷地内で教員・寄宿者と女学生との恋愛等が暴露されたことで、寮生活があるべき教育寮としての機能を果たせなかった実態が浮き彫りとなる[21]。その後、明治女学校は一九〇九年に廃校となった。

第2項　梅花女学校の学校改革と寮生活の実際

帰国後、梅花女学校の校長を引き受けた成瀬は、学校改革に着手した。一八九四（明治二七）年七月改正の『梅花女学校々則　附教育要領』には、強健な心と身体、淑徳を発達させるべく、全体的にバランスのとれた女子教育を教育目的とすることが明記され、教育法として注入主義を排して開発主義を採り、観察や創作活動や体育を重視することが記されている。学科編成は普通科の他に四種の専門科を置き、専門科は家政部及び商業部、教育学部、文学部、音楽部で構成された。専門科では家庭の賢母良妻、婦人界のリーダーとしての社会の改良家・慈善家の養成が目指された。各課程の詳細は表3―1（本書八八―八九頁）の通りである。[22]

この中で、家政学が家庭教育・家庭経済・家庭衛生及び看病法・家庭美術・家庭雑事（洗濯の理論・実習、料理他）・心理学によって構成されていることをとらえて、常見育男は「日本の家政学成立史上まことに深い意義を持っている。」、「日本人の思考により始めてのものとして、歴史的意味をもっている。」と評している。[23]

寮生活は、「寄宿生心得」第一六条に「生徒をして家政の一端を弁ぜしめん為本科三年生より毎月炊事実習として料理会をなさしむべし」[24]とあるように、寮生が家事労働の一部を担うレジデンシャル・システムによって営まれた。その様子は成瀬校長時代に高等科で学んだ豊崎はなの記録からうかがうことができる。豊崎は一八八四（明治一七）年に梅花女学校の小学科（六年）に入学し、予科（二年）を経て本科（三年）に入り、卒業後、さらに高等科（一年）で学んだ。[25]豊崎が示した寮の見取り図は、図3―1と図3―2（本書九〇―九一頁）の通りである。[26]

学校と寮の位置関係や寮舎は、次のように説明されている。

寄宿舎は通りを隔てゝ筋向ひに有りました。門をはいれば石たゝみの道あり。此長さ約六間にして玄関あ

表3－1　梅花女学校専門科課程

○専門科家政部

家政部専修の課程

一世態学　結婚、男女交際、離婚、法律、社会倫理、慈善事業、交際法等を研究せしむ　……

一家政学
（一）家庭教育　教育原理、小児発育の順序、小児取扱法、玩具物、小児の食物、実地観察等
（二）家庭経済　家庭の順序、家事の注意、勤勉、掃除、家計簿記、家内の快楽等を研究す
（三）家庭衛生及び看護法　……
（四）家庭美術　装飾術、書学、音楽、審美学、等を学ばしむ　……
（五）家政雑事　洗濯に関する一切の理論及び実地、料理其他凡ての家政雑事を授く
（六）心理学　……

……商業部兼修の課程

一小児学　……

一博物学

一理化学　食品化学、造営学、什器、丁園術等を研究す

一生理及び衛生

附属商業部
（略）

○専門科教育学部

一社会倫理学

一応用心理学

一生理学

一教育学　教育原理、三育の理論、学科課程論、教授の原則、教授観察批評、学校衛生、教場器具等

一教育史　日本・万国　教育史（太古・中古・近世）学校組織

一教育文学　内外の大家

一教育制度　日本教育制度、欧米に於る教育制度

一女子教育

一家庭教育

一小児学　実地観察及理論

一家政学

一実習

一英文学（選修）

○専門科文学部

一邦文学　文学・文学史

一支那文学

一英文学　文学・文学史

一歴史

一哲学史

一教育学
一家政学
一心理学
一実地演習

〇専門科音楽部
一声楽
一楽器
（一）琴
（二）洋琴
（三）風琴
一音楽論　講義、読書
一音楽史　仝右
一英文学　（撰修）
一和文学　（撰修）

り。そこへ入れば右に応接間あり。次にストーブあり、此左右皆お部屋廊下とへだてゝ向ひもズットお部屋、広さは六畳と四畳半斗り、六畳の方に三人四畳半の方に二人といふ割合（今にて考へれば小さい方は三畳であったかとも考へられます）玄関から真直ぐに階段があつて二階も下と同じく廊下をはさんで向ひあつてお部屋、二階の向うて左のはしより橋が架つて教師館へ行かれる様になつて居ました。[27]

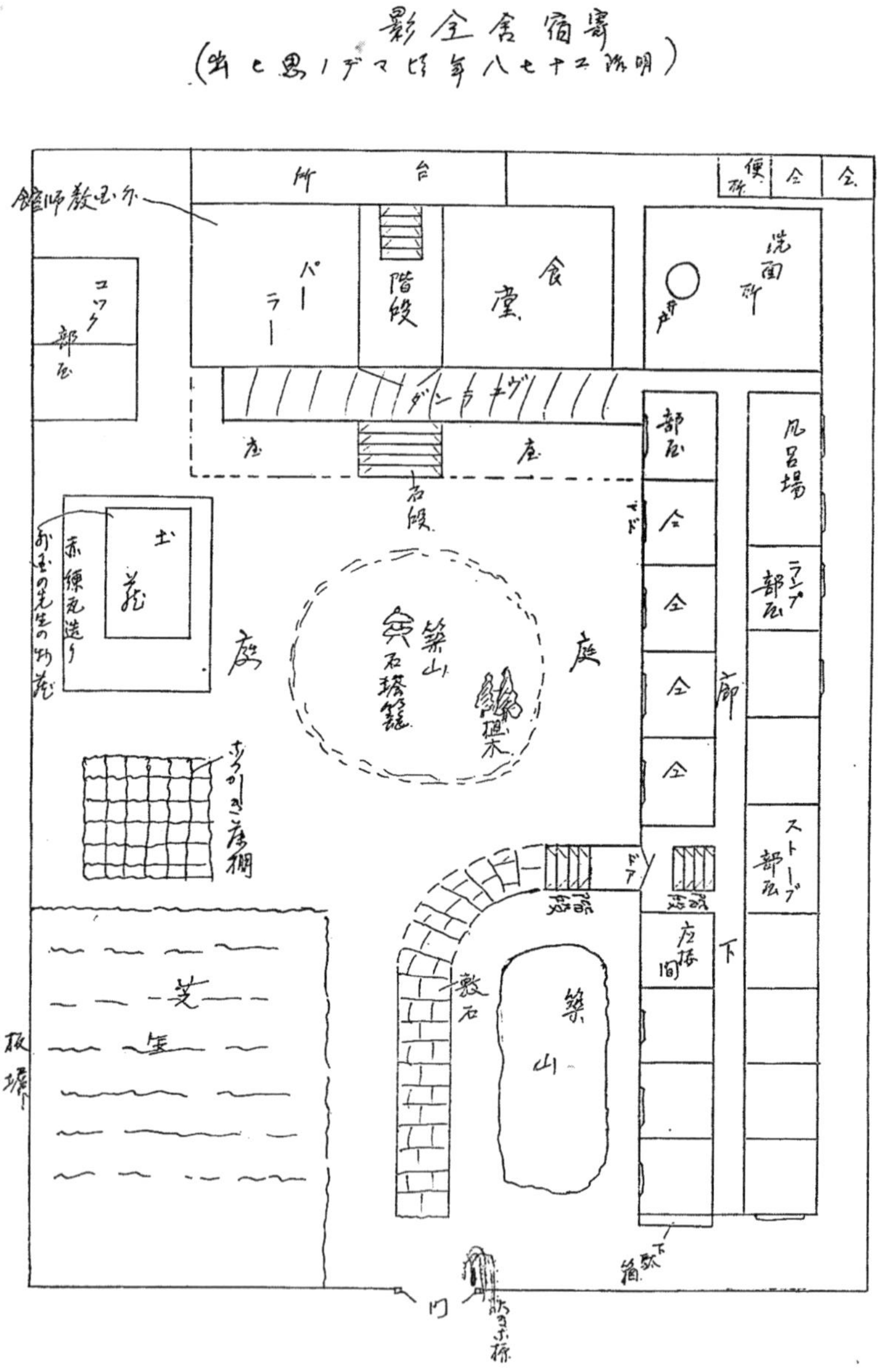

図３－１　梅花女学校の寮（1894 年～ 1895 年頃）１階
（梅花学園資料室所蔵）

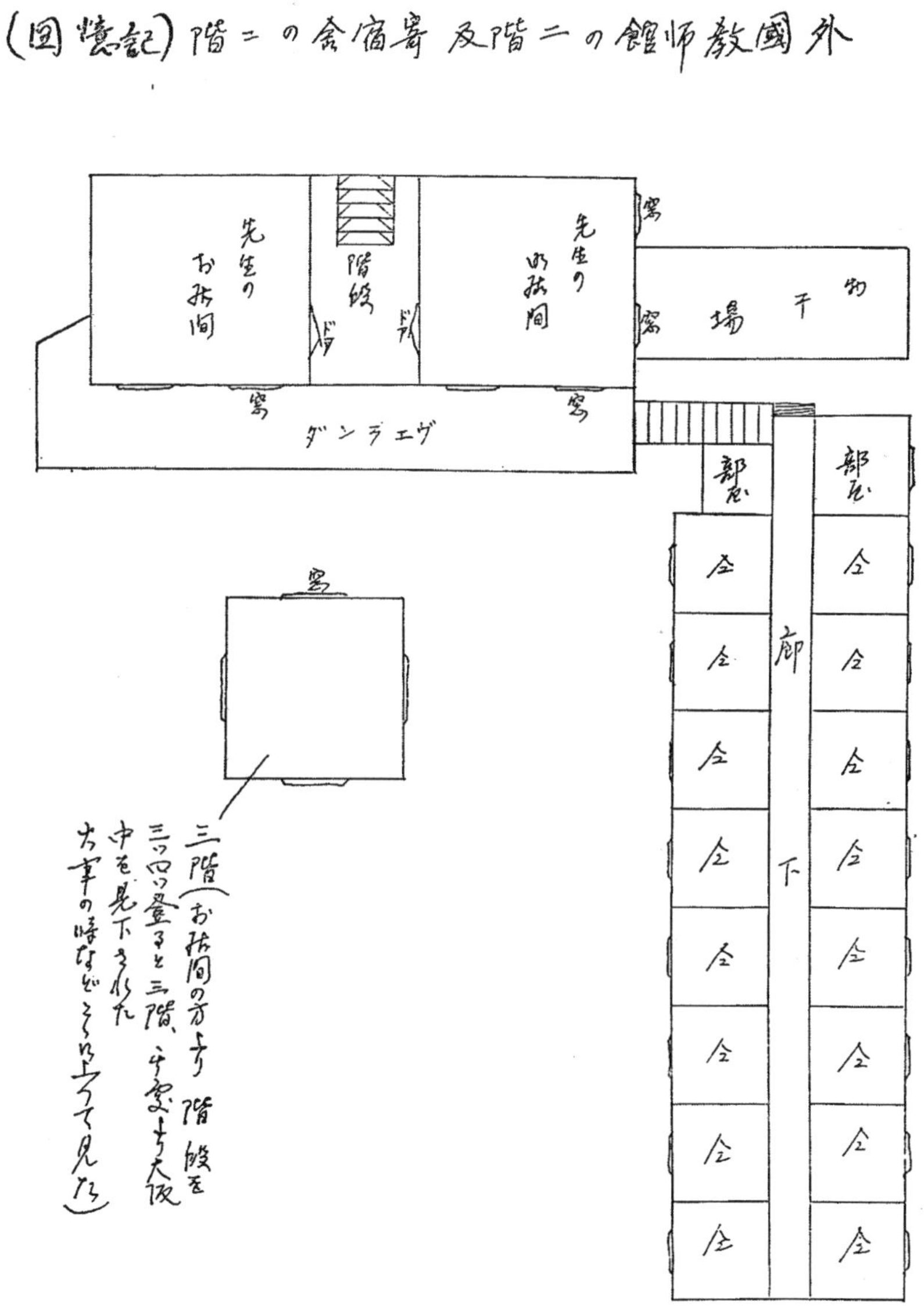

図３－２　梅花女学校の寮（1894 年～ 1895 年頃） 2・3 階
（梅花学園資料室所蔵）

寮生活の日課と週末の生活は次の通りである。

日課

午前五時半　起床、掃除
午前六時半　聖書・祈りの時間（約二〇分）、寄宿舎から学校の食堂へ移動
午前七時　食事（約二〇分）、寄宿舎へ移動、掃除（三〇分）
午前七時五〇分　始業前のベル
午前八時　礼拝（三〇分）：五教場の戸を開いた講堂
（授業）
午後一時半　各種の会
（授業）
午後四時　散歩（約一時間）
午後五時　夕食、庭で運動
午後六時　夕の集まり（三〇分）：六畳の間を四つ使用
午後六時半　自由の時間
午後七時　自修の時間
午後八時　一五歳以下は就寝　（舎監の見回り）
午後九時　明日の準備

午後九時半　　消灯
土曜日・休日　琴・オルガン・花のおけいこ、買い物、親許への帰省（帰校時間：午後五時）
日曜日　　　　教会出席（大阪教会・浪花教会・天満教会・島の内教会）[28]

第3項　成瀬と巌本との接点

京阪神地区のキリスト教女学校の状況をみてみよう。神戸英和女学校では一八八五（明治一八）年頃からブラウン（Emily M. Brown, 1858-1925）とソール（Susan A. Searle, 1858-1951）[29]が、師範学校とは異なる、キリスト教学校教師養成を含む教養系女子カレッジの計画を推進していた。この背景には、伝道論をめぐる神戸ホームの女性宣教師の内部分裂があり、伝道者養成を第一義とするグループは神戸女子神学校設立（一八八〇年）へ、教育を伝道の手段とみなしたグループは神戸英和女学校改称（一八七九年）へと向かった経緯がある[30]。後者に属するブラウンは、ウェルズリー・カレッジやスミス・カレッジをモデルにすると表明している[31]。一八九一年には、予備科二年、本科三年の他に、高等科三年を設置し、女学校の階梯を拡充した。高等科カリキュラムはかつてのウェルズリーと同じように、文科と理科に分け、両コースの共通必修科目は、修身（聖書）、和漢学、神学、心理学（教育学を含む）、図画、裁縫、唱歌、音楽、体操で、文科コースは英文学、哲学、理財学、理科コースは理化学、博物学というように、各コースの必修科目等が配置された。その後、一八九四年三月に校名を神戸女学院（Kobe College）に改めた。この時、理科学館及び音楽館の献堂式があり、成瀬は来賓として招かれ演説している[32]。一八九六年には普通科五年と高等科三年に改編した。神戸女学院の取り組みは先駆的ではあったが、このタイプは成瀬自身が目指す女子高等教育の形ではなかった。

一八九四(明治二七)年に成瀬は梅花女学校で文芸雑誌『この花』を創刊した。すでに成瀬の新潟時代に、梅花女学校では一八八九年に学内文芸誌として『梅花餘香』が発刊され、それは翌年、梅花女学校、同志社女学校、神戸英和女学校、岡山山陽英和女学校の連合雑誌『つぼ美』へと改題発展した。これらのアメリカン・ボード系女学校は女文会と称し、終刊後も関西女子教育会として存続し活動した[33]。一八九四年四月に梅花女学校で開催された関西女子教育会に九校二八名の教職員と一〇数名の卒業生が参加し、そのうち、梅花女学校からは成瀬校長の他、一〇名が出席した。全体協議の中で注目される議題は、「基督教主義女学校普通科課科表編成件」である。成瀬は当該カリキュラム検討委員となっている。さらに、キリスト教女学校の普通科の教育課程は、キリスト教主義に重きを置かないものの、「人」として女子を教える学校と当時の女芸の必要を満たす学校とが趣を異にすることが示された[34]。

この関西女子教育会の討議内容について、開催中、巌本は次のような意見書を寄せた。

苟くも普通教育を旨とせば、基督教主義なりとて殊更学課表編成に特別の箇条あるまじ。要は普通教育の学理に拠るのみ。たゞ徳育及び管理の精神を基督教主義とし、教師が言行の導化を基督教主義となすの外、別に異事あらん筈なし[35]。

ここでは、教育課程そのものは、普通教育の学理によって、すなわち、学問の論理に従って組まれることを基本とし、キリスト教教育で重要なのは、むしろ徳育や学校管理・学校経営の精神で、それをキリスト教主義で満たすこと、そして、教師の言葉と行いによるキリスト教感化が大切であるとされている。加えて、巌本は「宣教師女学校は今日の儘にて宜しき乎」と問い、キリスト教女学校の目的が普通教育なのか、宗教教育なのか、宗派教育なのかを問うた。要するに、日本のキリスト教学校が伝道と教育のどちらに重心をかけるのかを問題提起した巖本は、キリスト教女学校が日本人教師に委ねられる普通教育と、外国人宣教師の担当による宗教教育あるいは宗派教育という、二つの部分から構成され、必要に応じて、普通教育の宗教的部分を宣教師が援助するのが望ましいとした[36]。

その後、巖本は同年八月三〇日から一週間、第二回女子夏季学校をフェリス女学校で開催した。これはキリスト教女学校が女子教育発展のために全国規模で集まった連合的企て[37]であり、後のキリスト教連合女子大学運動（東京女子大学設立）へと断続的に流れ込んでいく入口となるものであった（本書一一九―一二〇頁参照）。成瀬は巖本から第二回女子夏季学校及び同時開催の女子教育者懇話会への誘いを受けている[38]。一〇月三日付の巖本の成瀬宛書簡から判断する限り、成瀬はそれに参加したようにみえる。

過日はわざ〱御来講なし被下奉謝候特に重要なる内話いたし大快不過之候既に御承知被下候半如く第三回女子夏季学校は御地ニて催ふしたく候何卒其の御計画の仲保たることを御引うけ被下候残金二十余円あり之は会計より該委員に御引わたし可申上候　扨て小生内話申上候件遂に確定いたし凡そ一年半ほど渡韓ニ決し来春より断行いたし候種々考候上矢張りかく決し申候御注意はくれ〱も謹謝承知いたし候何卒御海容なし被下候[39]

同書簡において注目に値することは、巖本が一年半の朝鮮伝道に出かけるとの意向を示し、成瀬に第三回女子夏季学校の関西開催を中心になって計画してほしい旨、依頼している点である。後に第三回夏季学校は中止となったが、その時期、成瀬は後述する『女子教育』の執筆に取りかかっていた。

上記にみる巖本の見解と行動について、成瀬がどのように受けとめたのかは定かでないが、成瀬はアメリカン・ボード系女学校を母体とするネットワークの中で、キリスト教女学校の重心が伝道から一般教育へとシフトしたことをみてとり、梅花女学校を基地にしながら、キリスト教教育に解消されない、普通教育としての日本の女子高等教育に何とか着手したいという思いがあったのではないかと推測される。

ところで、新潟第一基督教会で成瀬の後任として牧会した後、ハーバード大学に留学し、現地で成瀬と再会を果たした広津友信（一八六五―一九三七）[40]は、帰国した成瀬と文通を続けていた。彼は一八九五（明治二八）年一月に成瀬に次の手紙を送っている。

過日ハ梅花女学校校則及此花状郵送被成下反覆熟読致し大ニ大兄ノ御奮発ト校員方ノ御精励ト生徒諸君ノ御出精ニ感服仕候御校教課上ノ編成頗ル上出来ト奉存候若し良教師アリテ力ヲ尽サレ候ハ、良結果有之一新機軸ヲ出シ候事アル可シト信シ申候且又卒業生へ訴ヘルノ文章大ニ御骨折りノ事ナリシト奉存候願クハ益々御意見ヲ吐露し教育界ニ新生気ヲ注入し活気ヲ起サレ候様有之度候

時機ヲ撰ビテ関東関西九州ヨリ北海道迄巡遊セラレ到ル處御校新教育ノ主義希望ヲ説キ且ツ一般教育ノ必要ヲ演べ尚ホ進ンデ女子開放社会改良ノ大義ヲ拡張致サレ候テハ如何ニ御座候哉御校ヲローカルノ一女学校トセズ天下ノ一大学校トスルハ右遊説ヲ絶ヘズ致サレ候事肝要ナラント愚考仕候

尚又御校へ師範的教育主義ヲ高調し普通教育ノ必要ヲ主張スルノミナラズ卒業生諸君ハ自ラ一身ヲ教育界ニ

投し基督ノ精神ヲ実践シテ小供ノ真友トナリ且又社会下層ノ人々ニ接近シテ彼等ノ地位ヲ高ムル事業ニ従事
相成度小生ノ希望実ニ切ナル次第ニ御座候[41]

国際郵便で先に考察した『梅花女学校々則』を受け取り、そこに打ち出された教育課程に感服した広津は、成瀬に普通教育の必要を日本全国に遊説して回り、女子大学校を設立するよう奨励している。と同時に卒業生が社会の底辺の人々に寄り添い、彼らの地位を向上させる事業に従事し、社会改良することを切望した。
その後、同年六月に麻生正蔵（一八六四―一九四九）に宛てた書簡で、成瀬は自分の希望を漏らしている。

日本女子大学を大阪ニ得るは即ち一般教育の中心点ヲ得る道理……また関西ニは定備女子学校なき事……
大阪ハ今日の富を有し日本の女子教育の父母国たるの希望はなき乎……[42]

こうして、成瀬は関西を全国の女子高等教育の拠点とする構想を練り、日本女子大学校設立へと歩を進めた。しかし、梅花女学校内で大学の場ではキリスト教教育ができなくなるのではないかという意見が示され、キリスト教教育を堅持する梅花の理事会（大阪教育社）と、成瀬は袂を分かったのである。一八九六（明治二九）年夏に成瀬が校長を辞任した後、梅花女学校は天満教会の三宅荒毅牧師を校長に迎えたが、家政、教育、文学、商学等の各部を廃止し、従来の女学校に戻した[43]。

第2節 『女子教育』の出版

国内では一八八九(明治二二)年の大日本帝国憲法に続いて、翌年の教育勅語の発布以来、一八九〇年代にナショナリズムが台頭し、反動の時代に入っている。一八九一年一月に内村鑑三不敬事件、これに続く「教育と宗教の衝突」事件が引き起こされた。その後、文部省訓令第一二号が公布される三年前の一八九六年二月に、成瀬は女子高等教育構想を麻生の執筆協力によってまとめ、『女子教育』を出版した。その原稿は前年の秋に完成している[44]。この書は、国内では平塚らいてう(一八八六―一九七一)に日本女子大学校進学へのきっかけを与え、国外では中国語にも翻訳され、アジアの国で反響を呼んだ書である。第一章の「女子教育の方針」において、成瀬は「重きを普通教育に置くべし」「女子の天職を盡すに足るの資格を養はしむべし」「国民たる義務を完うするの資格を養ふべし」と述べ[45]、女子教育は何よりもまず普通教育に重きを置き、円満完全な人格を養うことを強調した。

第二章で「智育」について述べた後、第三章の「徳育」において、成瀬は女子の道徳上の特性を女徳として論じ、慈悲、愛情、勇気、従順の順に説明している。この四つの美徳はいずれも慈母心を起源とし、とりわけ、慈悲は女性の弱き者への慈愛のしるしとして慈善事業を支えてきた徳であり、社会進歩の原動力である。

孤児院、盲唖院、貧民院、又は看病等の慈悲事業は多くは女子の手に依て成立し、維持せられ、又効果を奏しつゝあるは何ぞや。他なし、女子は慈悲心に富み、艱難貧苦に責めらるゝ者の味方たらんと欲し、不具者病人は之を教育し、看護せんと思ひ、孤児を見ては同情の涙を湛へ、不運の人は之を憐み、老人は之を慰め、僕婢を労はり、学生に同感を表する等、凡て苦める者、弱き者、劣れる者、不具なる者。等を憐み、之を扶助するを楽みとするの傾向性情あればなり。是れ実に女子の一大長所にして社会進歩の一大原動力なり。[46]

成瀬の説く女徳は当時の儒教的な家概念に基づく女徳と異なり、一定の宗教宗派にとらわれない宗教教育によって育まれるものであった。宗教教育の重要性について、成瀬は次のように力説する。

然れども、著者の所謂宗教々育なるものは一定の形式を具へたる宗教、若くは宗派、或はその神学、又は教条を生徒に授くるの謂にあらざるなり。学校に於ては唯凡ての人心に通有せる宗教心を開発するをもて目的とせざるべからず。一定の神学、教条等は之を避け、只生徒の自然の宗教心を発育せしむべし。宗教上一般の真理と各宗教の特性とを知らしむるに止め、一定の宗教宗派を信ずることに至ては全然之を生徒各自の自由撰択に任すべきなり。伝道と教育とを混合し、学校を伝道の機関とすべからざるなり。然るに宣教師派学校なるものあり、多くは此の弊害に陥るを認む。元来宣教師の最終目的たるや、伝道の一事にあるをもて、学校を設けて教育を施すにも、病院を開て医業を営むにも、将た又慈善事業に奔走するにも、悉く伝道の目的を達せんが為めの方便として、之を為すの傾向あるは亦無理ならぬ次第とや云はん。されば彼等は教育熱心家の如き外観あるもその実、伝道熱心家(?)たれば教育の為めに教育を施さずして、宗教伝播の方便となし、学校と教会とを混ずるのみならず、往々教育を疎んずるの弊あり。彼等は研究会を思ふよりも祈祷会を思ふこと切なり。彼等の講話は人物養成を目的とする講話にあらずして、寧ろ改宗受洗を勧むるの説教なり。……夫れ一定の宗教若くは宗派の教理教条を学校に入るゝは、素より不可なりと雖も、人間一般に通用する宗教心を培養し、高尚にし、満足せしめ、以てその余沢を徳育に被らしむるに於て何の弊害あらんや。吾人は啻に学内に於て奉教の自由を実在せしむるのみならず、吾人の所謂宗教ゝ育の実施せられんことを欲するものなり[47]。〔傍点は原文通り〕

ここで成瀬はキリスト教女学校の教会的性格を退け、どの人にも備わっている宗教心を開発し育てる宗教教育を主張している。つまり、彼の宗教教育観はかつての伝道としての宗教教育から、人間教育のための宗教心の形成を目的とする宗教教育へと変化していたのである。

第3節　同志社の置かれた状況

成瀬が福音主義のキリスト教教育から離れて、『女子教育』を執筆した背景について、協力者である麻生の所属した同志社の状況に注目し、触れてみたい。麻生は一八八七(明治二〇)年に同志社英学校を卒業後、同志社神学校での学びを経て、一八八九年以来、北越学館で教鞭をとり、新潟で成瀬との人間関係を築いた。成瀬留学中の一八九二年一月に、麻生は梅花女学校の教頭に迎えられ、六月頃には同志社女学校専門科に赴任し、論理学を教授した[48]。その後、同年九月に同志社予備学校(普通学校の下の二年制の学校)、普通学校に移籍し、訳読を担当している[49]。成瀬帰国後の一八九五年には、同志社で小野英二郎・森田久萬人・大島正健・浮田和民(一八六〇—一九四六)・児玉信嘉・柏木義円と共に学科改正調査委員となり、「学科改正ノ件」について二月末から三月にかけて全教員会で協議している[50]。同年九月には、心理学・訳読担当教授として同志社神学校へ異動した[51]。

当時、同志社は第二代社長兼校長の小崎弘道の時代で、尋常中学校の開設と中学校令に基づく認可を前に、同志社を伝道者養成のための学校とみなす宣教師と教育のための機関であるとする日本人教師との間で対立していた。一八九五(明治二八)年一〇月にアメリカン・ボードから調査員が来日した際、同志社当局は社員の信仰告白を認めず、翌年四月に資金援助と教員派遣を断っている[52]。同志社の尋常中学校の文部省認可をめぐって、キリスト教主義教育と教育勅語の問題に直面していた教員会は、一八九六年三月に「同志社各学校教育の主義」を決議し、第四条「教育勅語の趣旨を奉じ忠孝の道を守り国民の義務を完うする事」をもって、尋常中学校設立認可申請を行った。しかし、聖書の教科書使用がネックとなり、教育勅語に基づき、聖書を教科書として用いない倫理教育とすること、さらには宗教儀式を執行しないことで、九月に認可を得た[53]。

一八九二(明治二五)年九月から一八九七年六月まで、同志社で教えた麻生は、文部省訓令第一二号に先立つ早い段階から、天皇制国家主義体制下におけるキリスト教学校の苦渋の選択にかかわった。『女子教育』の内容との関連でいえば、麻生は外国ミッションとの関係において高等教育の目的が伝道ではなく教育にあることに同意し、同志社と京都府庁との一連のやりとりから、スムーズな文部省認可を探り、成瀬の企てに協力したと思われる。

一八九九(明治三二)年八月四日から条約改正によって外国人居留地が廃止され内地雑居が始まるのに伴って、同年八月三日に私立学校令が発布され、同日に、文部省訓令第一二号が公布された。外国人宣教師によるさらなるキリスト教伝道とキリスト教学校の発展によって天皇制国家主義の進展が阻まれることを懸念した政府は、文部省訓令第一二号を発し、官公私立を問わず、すべての法制上許可された学校内で、課程内、課程外、いずれにおいても宗教教育を禁止した。しかし、宗教ではないとされた神社神道はこの規定の埒外にあった。これによってキリスト教学校は打撃を受け、多くの学校がキリスト教教育を続けるために各種学校となることを選んだ[54]。

こうした一連の状況の中で、一八九六(明治二九)年に梅花女学校辞任後、一九〇一年四月の日本女子大学校開校に向けて、成瀬は『婦女新聞』の記者からインタヴューを受け、その記事が一九〇〇年一二月から翌年の一月にかけて五回に亘って発表された。「女子と宗教」に関するインタヴューで、宗教心を次のように述べている。

宗派は色々にわかれて居りましても、其の本は一つですが、併し、其の宗派の分れて居るのは、約り各人の満足する程度に於いて、各人に其の目的物を撰ぶからですね。時代に依つて、信仰の目的物が違ふこともありますし、また人に依つて、其の宗教心を満足せしめる目的物が違つて居ります。原始の時代には、たとへば山だとか、川だとかいふものを目的物として信仰して居た物もありますが、段々開化して来るに随って、人は最早さういふものを、信仰の目的物にしなくなって来ました。併しながら、山にした処が、川にした処が、是れを目的物として信仰して居る人の心持は、今日の仏教信者、今日の基督教信者と変りは無いです。各それに依って、其の宗教心を満足して居たのです。私の見る処に依りますと、邪教邪宗にあらざる限りは、各人おのおの其の心を満足せしめるに足る宗教を撰んで、是れに拠つて居れば、それで可い事と考へるです。それで、段々其の人の頭脳が変つて行くにつれて、また其の撰ぶ宗教も、段々変つて行くのですからね。………約り、いくら骨を折つても説き伏せた処で、其の人が心から、それで満足しなければ、何にもならぬ無い事ですからね。只だ自由に、其の人の為すまゝにして置くのが、最も適当だらうと思ひます[55]。

これによれば、信仰の対象や宗派が異なっても、その本は一つで、宗教心を満足させようとするところから発している。知性の発達によって選ぶ宗教も変化する可能性があるが、信仰強制を退け、各人の自由な判断に委ねて心の教育をするのがよいとしている。成瀬の発言には信仰の内実において物足りなさが感じられるが、そのあいまいさは開校を控え、日本の国家主義の動きの中での宗教教育に配慮したものであったと思われる。

注

1　木村の起草とされる「明治女学校創立主意書」には、「欧米の教育内容をそのまま日本に持ち込む形は、日本の女子教育には適さないところがあるということ」が示されている。（中村直子「明治女学校のめざしたもの、遺したもの」『東京女子大学紀要「論集」』第六二巻第一号［二〇一一年九月］、七二頁。）

2　巌本善治『吾党之女子教育』（明治女学校、一八九二年）中嶌邦監修『近代日本女子教育文献集二』（日本図書センター、一九八三年）、七―八頁。

3　女性の人生の選択について、巌本は「婚姻何ぞ必ずしも人々の挙て負担すべき責任ならんや」と述べ、結婚に限定されないことを認めている。（「女子は婚姻せざる可らざる乎」『女学雑誌』第一五一号［一八八九年三月二日］、八頁。）

4　「日本の家族（第一）」、「日本の家族（第六）」、「日本の家族（第七）」『女学雑誌』第九六号（一八八八年二月一一日）、一―四頁。第一〇一号（一八八八年三月一七日）、一―五頁。第一〇二号（一八八八年三月二四日）一―五頁。

5　「室家に於ける利己主義」『女学雑誌』第三五四号（一八九三年九月三〇日）、三六二頁。和楽団欒のホームから犠牲と献身のホームへと論を進めた巌本のホーム思想について、明治二〇年代初期の「『ホーム』を起点として国家へという方向」での思索から、「明治二〇年代後半期に入ると、起点が国家に置かれ、国家的要請をストレートに家庭に流し込む論理へと化していった」とする解釈もある。（木下比呂美「巌本善治の女子教育思想―近代的家庭の創造と婦人の人間的発達―」『教育学研究』第五二巻第二号［一九八五年六月］、九頁。）

6　碓井知鶴子『女子教育の近代と現代―日米の比較教育学的試論―』（近代文藝社、一九九四年）、一〇五頁。

7　Catherine Esther Beecher and Harriet Beecher Stowe, *The American Woman's Home: or Principles of Domestic Science; being a Guide to the Formation and Maintenance of Economical, Healthful, Beautiful, and Christian Homes* (New York: J. B. Ford and Company, 1869), p.13, p.18.

8　*Ibid.*, pp. 19-20.

9　*Ibid.*, pp. 23-24.

10　巌本『吾党之女子教育』、四頁。

11　同右、二六頁。

12 同右、一二―一四頁。
13 同右、二〇七―二〇八頁。
14 「女学の解」『女学雑誌』第一一一号(一八八八年五月二六日)、一頁。
15 「女学」『女学雑誌』第三二一号(一八九三年六月五日)、二頁。
16 青山なを『明治女学校の研究』(慶應通信、一九七〇年)、五七二頁、八二六頁。
17 中村直子「野上弥生子と明治女学校」『東京女子大学比較文化研究所紀要』第六九巻(二〇〇八年一月)、七頁。
18 「科学としての家政学」『女学雑誌』第四二二号(一八九六年四月二五日)、一四―一七頁。
19 「女塾別舎主義」『女学雑誌』第二二二号(一八九〇年七月一九日)、一―二頁。
20 羽仁もと子『羽仁もと子著作集　第一四巻』(婦人之友社、一九二八年)、五一―五九頁。
21 野上弥生子『森』(新潮社、一九八五年)。
22 『梅花女学校々則　附教育要領』(一八九四年七月改正)(D0007)(日本女子大学成瀬記念館所蔵)。
23 常見育男「明治期三名の家政学研究の留学者に関連して(三)」『家庭科学』第九一集(一九八二年一二月)、一四―一六頁。
24 前掲『梅花女学校々則　附教育要領』、二五頁。
25 豊崎はな「若き日の思ひ出」『この花　創立五拾年記念誌』(一九二八年七月)、一一二頁(梅花学園資料室所蔵)。
26 同右、一一六―一一七頁。
27 同右、一一三頁。
28 同右、一一四―一一五頁、一一八―一一九頁。
29 ブラウンはカールトン・カレッジ出身で、神戸英和女学校に一八八二(明治一五)年から一八九九年まで在職し、校長を務める。ソールはウェルズリー・カレッジ卒業後、カールトン・カレッジに二年間奉職し、神戸英和女学校に一八八三年に就任して、ブラウンの後を引き継ぎ、一九二九年まで院長として活躍した。
30 石井紀子「女性宣教師と女子教育」『立教アメリカン・スタディーズ』第三九号(二〇一七年三月)、一一四頁。
31 『神戸女学院の一二五年』編集委員会編『神戸女学院の一二五年』(神戸女学院、二〇〇〇年)、二六頁。
32 神戸女学院百年史編『神戸女学院百年史　総説』(神戸女学院、一九七六年)、八五―八八頁、一〇〇頁。
33 國原美佐子「関西キリスト教主義女学校の『女文会』活動について」『キリスト教学校教育同盟百年史紀要』第七号(キリスト教学校教育同盟、二〇〇九年六月)、一―一七頁。

34 「関西女子教育会略況」『女学雑誌』第三七七号（一八九四年四月二八日）、二四―二五頁。
35 「関西女子教育会討議」『女学雑誌』第三七四号（一八九四年四月七日）、七頁。
36 同右、六頁。
37 國原美佐子「基督教女子教育会以前の女子教育界のグループ化」『キリスト教学校教育同盟百年史紀要』第六号（キリスト教学校教育同盟、二〇〇八年六月）、七六―八〇頁。
38 巌本善治「成瀬仁蔵宛書簡」一八九四年七月三一日付（868）（日本女子大学成瀬記念館所蔵）。
39 巌本善治「成瀬仁蔵宛書簡」一八九四年一〇月三日付（886）（日本女子大学成瀬記念館所蔵）。
40 成瀬留学中の英文日記には、一八九三（明治二六）年三月一七日―四月六日に、広津とケンブリッジで共に過ごしたことが記録されている。（『成瀬仁蔵著作集　第一巻』日本女子大学、一九七四年」、五二八頁。）
41 広津友信「成瀬仁蔵宛書簡」一八九五年一月一七日付（917）（日本女子大学成瀬記念館所蔵）。
42 成瀬仁蔵「麻生正蔵宛書簡」一八九五年六月一九日付（1863）（日本女子大学成瀬記念館所蔵）。
43 梅花学園百十年史編集委員会編『梅花学園百十年史』（学校法人梅花学園、一九八八年）、九九―一〇〇頁。
44 中村政雄編『日本女子大学校四十年史』（日本女子大学校、一九四一年）、二一頁。
45 成瀬仁蔵『女子教育』（一八九六年）『成瀬仁蔵著作集　第一巻』、三八―四六頁。
46 同右、九三―九四頁。
47 同右、一〇九―一一〇頁。
48 上野直蔵編『同志社百年史　通史編一』（同志社、一九七九年）、七九三頁。
49 「同志社明治廿五年度異動表」『同志社明治廿五年度報告』（一八九二年）『同志社明治廿六年度報告』（一八九三年）（同志社社史資料センター所蔵）。
50 「明治廿九年壱月七日条」「明治廿九年弐月廿四日、廿六日、廿八日条」『同志社明治廿八年度報告』（一八九五―一八九六年）（同志社社史資料センター所蔵）。
51 「同志社明治廿八年度異動表」『同志社明治廿八年度報告』（一八九五年）（同志社社史資料センター所蔵）。
52 上野編前掲書、四三五―四三八頁。
53 同右、四四〇―四四一頁。松浦良充「『同志社通則』綱領削除事件（一八九八年）と留岡幸助―『基督教ヲ以て徳育の基本とス』る同志社の動揺をめぐって―」『昭和六一・六二年度科学研究費補助金　研究成果報告書「道徳教育における宗教教育の意義に関する基礎的研究」』(一九八八年三月)、一〇八―一一三頁。

54 日本宗教学会「宗教と教育に関する委員会」編『宗教教育の理論と実際』(鈴木出版、一九八五年)、一〇七―一〇九頁。久山康編『日本キリスト教教育史―思潮篇―』(キリスト教学校教育同盟、一九九三年)、八七―一〇〇頁。土方苑子は樺山資紀文相下で私立学校令が制定される以前の、井上毅文相時代から私立学校制定過程を考察し、私立学校令が「宗教教育の条文を独立させて訓令第一二号として公布され」、宗教教育への抑圧意義をもったとする先行研究(久木幸男「訓令一二号の思想と現実(一)(二)(三)」『横浜国立大学教育紀要』第一三集[一九七三年]、第一四集[一九七四年]、第一六集[一九七六年])に対し検討を加えている。土方は各種学校問題対策の視点から、私立学校令が直接キリスト教抑圧に向けられていなかった理由として、第一に各種学校が放置されて個別に処置されていたことへの対応を含んでいたこと、第二に井上文相期から私立学校での宗教教育を認める案が存在していたこと、第三に学校一般を規定する「諸学校通則」と相通ずる面をもっていることを挙げている。(土方苑子編『各種学校の歴史的研究―明治東京・私立学校の原風景―』[東京大学出版会、二〇〇八年]、三三二―三三三頁。)

55 『婦女新聞』第三六号(一九〇一年一月一四日)、一頁(復刻版『婦女新聞』第一巻[不二出版、一九八二年]、一七頁)。

第4章　二〇世紀初頭の日米女子高等教育

第1節　日本女子大学校の女子高等教育モデル

第1項　リベラル・エデュケーションと専門教育

一八九九（明治三二）年の高等女学校令に先立って、中等教育が女性に未だ十分普及していない状況の中で、日本女子大学校設立運動が開始された。成瀬は一八九七年三月に日本女子大学校創立披露会を開催し、「高等女子教育の必要を論じ併せて其反対説に答ふ」と題して演説した。女子高等教育反対論に対し、次のように自らの見解を表明している。

（第一の疑問）は女子に大学が必要なるやといふ事でありませう。……

（第二の疑問）は教育の順序を誤つて居らぬかという論でございますが、女子大学校と云ッても帝国大学に比する様なものではござりませぬ。又、米国の様にせねばならぬと云ふのでは素よりございませぬ。今日は女子校育が尚ほ不完全であるからモウ少し高進せしめ之を完備に至らせたいと云ふのである。……学理も大切なものと思ひます。看病にしても、料理にしても、家庭の事にしても精神上の事にしても十分改善しやうと思へば学理も高める必要がござります。……

(第三の疑問)は女子大学は初等教育の妨げにならぬかと云ふ説が起こるのでござりますが、私は之とは丸で反対に考へるものであります。……大学校を起こさなかったならば、今日のごとく初等教育は普及はせぬ。……

(第四の疑問)は女子大学はまだ早い、其時機が来ないと云ふ事でございります。……今日より二十年三十年五十年先きの事を考へて着手せねばならぬ、急に其必要があるからと言って遣っても役に立たぬのであります。且つ現時高等女学校を卒業し其より進むの道なきに苦しむものを随分見当たります。故に早過ぎる事はないと思ふ。

(第五の反対)は学校が是迄の程度ですら女が生意気になる、しかるにいま是より尚ほ生意気になれば、ドゥするかと云ふ事でありませふ。……教育は人を謙虚にするものである。……

(第六の疑問)は徳育法はそふぢゃろふが主義はどふだか純粋の日本主義か、欧米主義とか云ふ説があらうと思ふ。……即ち忠孝節義の如き日本固有の美徳は益々之を発達進化せしめ同時に諸種の欠点は之を矯正し万国の最も秀でたるものを取りて、我国のものにしたいと云ふ考へでござります。

(第七の疑問)は学校教育は人情に疎くなる、世に処する事を知らぬようになる、交際が下手になると云ふ評でありますが、是もホンマでござります、最も寄宿舎で養ふて居るのでござります。……今回は寄宿舎に

> ては一軒を家族性に改めまして数多の別戸寄宿舎を設けて各戸を一家族と見做し全舎を一族親類と見做し家具装飾等本邦家庭の善良なるものを模範と致し日々家庭の生涯を営む様にしたいと思ひます。……（第八の疑問）はそれはよいがさう云ふ舎監が在るかといふのでありますが是が素より我国で一番困ることですけれども私は此処でさういふ人を造らねばならぬと思ふ。……是迄に八ツの疑問に答へましたが之は精神上に関する疑問でしたが尚ほ身体上に関する疑問が必ず出ると思ひます。其は、女に教育を授ければ女を弱くすると云ふ説があります。私は之に反対の考を持てをります。……それは体育の奨励と体育学があって大学生徒も兵隊や力士の身体を鍛ふやうに遣って居る、毎日統計を取って遣って居る。女子の方もさうである。最う一ッは体育学と云ふものが起こった。……[1]

成瀬の取り上げた女子高等教育反対意見は、女子大学不要論、教育制度の下降的発達への反対論、時期尚早論、高慢な人間性の助長、日本の徳育との齟齬、家庭軽視の傾向、女性の身体の弱体化への危惧である。これに対し、成瀬は徳育においては日本の美徳を生かし西洋の倫理で欠点を補足するという提案を行う一方、制度と学問において現実をはるかに超える高い目標を示した。

同年八月に『女学雑誌』に発表した「日本女子大学校の組織幷に大阪に設置するの理由」をみると、成瀬は幼稚園、小学校、高等女学校、大学本科のすべての階梯を有する総合学園としての日本女子大学校という壮大な構想を示しつつ、「吾人が設立せんとする女子大学は、本邦女子の体力と智力との発達の程度に順当したる、一種特異の高等専門教育を施さんことを期するもの」［傍点は原文通り］であると述べ、日本女性に適合する女子大学を目指した。[2]

一九〇一（明治三四）年に東京の目白に開校した日本女子大学校は家政学部、国文学部、英文学部という三学部から成る大学部（三年）と、付属高等女学校（五年）で出発した。たとえば、家政学部のカリキュラムは表４―１と表４―２の通りである[3]。

国文学部や英文学部も含め、全学的な観点からみると、その特徴は、倫理及社会学、心理及教育、体操の分野の一〇の教科が三学部全てに必修科目として配置され、成瀬校長自らが担当した実践倫理、子どもを対象とする児童研究・保育学・家庭教育の受講を全学生に課したところに求められる。また、家政学部における各学年の必修科目である家政及び芸術が、国文学部及び英文学部で選択必修として全学年に二～七時間配置された点は、単なる教養教育のための女子高等教育ではなかったことを物語っている[4]。

それでは一体、成瀬はリベラル・エデュケーションと専門教育との関係をどのように把握していたのだろうか。日本女子大学校では一九〇六（明治三九）年から毎月会で女子高等教育に関する意見交換が開始され、成瀬はリベラル・エデュケーションと職業教育の調和を主張した。

我が日本女子大学校の教育主義はリベラル、エデュケーションと職業教育との両方面を含んで居ります。元来人は其の品性を磨き、立派なる人格を作る事が終生の目的であるにも拘らず、今日の我が社会は大学に於てすらもはや人格修養に重きを置かず、単に職業的の教育を授けて、リベラル、エデュケーションを加味せざる事は、人を職人風にし、機械的になすものであつて、決して人として最も大切な人格を作る事は出来ないのである。欧米に於ては大学と雖、この点に注意して、無論リベラル、エデュケーションをも加へて居る

表４－１　家政学部学科課程及時間表

科目＼学年	授業時間	第一学年	授業時間	第二学年	授業時間	第三学年
倫理及社会学	二	実践倫理	二	倫理学	一	実践社会学
心理及教育	二	心理学	二	教育学	三	家庭教育
		教育学		保育学		児童研究
						童話研究
生理及衛生	二	生理学	二	婦人衛生	二	看病学
		衛生学		家庭衛生		社会衛生
応用理化	四	家庭応用理化	二	同上		
		食品化学		食品化学		
家政及芸術	八	衣、食、住	八	衣、食、住	一〇	衣、食、住
		女礼等		社交等		家庭美術
						園芸等
経済及法規			二	経済学	二	帝国憲法
				家庭経済		民法及諸法規
体操	三	普通体操、遊戯体操	三	同上	三	同上
		教育体操、容儀体操				
計	二一		二一		二一	

表４－２　選択科目

国文	二－七		二－七		二－七	
漢文	二		二			
英語	二－七		二－七		二－七	
歴史	二		二		一	
図画	二		二		二	
音楽	三		三		三	
美学					二	
哲学及哲学史	一		四			
教授法					一	

のであります。男子の大学に於てすらも其の必要は斯くの如きであります。況んや女子の大学に於てをやであります。本校がウーマンス、ユニヴォイシテーと名づけた所以は、女子の天職と見るべき賢母良妻たるの道を完全に尽さしむる才能を発揮せしめんとの意に出でたるのである。而して其の人格を築くに必要なるリベラル、エデュケーションに重きを置かねばならぬ事はもとよりであります。然し前にも述べた如く人として人格修養が大切なれば、男女に限らず、大学にもリベラル、エデュケーションが必要なのであります。[5]〔原文の圏点を傍点にした〕

成瀬の女子高等教育の理想は人格教育に置かれ、人格修養に必要なリベラル・エデュケーションが強調されている。成瀬によれば、リベラル・エデュケーションには「人となりを養ふ」という意味と「人に自由を与へる」という二つの意味がある。前者の語源 Culture からは、高等教育において Be a man という修養が求められる。自我の解放を意図する後者からは、「高等教育は自我を実現して、真善美と云ふ理想に進み、完全なる人格を養はしむる」と述べている。そして、日本女子大学校で学ぶ「其の学問は Professional education であるか又は Culture education であるかと言ふならば、学ぶ者の態度に由っては之が Culture education であり、又態度に由っては之が其の Professional education となるのであります。」と語っている。[6] 当校ではカリキュラム編成上、教養教育と専門教育は並行して進められ、学生は学部の専門教育を通して、職業人として活躍する素地を培い、天職を遂行する自立した人格を養うことが期待された。それは卒業後、たとえ社会的な職業に従事することがないとしても、生涯を通して個人にとっての天職としての職業を全うするという成瀬の職業（労働）観を反映していた。[7]

成瀬は賢母の仕事が社会で分業化されつつあることを認め、『婦女子の職務』で着目した以上に女性の職業領域が拡大し、教育・看護・保育・産科等の分野で専門知識や技術がますます必要になると予見している。家政も科学的な学問的裏づけをもって教えられることで、家庭の質を大きく向上させ、社会を変える。学生に対する実践倫理講話で、高等専門教育の必要性について、次のように述べている。

一言で申しますれば、今日の家庭を司る処の賢母良妻の働きと云ふものも、実業的変遷の影響を被りまして、又分業的団体的、即ち社会的になりつゝあり、又そーならんければ、どーしても国家が要求して居る処の国力を生み出すことができないと云ふことになります。

先づ賢母の一番大切な仕事は、女子の教育である。之れも昔は母親の責任でありました。即ち家庭に於て、子供の教育はお母さんがしたものである。然るに今日は其の子供の教育に必要なる複雑なる境遇は、多くの人に由って分業的に行はるゝこととなりました。先づ産まるゝに当っては産婆と云ふもの、産科医院と云ふものもある。夫れから子供を育てるについては、Nurse と云ふものも一つの専門となりました。次に教育するには、今迄は家庭に居たものが、今日では半日は幼稚園に出すことになりました。……

分業になるには、どーしても専門の知識の深い人がなければならぬ。丁度あなた方が係をなさるよーに、今後は専門家が必要になって来る。そこであなた方が主婦としての天職を全うなさる上に、どーしても高等専門教育が必要である云ふことになる。[8]

成瀬が目指した高等教育は、アメリカで見学したウェルズリー・タイプをさらに超えて、一九世紀末から二〇世紀初頭のアメリカにおいて未だ学問論として成立していない家政学を、新しい女性の学問領域として専門的に研究する学部教育であった。一九一七（大正六）年に政府の臨時教育会議の委員となった成瀬は、その審議の途中で女子高等教育の賛同を広く求めるために、翌年、『女子教育改善意見』を出版した。この小冊子では教養と専門について、「人格教育は普通教育又は教養（Culture）と呼ばれ、専門教育に対しては基礎教育の意味にも用いられてゐる。……人格教育は専門教育の基礎又は生命にして、又専門教育は人格教育の骨をなし、肉を為すものであるから、両者は生涯平行して相互補足を為さねばならぬ。……然るに我が国の女子教育に於いては、この専門の教育、実効の教育の徹底を得ざるが為に、他面人格の教育まで、其の内容の空疎を来すのである。」と述べ、専門教育が教養の意を十分にくみとった、人間性そのものを全面的に発達させる人格教育を基礎にすることを明らかにしている。また、総合大学を視野に、家政学科（理科、経済学科、農学科、商業学科、人類学科）、宗教学科（文科、社会学科、教育科、美術科、音楽科）、医学科（病人食物及栄養学科、体育科、薬学科、人種改良学科）の三学部一五学科から成る学部構想を示した[9]。

家政学に関する限り、成瀬はカーディフ大学評議員ヒューズ（Elizabeth Phillips Hughes, 1851-1925）[10]の教育関係冊子から家政学の価値を確認し、コロンビア大学教授のクーレーの説明によるアメリカの家政学科の設置動向を捉え、具体的なモデルをシカゴ大学家政学部（家庭管理学科）に求めた[11]。シカゴ大学について触れておきたい。

一八五七（安政四）年に開校したシカゴ大学は財政難による閉鎖後、ロックフェラー（John D. Rockefeller, 1839-1937）とバプティスト教会からの寄付によって一八九〇（明治二三）年に新たに設立され、一八九二年に出発したキリスト教大学である。バプティスト教会組織及び産業界との大学連携は、アメリカの大学にキリスト教とビジネス・エトスとの奇妙な結合をもたらした[12]。初代学長にはイエールのセム語（Semitic Language）教授のハーパーが就任し、ウェルズリーにいたタルボットが社会科学・人類学科の公衆衛生学の担当教授として迎えられている。彼女の関心は産業社会の変化に伴う衛生学の家庭への適用と家庭管理、さらには女性の職業機会の拡大にあり、彼女の尽力によって一九〇四年に家庭管理学科（The Department of Household Administration）が設置された。

シカゴ大学の学科案内には、「社会変化の只中にある学生は、家庭と家族生活の損失とその結果として起こる、より大きな社会的利益の損失に対し、男性が商業主義に、女性が産業主義にますます取り込まれていく現代の傾向について、洞察力をもって判断すること」が重要であると記されている。また、家庭は生産単位というよりむしろ消費単位に変化したため、それに対応するホーム・エコノミクスとそのトレーニングを提供する最初の機関がシカゴ大学であると強調された[13]。ここには、タルボットのヴィジョンやアメリカ家庭の現実に対する基本理解が表明されている。学内では教室での授業の他に、宗教・社会学部やセツルメント施設と連携し、博愛的な仕事に実際に参加する企画や、二週間に一回、家庭管理クラブが開催された。当クラブでは、授業で十分取り扱うことのできない課題について、教師・学生によって調査研究がなされ、その結果が報告された。また、一年間に一三のトピックが取り上げられ、以下のような講演者が招かれ、ディスカッションの機会も設けられた。

タフツ（James H. Tufts, 哲学教授）：「家族生活の道徳問題」
マシューズ（Shailer Mathews, 新約聖書史教授）：「家族に関するキリストと使徒の教え」
フロイント（Ernest Freund, 法学教授）：「家族の法的側面」
アダムズ（Jane Addams, ハル・ハウス）：「家事の現代的側面」[14]

家政学が科学化・専門化された母を生み出し、家庭経営の能力を向上させていく時代に、社会という大きな生活空間では様々な活動を通して社会的なハウスキーパーが活躍した。その努力はしばしば福音の雰囲気を醸し出すと繰り返された。アダムズは一八八九(明治二二)年にハル・ハウスでセツルメント活動を始め、都市の貧しい外国籍の人々にアメリカ的生活の最善のものを享受できるよう支援した。具体的に彼女は働く母親のために、リチャーズの考案したパブリック・キッチンをハル・ハウス用に注文し、栄養のある食物、看護・育児サービスを提供した。また、ハル・ハウスのレジデントは家政の課業を通して移民女性の家庭改善を促すと共に、貧困・犯罪・労働搾取の諸悪の原因を探り、日常生活から証拠を集めて、コミュニティにおける給水、ごみ処理、衛生状態等、市政のサービス改善を求めた[15]。資本主義社会における諸問題は家政学を学ぶ女子学生にとって将来の社会的ハウスキーパーとしての自覚を強めることとなった。ブレキンリッジ(Sophonisba P. Breckinridge, 1866-1948)はフルタイムの准教授として「小売市場の組織」、「女性の法的・経済的地位」、「貧困家庭のケア」といった科目を担当し、主婦の家庭管理的側面における責任と、家庭に対する政府の関係を強調する一方で、自らハル・ハウスのパートタイムのレジデントとして活躍している[16]。

男女共学のシカゴ大学はカレッジに入学する女性に対し、特別の配慮を必要とした。一八九三(明治二六)年までに女性のためにビーチャー・ホール、ケリー・ホール、フォスターホールが建設され、女子学生のための住居が用意された[17]。ホールは家族生活のもてなしの実践の場であり、ディナー、お茶、ランチョンの機会等が用意された[18]。学長ハーパーは女子学生の学業生活・家事等を行政的に見守るポストが必要であるとの判断から、女子部学生部長の職を設け、大学院の学生部長としてウェルズリーの学長であったパーマー(Alice Freeman Palmer, 1855-1902)に依頼した。しかしながら、パーマーは一年に一二週しか居住できないため、一八九二年から一八九五年まで、パーマー不在の期間をカレッジの女子部学生部長としてタルボットがその責任を引き受け、一八九九年以降は大学院の部長職も兼務した[19]。これは他大学では類をみない最初の試みであった[20]。

成瀬はアメリカ留学時代にパーマーと面会し、女子教育に関する質問を通して有益な助言を受けているが[21]、シカゴ大学での関係記録はみあたらない。また、成瀬とタルボットとの直接的な面談は、成瀬が一九一二(大正元)年に帰一運動への参与を求めた時(本書一四七頁参照)、タルボットが示した賛同の言葉に跡づけられる[22]。現在のところ、タルボットとの交流の記録はこの署名以外に見つかっていない。成瀬にとってシカゴ大学家政学に関係した身近な存在は、井上秀であった。一九〇八(明治四一)年にコロンビア大学ティーチャーズ・カレッジに入学した井上は自然科学系の家政学に不足を感じ、翌年シカゴ大学の夏期講習で社会学に重点を置く家政学を受講している。そこで、井上は社会救済事業の中に家政学が取り込まれていることをみてとった[23]。

シカゴ大学の家政学の特質に着目した成瀬は、その資料を『女子教育改善意見』に添付し、日本の家政学科の青写真を記した。下記の通り、両者の目的を比較すると、ほぼ一致している。成瀬は家政学科の卒業生に、良き家庭人としてだけでなく、中等教育やカレッジの家政学の教師、またソーシャル・ワーカーを養成し、女性の活躍できる領域を広げようとしたことがわかる。

『女子教育改善意見』

家政学科(理科)

目的、

一、高等教育の方法として日常生活に応用せる科学芸術の知識を与へ合理的科学的家庭管理の訓練

二、国家及社会の単位としての家庭に対する一般的解釈

三、家政学の教師及家政学を基礎とせる一般社会事業の働き手としての準備を与ふることを目的とす

「シカゴ大学家政学部」

緒言

家政学部に於ける諸学科は

一、高等教育の一方法として社会に於ける家庭の位置に対し一般的見解を与ふる為

二、社会的単位として家庭の合理的及科学的管理の訓練

三、家庭経済、家庭科学及家庭芸術の教師となるに適する準備及家政学の知識を基礎とせる各方面に於ける社会的事業の働手としての準備を与ふる為に企図せらるゝものなり[24]。

成瀬の示したカリキュラムは家庭科学(二四項目)、家庭芸術(九項目)、家庭管理(一六項目)、家庭看護科(五項目)の四分野から構成されている。家政学教授法が家庭科学の領域に置かれ、社会事業・指揮管理が家庭看護科に配置され、さらに、卒業後の研究科生のための内容が盛り込まれている。『女子教育改善意見』には、一九一八(大正七)年六月末の日本女子大学校出身者一七六五名の現状調査結果も報告され、主婦(一三三五名)、教育(二四〇名)、社会事業(三一名)、実業及び事務(二六名)、研究中(六一名)、宮中奉仕(三名)、医師及び看護婦(二名)、家庭補助(二四八名)、海外在留(一〇八名)となっている[25]。

なお、臨時教育会議で女子高等教育機関の必要性を力説した成瀬の見解は「決定的な女子大学設置理由を明確

に示し得ず」、結局、女子の大学は時期尚早であるとの答申が出された。その後、拡大する女子中等教育による女子高等教育の認識への高まりに対して、政府はそれを否定するものではなかったが、積極的な政策を打ち出さなかった[26]。

第2項　青山女学院及び東京女子大学との比較

成瀬が『女子教育改善意見』を発表したのと同じ年に、キリスト教界では東京女子大学が認可されている。日本におけるキリスト教大学構想は宣教師ピーターズ（Albertus Pieters）によって単科大学設立の必要性が唱えられ[27]、開教五十年記念会（一九〇九〔明治四二〕年）、並びにエディンバラ世界宣教会議で総合大学の設置が提案されたことが契機となっている。エディンバラ世界宣教会議では、具体的に「女子高等教育については目下、できれば二つのキリスト教学校を必要とする。その一つは当然東京に置かれるべきである。他のキリスト教女学校は現段階ではこの二校の行う高等教育（the higher grade）の事業に着手すべきではない。」[28]と決議し、その後すぐに、モットを委員長とする継続委員会が設置され、一九一二（大正元）年一二月にアメリカにおいて正式に、女子大学をつくるための促進委員会が設けられた。最終的に六ミッションが支援し、その傘下にある女学校が協力して、新渡戸稲造を学長、安井てつ（一八七〇―一九四五）[29]を学監とする東京女子大学が一九一八年四月に開校した。

東京女子大学設立以前に、一九〇三（明治三六）年の専門学校令によって女子専門学校として認められていたのは、日本女子大学校（一九〇四年）・女子（津田）英学塾（一九〇四年）・青山女学院英文専門科（一九〇四年）・帝国女子専門学校（一九〇九年）・神戸女学院専門学校（一九〇九年）・東京女子神学専門学校（一九一一年）・同志社女子専門学校（一九一二年）・東京女子医学専門学校（一九一二年）・聖心女子学院高等専門学校（一九一五年）である。明治期後半から大正期にかけて官公立の高等女学校が増加する中、青山女学院、東洋英和女学校・女子学院・フェリス女学校といった東京近郊のキリスト教女学校はいずれも伝統ある学校であったが、専門科・高等科を廃止し、卒業生を東京女子大学に送った。キリスト教連合女子大学構想に参与した女学校はそれぞれ痛みを覚えながらこの運動を成功させた。この点について、青山女学院のケースをみてみよう。

キリスト教連合女子大学運動が進展する中、青山女学院では一九一四（大正三）年五月にスプロールズ（Alberta B. Sprowles, 1872-1859）が校長に就任した。スプロールズを助け、この運動を支援したのが、同年四月に高等女学部教頭に就任した塚本ハマ（一八六八―一九四二）であった。塚本は一八九〇（明治二三）年に東京女子高等師範学校を卒業した、安井と同期の第一回生で、一九一一年以来、青山女学院の家事・国語・修身を担当した。塚本の著書『家事教本』（一九〇〇年）は、当時、高等女学校の家事教科において最新の科学的内容をもつものとして評価されていた[30]。その本の中で、塚本は家事科を「一家を斉へ、且児女を教育する方法を、考究する学科」と定義づけ、婦人が家事を研究すべき理由が男女の分業と女子の天性にあり、家事の範囲を「家内の平和、一家の経済、家族の健全、交際の円滑、育児の方法」の五つに定めた[31]。一九二〇年に英文専門科を失った青山女学院[32]は、翌年、専攻科として二年課程の家政科を置き、そのコースは一九三三（昭和八）年に専門学校の認定を得た[33]。この一連の流れにおける塚本の担った役割は大きかった。しかしながら、塚本の家政学の本質に対する見解について、その前後の著作もあわせて研究した常見は、「果して、著者が、『学問としての家政研究』（家政学）と、「教育としての家政教授（家庭科）とを、区別していたのか否か疑問は残される。」[34]と評している。当時のキリスト教界では女子高等教育の学問論的ヴィジョンをどのように描いたのだろうか。

創設時の東京女子大学は予科（一年）、本科（英文科・人文科・国語漢文科・実務科：三年）、専修科（二年）から成り、カリキュラムは、「実践倫理と聖書研究と英語と体操が必ず各科各学年に配当され、……本科では修業三カ年の間に各科共通の学科目として心理学、論理学、哲学概論、教育学及び教授法、文学概論、言語学概論、美術概論、文明史」が置かれた[35]。いわゆるリベラル・アーツの科目群が配置され、児童研究や家政学は含まれていない。東京女子大学の開校年の一二月に男子のための大学令が公布されたことをきっかけとして、当大学では女子のための大学令公布に備え、一九二一（大正一〇）年に組織を改編し、高等学部（三年）、文学科と社会学科から成る大学部（三年）、英語専攻部（予科一年、本科三年）を設置した。特筆すべきは、大学部の社会学科課程で全学科を修了後に、社会事業に従事する者には一年間、下記の内容を研究実習することが求められた点にあり、子どもの保育や家庭の看護・料理等が含まれ、教養主義からの脱却傾向もみられる。

1. 社会教化事業
A. 図書館、B. 児童遊園、C. 倶楽部、D. 少年団・少女団、E. 博物館、F. セツルメント、G. 民衆娯楽、H. 日曜学校
2. 児童保護
A. 胎児保護、B. 乳児保護・託児所、C. 少年職業紹介、D. 少年労働者保護
3. 防貧、救貧
A. 職業紹介、B. 生活改善
4. 労働者保護
A. 労働者保険、労働者教化

5. 看護、料理、遊戯、音楽、談話ノ実習

6. 社会事業ノ見学及実習[36]

その後、一九二八（昭和三）年にエルサレム世界宣教会議が開催された時、東洋伝道における日本のキリスト教教育が話題にのぼり、翌年、モットの来日によって日本側の調査委員会が組織され、一九三一年から一九三二年にかけて日米合同委員会による調査が実施された。調査報告書は *Christian Education in Japan: A Study Being the Report of A Commission on Christian Education in Japan* (1932) にまとめられた。まず、男子に開かれている高等学校あるいは大学予科に相当するものが、未だ女子教育には存在しないことが指摘され、女子高等学校 (the academic junior college) を全国に六校設置することが提案された。また、教員養成の専門課程について、今後の需要の面からむしろ英語科教員養成課程を制限し、質的な向上を目指す一方、家政科教員養成課程が実用的な価値をもつ、豊かな研究分野を提供するものであることが指摘された。さらに、当時、二つの女子高等師範学校への入学の他に、官立の三帝国大学、二つの男子高等師範学校における二文理科大学への入学がそれぞれ一七名、一一名、私学では日本女子大学校・神戸女学院専門学校・同志社女子専門学校・東京女子大学の在籍者総数が一三六名となっていたが、報告書はキリスト教界における女子高等教育機関の拡張を求めず、確固たる経済的安定を強調した。この時点で日本のキリスト教女子カレッジの拡大は企てられておらず、東京女子大学に社会事業科を確立することが推奨されるにとどまっている[37]。時代背景的に、一九二五（大正一四）年の治安維持法制定後、女子学生の左翼的思想が社会問題化し、社会主義運動の活発化に対して警戒する風潮が高まっていただけに、学内における社会事業課程の確立については工夫が求められた。日本女子大学校の場合、一九二一年に第二代校長の麻生正蔵によって設置さ

れた社会事業学部（四年）は、一九三三年に家政学部第三類（三年）に改組されている[38]。
総じて、戦前の日本のキリスト教系の女子高等教育においては、教養教育と専門的職業教育の調和する具体的な学問論的展望を見出すことは難しい。

第2節　エリオットとの交流・思想的関係

第1項　エリオット訪日をめぐって

成瀬は一八九一（明治二二）年から三年間に及ぶアメリカ留学時代に、ハーバード大学総長のエリオットから女子大学設立についてのアドヴァイスを受けて以来[39]、二人の間で友情を温めていた。エリオットはカーネギー国際平和財団の交流・教育局長の要職にあったバトラーから、東洋視察の要請を受け、一九一一年一二月二日から翌年の七月一三日までハワイに回った一週間を除き[40]、アジア諸国を旅した[41]。一九一二年六月一四日に下関に到着したエリオットは、約一カ月間、日本に滞在している。その旅程は日本のハーバード・クラブが委員会を組織し、エリオットの希望を調整して計画された。その報告は『平和への数ある道—財団理事への一九一二年中国・日本の視察報告—』にまとめられている。

エリオットが来日するとすぐに、成瀬は次の手紙で日本女子大学校に招待したいという感謝の気持ちを伝えた。

小生は十数年前貴国滞在中屢々拝芝現に小生が校長たる日本女子大学資金募集に関し高論を仰ぎたる事有之候。小生は其高論につき深大なる謝意を捧げざるを得ざるの念堪へ不申候。先生の高論に曰く「金銭募集は易けれども之を善用する方法こそ至難なる事に有之、其善用の第一則としては金銭は之を用ひて有効ならしめ決して些の浪費なくして最大効果を収むる事、第二則は之を用ゆるに公益の為即ち国家人道の為に働かしむるに在り、第三則は其の投入せられたる金は創設せし事業の発展及永続の為に永久に働かすこと、」

先生近々の内我女子大学へご光来に際し、茲に小生が高論を復膺して践行したる実蹟の先生の賜なるを更に披瀝して感謝の誠意を表し申候。小生は近日欧米漫遊の途につかんと存居り候、復た第二の企図に対し高論を仰ぎ奉り候[42]。

エリオットは私学では日本女子大学校の他に、同志社大学、慶應義塾大学、早稲田大学等を見学し、官立学校における画一的な教授方法と対照させながら、これらの機関の教員・学生が自由を享受していることを評価している[43]。そもそも学生の自由意志を重視することを推奨したのは、エリオットである。成瀬はエリオットの著作を四冊所有しているが[44]、そのうち、『大学の管理』(一九〇九〔明治四二年〕)の第四章「自由選択制度」と第五章「教授法」から多大な影響を受けている。その二つの章の抄訳が、成瀬によって小冊子『大学教育法改善案　附録エリオット教授四十年間の経験』の附録に収められたのは、一九一三(大正二)年頃である。冊子の本文は「第一、大学教育要旨」「第二、学科の部門制及び選択制」「第三、教授法の改善　自動学習法」から成っている。成瀬は部門選択制について次のように述べている。

自由選択制は必然学生の自動的学習法を予定するものなるを以て、設備と教員とに於て、多大の経費を要し、学識手腕の優秀を要し、経済力に乏き本邦の大学に採用してその完美なる効果を期するが如きは到底望みなきなり。現在の如きは必修科制、一斉講義制の行はる、も、単に教育法の研究の進まざるが故のみに非ず、其の経済力教授力の乏き場合に多数の学生を教育する必要上、止むことを得ず此の方法を採るものと見るべし。是故に此の本邦の事情に適応しつ、、同時に従来の欠点を補ふべき方法を新制の大学に採用せざるべからず。而して其の方法とは即ち学科の部門制選択制なり。[45]

一八六九（明治二）年以来、ハーバードでエリオットによって導入された自由選択制度は英作文のみを必須とし、学生に自らの関心に基づいて責任ある学習を進め、自由を通して克己と自己信頼を養うよう励ますと共に、教授に独創的な研究を促し、新しい科目を教えるよう刺激するところに特徴を示した。この完全な選択制は日本では経費と教授力の点で難しいことから、成瀬は「学科を幾多の部門に分ち、之に関する規定以内に於て学生各自の選修を許す方法」として学科部門制を採用し、部門の中に各教科目あるいは複数の学科を配列して、必修科目を規定し、異なる学年で自由選択できる科目編成を組織した。それが日本女子大学校で実際に制度化されたのは、一九一七（大正六）年である。部門選択制と相俟って、学生の主体的な学習を促す自動的学習法が推奨され、研究材料を現実社会の生活現象に求める実験実習が行われた。[46]

ハーバード大学アーカイブズに所蔵されているエリオットの講演原稿を通して、訪日の際、彼が講演した内容を考察したい。エリオットは一九一二（明治四五）年七月五日に日本女子大学校で演説した（図４―１参照）。その草稿の主要部分は次の通りである。

貴校はアメリカにとってもう一つの大事な確信を描き出しています。それは、人類の半分だけを教育するのでは不十分であり、男性も女性も教育されるべきだということが、人類の進歩にとって本来的なものであるということです。この核心は、日本の指導者に把握されているようにみえます。これが大きな変化をもたらすでしょう。なぜなら、結婚、家庭、社会的関係にかなり変化を起こすことになるからです。二〜三年で女性は日本で教養を身につけるでしょう。そうして、教養ある女性は、教育を受けた男性の精神的霊的な伴侶(the mental and spiritual comrade)となることでしょう。これは家庭の幸福というアメリカの理想を物語っています。……近い将来、若い女性にとって、精神力の開花、理性と意志の訓練、精神と身体の技術の獲得が若い男性と同じように有益であるという証された真実を、日本の男女が共に正しく認識できる自由を通して、貴校は発展し栄え、現在の枝を伸ばしてさらに多くの枝をつけることになるでしょう[47]

ここには、男女同等の教育による、精神性の高い幸福な家庭と社会の創造が主張されている。日本の家族に関する限り、エリオットは財団報告書において「日本の家庭の幸福は、日本の法と慣習がエマソンの『結婚』の定義―『一対一の優しい親密な関係』―を受け入れる時、大いに向上するだろう。」[48]と述べている。

日本女子大学校の他に、公会堂、大学、教会、YMCA、国際的な平和団体等で演説したエリオットは、財団報告書で日本での講演が「たとえ雇われた通訳にすばやい技術があっても、演説者の発言について全く正確な考えを伝えているかどうかが疑わしい」、「地方新聞のために即座に作成された英語演説の版や要約がアメリカで普通になされるよりも、はるかに不正確であることは避けられなかった。」[49]と述べ、聴衆にとって翻訳の不利益を指摘した。

エリオットの帰国後、一〇月六日の『大阪朝日新聞』の記事を発端に、一〇月一三日の『大阪毎日新聞』に日本

家庭週報

THE HOME WEEKLY.

明治四十五年七月十二日　第百九十二號　發行所　日本女子大學校内櫻楓會

—△家庭週報第百九十二號▽—

女子の高等教育

（六月五日日本女子大學校に於ての講演）

ハーバート大學名譽總長　エリオット博士談

私が第一に申上げ度いと思ふ事は米國の教育の爲めに聊か私が盡す事の出來たのは決して私一個人の力ではなく南北戰爭以後全体に國民の間に勃興し來たつた公共心の結果で、殊に同じ目的同じ希望を以て働いて來た團体の人々の同心協力の結果であると云ふ事であります。成る程隨分私も長い間又苦しい經驗をして教育に盡して參つたに相違はありませぬが、今日の成瀬校長の御話によると其れが日本の教育の爲めになり、又此の學校の發展のために成つたと云ふ事で非常に喜ばしく思ふのであります。

私は四十九年の間教師として又總長としてハーバード大學の爲めに盡して參りましたが、今此の女子大學を拜見しますと總てのやり方が餘程ハーバード大學に似て居るやうであります。即ち此の學校はハーバードと同じく私立大學であつて政府に關係なく全く民間の人々の計畫によつて建設され經營され、皆さんの拂ふ月謝及び世間の同情家から寄附せらるる金や土地や、建物や、その他のものによつて維持せられ居る所は全く我がハーバード大學と等しいのであります。

此學校の設立さるるに至つたのは、一方に於て校長及びその他の諸君の個人の力に負ふとの多いは云ふ迄もない事でありますが、又他の一方には社會全体の傾向即ち輿論の勢力をも認めなければならない。たとへば此の學校の存在は女子を男子の爲め、その生涯の好伴侶として教育する必要が世間から認められた例証であると思ふ。而かして此女子を男子の爲め生涯の好伴侶とすると云ふことは中々實現し難いことでありますが、米國に於ても女子が高等教育を受けて智的にも精神的にも男子の好伴侶とならねばならぬといふ事は米國女子高等教育の理想であり、又それが幸福の理想、結婚の理想であります。

又此學校は今一つ大切な原理を標榜して居る。米國人にとつても特に大切なる理想、即ち人間社會の目的と云ふものは決して人類の半分だけ即ち男子のみを教育して達せらるるものではない。必す殘りの半身即ち女子をも充分に教育せねば文明の進歩も家庭の改良も又社會全体の幸福も充分に之を進め之を計る事は出來ないと云ふ此理想を實現せん事に務めて居るので有ます。此確信と此理想とが多數の人々の心を支配する様になつた結果として女子教育の必要が認められ從つて此の女子大學が設立せらるるに至つたのでありませう。

今日の米國に於ても女子が男子と同等の高尚なる教育を受け得る機會は比較的に少ない。然るに皆さんは其稀なる幸福を得られて此の學校に入學し勉強して居られるのであるから、どうぞ充分そ

▼六月五日エリオット博士日本女子大學校へ來校の紀念撮影なり
▼前列左より　エリオット博士、同婦人、同孫嬢、

図4－1　エリオットの日本女子大学校訪問（日本女子大学成瀬記念館所蔵）

の女子教育に関する彼の意見の大要が紹介された。その後、一〇月二九日の『東京朝日新聞』は「エ博士の教育意見」を発表した。それらの内容は主として、個人主義のアメリカと家族主義の日本とは異なり、日本で女性が高等教育を受けると、家族主義が破壊して賢母良妻が絶えてしまい、国家全体が憂慮されると語ったというエリオットの見解が伝えられている[50]。エリオットのエマソン談に関連する記事に、一一月四日の『東京朝日新聞』に掲載された「エ博士の教育意見に就て　目賀田男の談」がある。寄稿者の目賀田種太郎は、滞在中のエリオットの世話をした人物で[51]、帰一協会の会員でもある。

博士はエマーソンの「女子は終世男子の性霊的好侶伴なり」と云へる語を

推奨し女子は何処迄も女子らしく家庭的ならざる可らずと云へり想ふに博士が意見書中女子高等教育の弊を挙げたるは寧ろ高等と云ふ文字に重きを置かず女子に男子同様の科目を教授するの弊害を非難せるものと解するを至当とす可し真に良妻賢母主義を以て教育せば高等教育は多々益可ならん唯博士の引例せる米国の如く女子が殆んど男子と同様の学課を修業し為めに女子の本性を失して結婚を厭ひ育児家政を顧みず会ゝ家庭を成す者あるも到る処に不満を懐き来るに於ては其弊遂に堪ふ可らず[52]

この記事では、女子高等教育そのものというより、女性が男性と同等の教育を受けることで、結婚を回避し育児家政を顧みなくなり、その弊害が家庭に表れてくるというエリオットの見解が示されている。日本女子大学校の実践倫理講話の一一月六日の記録をみると、エリオット報道について、講話者(不詳)は、「あなた方も迷ったであろうが、あれは全く偽造である。実は一昨日、岸本君を通して目賀田男爵に聞いたが、全くないことであると言はれた。エリオット博士の性来を考へても、そんな曲学阿世のことをせられる筈はないから、不思議でたまらない。」[53]と述べている。エリオットの見解はもとより、目賀田の発言もどこまで忠実に伝えられたのかはわからない。

いずれにしてもエリオットの発言が真実に報道されなかったことから、女子高等教育論争へと発展した。誤伝されたエリオットの教育意見に対して、日本女子大学校学監の麻生正蔵は、一九一二(大正元)年一一月一五日の『家庭週報』で「エ博士の女子教育説と世論」と題して、次のように反論した。

女子高等教育は日本の家族制度を破壊し、賢母良妻の跡を絶ち、国家全体に有害なりなどは一言もせざるのみか、女子に高等教育を授け家庭の改善を計り家庭の神聖化せんことを切望されたのである。博士は穏健なる女子高等教育説を持せらるゝが故に、高等教育ある婦人が男子の好伴侶たることを希望せらるゝも女子は専門教育を受くべからずと云ふがごとき偏狭固陋の説を唱ふるものでないことは該演説筆記に徴して明白の事実であることは以上の通りである。[54]

エリオットに対する誤解は、一つに、女性が教育を受けることで日本の家族制度が破壊され、国家の発展にマイナスとなるという点、二つに、女性が専門教育を受けることをエリオットが反対したという点にある。これに対して、麻生は世論を払拭しようと、女子高等教育の積極的利益が「第一には人類進歩の為め、第二には個々の男女其物の為め、第三には高潔和楽の家庭を造るがために」あると語ったエリオットの主張を説明し、男女同等の教育の必要性を力説した。[55]

なお、一連の論争には、エリオット意見に伴って起こった女子高等教育反対論がつきまとっていた。麻生は一一月三〇日の学内の実践倫理講話で大学部一年及び予科の学生を対象に、その反対論を三つに分類している。第一の絶対反対論は西洋の個人主義を輸入することから生ずる反対で、次の六つの理由が挙げられる。それは、女子に独立自営の精神を起こさせること、職業への従事により男女の間に競争が起こること、結婚を忌避すること、子どもの世話や家事を嫌い、社会生活を好むこと、日本の基礎である家族制度を打破すること、ついには日本の国家を危うくすることである。第二の部分反対論は日本の社会・制度・事情といった面から示され、日本の家族制度の中で主婦になる一般女性に専門教育が必要ないこと、日本社会において男女の思想の高低や差異による不都合はなく、女子は高等女学校程度の教育で十分なこと、専門教育の必要な女性は男子の大学で一緒に入学すればよいとされた。第三の早尚反対論は経済的に余裕のないものが高等教育を受けると、危険思想が起こると指摘された[56]。

成瀬の女子高等教育反対論に対する意見表明からエリオットの日本教育意見をめぐる論争に至るまでの約一〇年間、日本の女子高等教育反対論の根本に変化が生じることはなく、戦後の教育の民主化を待たなければならなかった。次項では、エリオットの女性像と女子高等教育に関する真意を確認し、成瀬のそれと比較する。

第2項　母言説からみた女子高等教育論

マシューズによれば、アメリカでは一九世紀までに女性を母として同一視する見方は、出産するという生物学的次元にとどまることをやめた。母になることの責任が自律性と自己の尊厳の感覚を女性にもたらし、母になることの意味や女性にとって必要なものが求められるようになった。「母になること」の理想はもはや家庭空間だけに女性の活動を制限するものではない。一七八〇（安永九）年から一八二〇（文政三）年の間に、女性は「共和国の母」（Republican motherhood）として養育者・教師・道徳的指導者の役割を引き受け、次の一八八〇（明治一三）年までに、「改革主義者としての母」（reformist motherhood）の理想が加えられ、宗教団体や道徳改革団体を通して活動領域を拡大した。一八八〇年に始まる四〇年間に、女性は「政治的な母」（political motherhood）によって特色づけられ、ＹＷＣＡ、女性キリスト教禁酒同盟、セツルメント施設等の社会改革運動に参与し、国内の女性の参政権運動を展開した[57]。

これらの母言説に対して、エリオット自身は一九〇八（明治四一）年に *The Ladies' Home Journal* で披瀝した論文「女性の知的生活」で自らの女性像に言及している。当時、エリオットは女性が男性と同じように社会的職業をもつ環境が醸成されつつある状況を把握する一方で、子どもを産み育て家庭を作り上げていく普通の生活の中に、妻や母となる女性の知的生活があるとした。つまり、有能な母は、全家族を訓練し方向づけるよう刺激し、美的感覚をもつよう子どもを啓発する高尚な働きをなす。独身の女性であっても、他人の子どもを育てることで女性は知的な生活を享受する。エリオットは女性に求められる役割について、次のようにまとめている。

いかなる職業の価値も……その実りによって最もよく判断される。この基準を四〜五人の礼儀正しく思慮深い優しい子どもたちを育てる、普通の女性の仕事（occupation）に適用するなら、遺伝や環境が新しい各世代の質を決定する上でより有力な要因となるかどうか、という問いをいかに解決しようとも、我々は女性の仕事がこの世で最も貴いものであると結論づけないだろうか。……キリスト教国家は他国よりも、女性の知的道徳的能力、女性の普通の仕事の威厳と特徴ある質を高く評価する。[58]

この言葉は、キリスト教精神によって裏づけられた「共和国の母」を反映している。育児は相変わらず女性の大事な仕事であると記されている。同年、エリオットは *Harper's Bazaar* で「女子高等教育」と題する論文を発表した。それによれば、過去三五年間に、三つの女子高等教育の誤解が除去されてきた。第一に、若い女性が男性と同じように、高等教育の伝統的な科目を学び修得する能力があるかという疑問に対し、女性は難しい教科目のすべてを学ぶことができることが証明されている。概して、女性は男性の平均よりも教科をよりよく取り扱うだろうという証言がある。この点は、女子カレッジがもはや男子カレッジの課程を模倣するのではなく、望ましい変化を次の二〇年間で起こすことを期待させる。第二に、若い女性が一八歳頃に三〜四年間、カレッジで学ぶと、健康が損なわれ悪化するという深刻な心配があったが、女性が賢く正しい環境の下で生活するなら、身体的な力を改善し、精神活動も活発になる。第三に、高等教育によって女性の本性が変わるという説があった。しかし、子どもを養育するという女性の普通の仕事への準備は、女性が高等教育で受けるトレーニングの主要目的に含まれるはずである。なお、男性の高等教育は専門的職業的な目的にあまりに傾斜しすぎたことから、女性の専門職養成は自然なことではあるが、男性も女性も職業と家族生活に向かう考え方を正しく捉える必要がある[59]。エリオットは女子高等教育の主要目的について、次のようにまとめている。

女子高等教育の主要な目的は、女性が家族生活や社会生活をより知的に、喜びと幸福で満たし、生産的に―あらゆる意味で身体と精神と霊とにおいて豊かに―なるよう、自らにふさわしい力や能力を有する女性をつくりあげていくことであると認識されるべきである[60]。

エリオットが家族を、女性が男性と共に知的精神的霊的に高められて創造する一つのユニットとみなし、家庭における有能な女性像を描いた点は、梅花時代からの成瀬の女性像と共通している。大学教育においてもエリオットが教養の理念に裏づけられた全人的な人間形成を土台にして、女性の専門教育を論じる視点は、成瀬の女子高等教育論と軌を一にしている。しかしながら、成瀬の家政学に着目する女子高等教育の発想はエリオットからでてこない。

第3項　エリオットとの宗教的接点[61]

エリオットはハーバード大学を退職する一九〇九（明治四二）年の七月二二日に、学内の神学夏期学校で「未来の宗教」と題して講義を行った。その内容が、成瀬仁蔵・新渡戸稲造・浮田和民の編集による日本女子大学校の英文雑誌『ライフ』（第一号）に、「未来の宗教―エリオット博士の神に関する新しい概念―」というタイトルで、*The Standard* から要約引用されている[62]。

この講義で、エリオットは未来の宗教として想定されないあり方を七つの特徴をもって示した。それは第一に、未来の宗教はスピリチュアルであれ、この世的であれ、権威に基づかないだろう。絶対的な権威の衰退は、現代世界の最も重要な現象の一つである。第二に、光・火・霜・風・嵐・地震といったような自然の原初的な力の権化は、未来の宗教には存在しない。自然を愛する意識が高まり広まっても、妖精・小鬼・ニンフ・悪魔・天使の信仰は衰退し消滅していく。第三に、未来の宗教は亡くなった祖先・教師・支配者を崇拝したり、ほのめかしたりすることはないだろう。性格上、彼らに威厳はあっても、永遠の神との同一視はない。第四に、現世の個人の幸福や安全が付随的に確保されても、それは未来の宗教生活の第一目的とはならず、宗教的な人は他者への奉仕や公共善への貢献を志向するだろう。第五に、原始社会では自然の脅威として超自然の力を恐れるところから宗教が始まり、犠牲を捧げる歴史が形成された。今でも教会の教義・慣例において贖罪犠牲の原理が生き残っているが、未来の宗教は宥めたり、犠牲的であったり、贖罪的ではないだろう。第六に、未来の宗教はヘブライ人の人類学的な神表象を貫かないだろう。大規模な制度的キリスト教にもたらされる概念を貫くことはない。第七に、未来の宗教は悲観的、禁欲的、呪縛的ではなく、喜びと生活を取り扱うだろう。それはこの世の悪や醜さを説明するというより、善や美の解釈に気を配り、悪を根絶させるのに一番よい方法を確実にみつけようとするだろう[63]。換言すれば、その宗教は古い種類の慰めを与えないけれども、慰める必要や慰めの機会そのものの数を減少することができる[64]。

エリオットにとって新しい宗教は、教義・信条・経典・制度に縛られない、奉仕の宗教である。「人によろこんで仕えること」(serviceableness)を基本原則とし、それは時間と空間において無限の多様性と広がりを認める。あらゆる種類の宗派とネットワークをもつ人々による病院・診療所・アシュラムの支援、大都市で慈善活動をしている諸宗派の連合、ＹＭＣＡの成功、実際的な目的のために類似する教会連合の形成の努力はその表れである[65]。異なる宗派が人間の幸福に対して一致して協力するというあり方は、エキュメニカル運動を支持しており、この宗教的スタンスが後述する帰一運動への支援を現実にした。

ところで、エリオットは教育における宗教的理想の概念を明確に示すのに、「宗教」(the word religion)と区別される「宗教的」(the word religious)という語に着目した。一九一一(明治四四)年に週刊新聞 *The Outlook* に寄稿した論文「教育における宗教的理想」によれば、「宗教」はおよそ次のような意味で使用される。それは第一に、スピリチュアルな献身の外的な形態、第二に、人間を超えた力に向かう、人間の愛と畏れの表現、第三に、一定の儀礼や儀式の遵守、生活の行為のための規則の遵守、一定の信念の告白を含む表現、第四に、神聖な存在を認識し礼拝する、外的なわざである。これに対し、「宗教的」は、イスラム教、キリスト教、仏教といった、特定の宗教に言及しない。また、宗派／教会、古代／近代、キリスト教／異教のそれぞれの教義や信念を受容することに関係せず、特定の儀礼・儀式・戒律の実践に言及しない。それは、「どの教会・宗派の男女にも起こりうる、ものの見方(a frame of mind)や感情の状態を描き出す。」[66] デューイ(John Dewey, 1859-1952)が『誰でもの信仰』(一九三四年)で発表する以前に、エリオットが名詞の「宗教」と形容詞の「宗教的」とを区別していたことは、特筆に値する。後述するように(本書一七七―一七八頁参照)、成瀬が信念を宗教組織・儀式・信条と切り離して宗教を考察した点はエリオットとの類似点を指摘できる。

さらに、この「宗教的」という言葉に含まれる感情の崇高な状態のうちに、教育の理想を見出したエリオットは、そこに真善美が伴い、この三つの理想が伝記・歴史・文学に記録された経験や模範を通して達成されてきたことを明らかにした[67]。彼は教会と州の分離の原則に従う公教育において、子どもが永遠の実在に近づくための教育について語っている。その内容は次のように要約される。

子どもを真理への探究に導き、真理に到達することがいかに難しく、真理を知ることがいかに豊かで、真理を有することがいかに楽しいことであるかを教えることが重要である。美しいものへの愛や美の感覚は、人間のスピリチュアルな属性であり、自然の美や芸術に触れることは意義深い。善は父母・兄弟姉妹・仲間の影響の下で次第に育まれ、人間の卓越さと美徳の話を聞くことや、教師や英雄への尊敬によって形成される。子どもはやがて、数多くの人格化された善の描写を文学から得た後、神と呼ばれる無限の善の絵姿を変化させながら、人類の宗教史の幾つかの段階を通って、発達を遂げていく[68]。

この論考では大学教育における教養について直接、触れていないが、エリオットにとって教育における宗教的理想は伝統的なリベラル・エデュケーションを貫く中核概念としての、真善美の体現である。その偏りのない人間形成は、成瀬の女子高等教育の基本線と一致しているといえる。

注

1　成瀬仁蔵「高等女子教育の必要を論じ併せて其の反対説に答ふ」（一八九七年）『成瀬仁蔵著作集　第一巻』（日本女子大学、一九七四年）、一六五―一六九頁。

2 「日本女子大学校の組織幷に大阪に設置するの理由」『女学雑誌』第四四八号（一八九七年八月二五日）、九―一〇頁。

3 中村政雄編『日本女子大学校四十年史』（日本女子大学校、一九四二年）、七五―七六頁。

4 同右、七七―七九頁。

5 『家庭週報』第一〇六号（一九〇七年七月六日）、三頁。

6 『日本女子大学校長成瀬仁蔵先生述　実践倫理講話筆記　明治四十二度ノ部』（日本女子大学成瀬記念館、二〇一二年）、三一―三五頁。

7 真橋美智子「成瀬仁蔵の女子高等教育―職業教育の視点から―」日本女子大学女子教育研究所編『女子の高等教育』（ぎょうせい、一九八七年）、一〇六―一〇九頁。真橋は成瀬の専門教育に人格教育と職業教育の調和の論理があることを指摘している。（同、一一〇頁。）なお、『新時代の教育』（一九一四年）で、成瀬は専門教育を初等、中等といった普通一般の教育を終えた後の教育として論じ、機関としては実業学校、専門学校、大学を挙げている。また、専門教育は天職の自覚、職業の人格化、特殊な才能の発展を三要素とすることが明らかにされている。（『成瀬仁蔵著作集　第三巻』［日本女子大学、一九八一年］、二〇二―二〇六頁。）

8 『日本女子大学校長成瀬仁蔵先生述　実践倫理講話筆記　明治四十二度ノ部』、四八―四九頁。

9 成瀬仁蔵『女子教育改善意見』（一九一八年）『成瀬仁蔵著作集　第三巻』、三七五―三七六頁、四三八―四五九頁。

10 ヒューズは日本女子大学校が開校された年の八月に来朝している。安井てつの家に一年半同居し、安井はヒューズの講演に同行した。（青山なを『安井てつと東京女子大学』［慶應通信、一九八二年］、八一頁。）日本滞在の間、ヒューズは日本女子大学校英文学部の教授として、一年生を対象に講義を担当した。（白井堯子『明治期女子高等教育における日英の交流―津田梅子・成瀬仁蔵・ヒューズ・フィリップスをめぐって―』［ドメス出版、二〇一八年］、七六―七八頁。）

11 成瀬『女子教育改善意見』『成瀬仁蔵著作集　第三巻』、三八三―三八七頁。

12 John L.Elias, *A History of Christian Education: Protestant, Catholic, and Orthodox Perspectives* (Malabar: Krieger Publishing Company, 2002), p.187.

13 Home Economics Alumni Association, *History of The Department of Home Economics, University of Chicago* (Washington, D.C.: University of Chicago Home Economics Alumni, 1972), p.15. Marion Talbot, *More Than Lore: Reminiscences of Marion Talbot, Dean of Women, The University of Chicago, 1892-1925* (Chicago: The University of Chicago Press, 1936), pp.151-152.

14 *Ibid.*, pp.16-17.

15 Nancy Woloch, *Woman and American Experience: A Concise History* (New York: McGraw-Hill/ Irwin, 2002 and 1996), pp.206-210.

16 Home Economics Alumni Association, *op.cit.*, pp.17-18. Talbot, *op.cit.*, p.149, p.152. ブレキンリッジは一八八八(明治二一)年にウェルズリー卒業後、シカゴ大学に赴任し、一九〇一年にPhD(政治学)、一九〇四年にJ.D.(法律学)を取得している。

17 Home Economics Alumni Association, *op.cit.*, p.5.

18 Marion Talbot, "Moral and Religious Influences as Related to Environment of Student Life. Dormitory Life for College Women," *Religious Education*, Vol.IV, No.1 (April 1909), 43-44.

19 Talbot, *More Than Lore*, pp.157-159. Home Economics Alumni Association, *op.cit.*, p.13.

20 坂本辰朗『アメリカ大学史とジェンダー』(東信堂、二〇〇二年)、二四七―二四九頁。

21 成瀬仁蔵「英文日記」(一八九二年一一月一七日、二八日)、『成瀬仁蔵著作集　第一巻』(日本女子大学、一九七四年)、五三一―五三二頁。Letter of E. Harlow Russell to Alice Freeman Palmer, November. 17, 1892. (4397) (日本女子大学成瀬記念館所蔵)　成瀬はウースター州立師範学校校長ラッセル(E. Harlow Russell)の一八九二年一一月一七日付のパーマー宛紹介状を携えて、その一一日後にケンブリッジでパーマーとエリオットに面談している。

22 タルボットは次のような賛同の言葉を残している。「同情、公平、及び無私の精神を以て、諸国民間に利害共通の念を発達せしめんとする国際的協力運動は、強くすべての婦人の心を動かさずんばある可らず。何となれば彼等は、物力よりも寧ろ道義力、戦争及び掠奪よりも寧ろ平和及び産業を以て、進歩的文明の追求すべき目的なりと信ずればなり。帰一協会が女子大学の校長を其の代表者とせる事は適はしき事なり。余は単に余一個の助力に止まらず、他の多数婦人が等しく此の事業に対して興味を有する事を保証するを喜ぶ。」(成瀬仁蔵訳)(「帰一協会に対する欧米諸家の感想」『帰一協会会報第三』[一九一三年一二月]、八四頁。*First Report of the Association Concordia of Japan* [Tokyo: June, 1913], p. 56.)

23 小林陽子「井上秀の家政学形成過程―その初期におけるアメリカ留学と桜楓会社会事業をとおして―」『教育学論集』第一九号(甲南女子大学大学院文学研究科[教育学専攻]、二〇〇一年二月)、五―六頁。

24 成瀬『女子教育改善意見』『成瀬仁蔵著作集　第三巻』、四四〇頁、四四八頁。

25 同右、四三五頁。

26 佐々木啓子『戦前期女子高等教育の量的拡大過程―政府・生徒・学校のダイナミクス―』(東京大学出版会、二〇〇二年)、五四―六五頁。

27 Albertus Pieters, "The Educational Situation," in Ernest W. Clement and Galen M. Fisher (eds.), *The Christian Movement in Japan: Seventh*

Annual Issue (Tokyo: Methodist Publishing House, 1909), pp.287-291.

28 *World Missionary Conference 1910; Report of Commission III, Education in Relation to The Christianisation of National Life* (Edinburgh and London: Oliphant, Anderson & Ferrier, and New York, Chicago, and Toronto: Fleming, H. Revell Company), p.164.

29 安井は文部省から三年間、教育学と家政学を研究することを目的として英国留学を命ぜられ、一八九七(明治三〇)年一月に渡英し、ローチェスター・ハイスクールで家政学教授法を研究したが、その程度の低さに落胆した。しかし、ケンブリッジ女子高等師範学校(The Cambridge Training College for Women Teachers)でヒューズから教育学・教育史を学び、一緒にスイスで過ごすなど、多大な影響を受けた。英国滞在中は広く英国の家庭と学校を参観し、一八九九年一〇月にはオックスフォード大学ではスタウト教授の下で心理学を研究している。翌年、パリの万国博覧会で新渡戸稲造と邂逅後、アメリカ経由で七月に帰国した。その年の九月に女子高等師範学校教授兼舎監に任ぜられた。(青山なお編『若き日のあと―安井てつ書簡集―』[安井先生歿後二十年記念出版会、一九六五年]、三一一―三一九頁。)

30 青山さゆり会編『青山女学院史』(青山さゆり会、一九七三年)、三一一―三一二頁。

31 塚本はま子『家事教本　全』(金港堂書籍、一九〇〇年)、一―四頁。構成は次の通りである。総論　第一章　家内の平和(第一節　家族の対遇法、第二節　僕婢の対遇法)、第二章　一家の経済(第一節　経費の予算、第二節　負債、第三節　貯蓄及び保険、第四節　節倹、第五節　家計簿記)、第三章　家族の健全(第一節　衣服、第二節　食物、第三節　住居、第四節　日常の衛生、第五節　看病法心得)、第四章　交誼の円満(第一節　交際の真価、第二節　特別の関係ある人々、第三節　交際法、第四節　訪問、第五節　接客、第六節　公会及び宴席、第七節　書信、第八節　贈物及び返礼、第九節　国家に対する義務、第十節　社会の公安を維持すべきこと)、第五章　育児法(第一節　胎児の保護、第二節　分娩及び産後の摂養、第三節　体育、第四節　徳育、第五節　知育、第六節　学齢児童、第七節　女子の教育)、家事教本付録(日用食品分析表、簿記表)。

32 大森秀子「基督教女子教育会とキリスト教連合女子大学運動」『キリスト教学校教育同盟百年史紀要』創刊号(キリスト教学校教育同盟、二〇〇三年六月)、二四―二七頁。

33 青山さゆり会編前掲書、三三〇頁、三八五―三八六頁。

34 常見育男『家政学成立史』(光生館、一九七一年)、六八頁。

35 東京女子大学五十年史編纂委員会編『東京女子大学五十年史』(東京女子大学、一九六八年)、三一頁、四二頁。

36 同右、四九―五二頁。

37　*Christian Education in Japan: A Study Being the Report of A Commission on Christian Education in Japan* (New York: The International Missionary Council, 1932), pp. 100-105.

38　中村編前掲書、二二一―二二四頁。二六〇―二六一頁。

39　成瀬仁蔵「英文日記」(一八九二年一一月二八日)、『成瀬仁蔵著作集　第一巻』、五三一頁。

40　Charles W. Eliot, *Some Roads Towards Peace: A Report to the Trustees of the Endowment on Observations Made in China and Japan in 1912* (Washington D.C.: Press of Byron S. Adams, 1913), p.1.

41　エリオットが出発する一か月前に、ホルト(Hamilton Holt)はカーネギー国際平和財団の交流・教育局による大日本平和協会への財政サポートの可能性を調査するために来日している。ホルト夫妻は一九一一(明治四四)年一〇月二日に日本女子大学校を参観した。(渋沢青淵記念財団竜門社編『渋沢栄一伝記史料　第三十九巻』[渋沢栄一伝記史料刊行会、一九六一年]、七五頁。)本書第五章第二節参照。

42　「成瀬校長よりエリオット博士に贈られたる書簡」『家庭週報』第一九一号(一九一二年六月二五日)。

43　Eliot, *Some Roads Towards Peace*, pp.50-51.

44　日本女子大学成瀬記念文庫に保存されたエリオットの著作は、『教育改革』(*Educational Reform: Essays and Addresses* [New York: Century, 1898])、『大学の管理』(*University Administration* [London: Archibald Constable, 1909])、『平和への道』(*The Road toward Peace* [New and enl. ed.; Boston: Houghton Mifflin, c1915])、『平和への数ある道―財団理事への一九一二年中国・日本の視察報告―』(*Some Roads Towards Peace: A Report to the Trustees of the Endowment on Observations Made in China and Japan in 1912* [Washington D.C., 1913])である。

45　成瀬仁蔵『大学教育法改善案　附録　エリオット教授四十年間の経験』(一九一三年[推定])、四―五頁。(411)(日本女子大学成瀬記念館所蔵)。

46　同右、五―一二頁。

47　Charles W. Eliot's Manuscript, "Japan Women's University," July 5, 1912, in *Papers of Charles William Eliot: an inventory, General Correspondence Group 1,1909-1926*, Box 21, Harvard University Archives (UAI15.894). Hideko Omori, "Charles William Eliot and Jinzo Naruse: Beyond the Peace Movement Between the US and Japan," *Bulletin of College of Education, Psychology and Human Studies, Aoyama Gakuin University*, Vol. 9 (March, 2018), p.3 参照。

48　Eliot, *Some Roads Towards Peace*, p.52.

49 *Ibid.*, p.2.

50 「エ博士の教育意見」『東京朝日新聞』（一九一二年一〇月二九日）、四頁。畑中理恵『大正期女子高等教育史の研究—京阪神を中心にして—』（風間書房、二〇〇四年）、四九頁。

51 畑中前掲書、五〇頁。

52 「エ博士の教育意見に就て　目賀田男の談」『東京朝日新聞』（一九一二年一一月四日）。

53 『日本女子大学校長成瀬仁蔵先生述　実践倫理講話筆記　明治四十五度及び大正元年度ノ部』（日本女子大学成瀬記念館、二〇一八年）、九六頁。

54 麻生正蔵「エ博士の女子教育説と世論」『家庭週報』第二〇一号（一九一二年一一月一五日）。

55 同右。

56 『日本女子大学校長成瀬仁蔵先生述　実践倫理講話筆記　明治四十五度及び大正元年度ノ部』、一〇六頁。

57 Donald G. Mathews, "Women's History/ Everyone's History," in Hilah F. Thomas and Rosemary Skinner Keller, *Women in New Worlds* (Nashville: Abingdon, 1981), p.39, p.44.

58 Charles W. Eliot, "The Intellectual Life of Women" (1908), in *Charles W. Eliot: The Man and His Beliefs*, Vol.II, edited with a biographical study by William Allan Neilson (New York and London: Harper & Brothers, Publishers, 1926), p.575.

59 Charles W. Eliot, "The Higher Education for Women" (1908), in *Charles W. Eliot: The Man and His Beliefs*, Vol. I, edited with a biographical study by William Allan Neilson (New York and London: Harper & Brothers, Publishers, 1926), pp.160-166.

60 *Ibid.*, p.167.

61 エリオットは一九世紀を通じてマサチューセッツの知識者階層に浸透したユニテリアニズムに傾倒し、偉大な説教者チャニング（William Ellery Channing, 1780-1842）の思想に共感を示している。チャニングは人間性尊重に基づく人間の完成の教えを説き、暴飲、奴隷制、戦争といった社会悪に反対し、公教育・慈善の実践・罪を犯した人への処遇の改善、労働者階級の地位の向上のために、あらゆる努力を惜しまなかった。（Charles W. Eliot, "Channing" [1906], in *Charles W. Eliot: The Man and His Beliefs*, Vol.II, pp. 505-511.）成瀬記念文庫には、チャニングの著作として『チャニング著作集』（*The Works of William E.Channing, with an introd., new and compete ed., rearr. to which is added The perfect life* [Boston: American Unitarian Association, 1891]）と『戦争についての論説』（Discourses on War [Boston: Ginn, 1903]）の二冊が保存されており、成瀬も同じくヒューマニズムの社会改良思想の影響を受けたと推察される。

62 “Religion of the Future: Dr. Eliot on New Conceptions of the Deity,” Jinzo Naruse, Inazo Nitobe and Kazutami Ukita (eds.), *Life: A Periodical Magazine for Japanese Students of English*, Vol. 1, No.1 (July 1910), p.8.『ライフ』の第二号（一九一〇年一一・一二月）では副題を *A Review of Modern Thought, Life and Art* に変更し、第三号（一九一一年一・二月）から『ライフ・アンド・ライト』(*Life and Light: A Survey of Modern Thought, Life and Art*) に名称変更して第六号（一九一一年七・八月）まで続き、終刊した。

63 Charles W. Eliot, “The Religion of the Future”(1909), in *Charles W. Eliot: The Man and His Beliefs*, Vol.II, pp.579-583.

64 *Ibid.*, pp.590-591.

65 *Ibid.*, pp.594-601.

66 Charles W. Eliot, “The Religious Ideal in Education”(1911), in *Charles W. Eliot: The Man and His Beliefs*, Vol. I, pp.205-206.

67 *Ibid.*, p.206.

68 *Ibid.*, pp.210-214.

第5章　国内外の帰一運動

第1節　帰一協会の成立

帰一協会は、内在的には、明治末期の日本において宗教信仰や道徳思想が安定せず、外在的には、東西の文明・思想が懸隔している現実を憂慮して一九一二（明治四五）年六月二〇日に正式に発足した。帰一協会の発起人は、成瀬仁蔵、渋沢栄一（一八四〇―一九三一）、姉崎正治（一八七三―一九四九）、浮田和民、森村市左衛門（一八三九―一九一九）、井上哲次郎（一八五五―一九四四）、中島力造（一八五八―一九一八）、ギューリック（Sydney Lewis Gulick, 1860-1945）、上田敏、桑木厳翼、松本亦太郎、原田助の一二名（内、最初の五名が発起人幹事）であり、会員数三六名となっている。「教育と宗教の衝突」論争の中心人物である井上や、浮田、ギューリック、原田といったキリスト者が発起人に名を連ね、彼らの宗教的、思想的立場がそれぞれ異なっていたことは一目瞭然である。帰一協会発足に際し、ギューリックは渋沢に宛てた四月一八日付書簡で次のように述べている。

貴台は、井上教授が、基督教は仏教の如く隠微なる哲学を含まずと云はれたるを、記憶せらるゝことゝ存候。同氏の言は、事実に有之候。基督教は、哲学上の議論に依りて維持せられ、哲学的頭脳を有する人士にのみ理解せらるべき一種の哲学には無之候。基督教はその心髄にては実に精神也、人生の一様式也、即ち神を以て天の父とし、此父に対する子の謙遜、真実、従順の精神と同胞に対する同胞たる好意、及助力の精神とより成るものに候。……小生は基督教を以て、井上教授の求むる万国宗教なりと信じ候。然れども同氏が之を認めざるは、基督教の他形式に対する嫌忌の情の為めに同氏の心が偏せる結果と存候。同氏は他日理想として之を認むるに至るべしと小生は希望致し居り候。[1]

つまり、ギューリックは井上がキリスト教を哲学的に理解していることや、世界宗教であることを認めない理由を形式への嫌忌と指摘し、正しいキリスト教理解をもって容認する旨の希望を漏らしている。両者がそれぞれ己の立場を堅持しながら、帰一協会の企てに参加したことは、当協会の性格を表わしている。

帰一協会の名称については、姉崎が王陽明の「万徳帰一」から引き出したが、必ずしもその思想によったわけではない。中嶌邦によれば、「思想観、宗教観あるいは社会観の違いが、この帰一観の理解の違い、深浅を生んでいるが、それぞれの思いで、帰一の思想的一致を求めようとしたといえよう。」[2]

趣意書の起草にあたっては、成瀬・浮田・姉崎が担当し、原案は姉崎が作成した。採択された趣旨をみると、「人々各々その信ずる所に拠り、又各々その職務に尽力すべきは、勿論なるも、是と共に、共同の精神を発揮し、摯実なる研鑽によりて、一は以て各自の信念を鞏固にし、一は以て国運の基礎を盤石の安きに置かざるべからず。」[3]

とある。また、意見書には、「此の団体たるや、自己の主張を他に強ひ、其の教旨を外に宣伝するが為めにあらずして、其の目的は、偏に公明正大なる態度を以て、古今東西の思想を研究し、以て相互の理会を増進し、又相互の同情尊敬を深くするに在り。是を以て、此の団体の各員は、自ら最良と信ずる所を提説して不可なきと同時に、亦他の特長を容るゝに吝ならざるを要す。」[4]と記されている。規約第二条は、「本会ノ目的ハ精神界帰一ノ大勢ニ鑑ミ之ヲ研究シ之ヲ助成シ以テ堅実ナル思潮ヲ作リテ一国ノ文明ニ資スルニ在リ」[5]と明記した。

このように、帰一協会のメンバーは自他の立場を尊重し寛容な態度をもって、古今東西の思想研究と相互理解を通して、文明の発展に寄与しようとしたのである。成瀬はその主眼が「異宗教・異人種・異国民の間に調和一致の点を発見して之を培養し発達せしむること」[6]にあると述べ、未だ自覚されていない、異なるものとの共通点を見出して、それを育てていくべきことを説いた。

『帰一協会会報』第一号及び第二号に掲載された会員をみると、ユニテリアンのマッコーレイ(Clay MacCauley, 1843-1925)、村井知至(一八六一－一九四四)、内ヶ崎作三郎(一八七七－一九四七)、ユニテリアンで「丁酉倫理会」会員の岸本能武太、内務次官の床次竹二郎(一八六六－一九三五)、大日本平和協会会員の江原素六(一八四二－一九二二)、阪谷芳郎(一八六三－一九四一)、グリーン(D. C. Greene)、新渡戸稲造等の名前が目に留まる。[7]

帰一協会成立の背景には、一つにアメリカユニテリアン協会によって宣教師ナップ(Arthur May Knapp)が一八八七(明治二〇)年に日本に派遣され、ユニテリアニズムが日本に導入されていたことが挙げられる。そこでは、ユニテリアニズムは一つの宗派というより、むしろ宗教上の運動であることが強調され、相互の宗教協力や宗教の根本的一致が説かれた。二つに、一八九七年に創立された「丁酉懇話会」(一九〇〇年に「丁酉倫理会」と改称)が、旧来の日本の封建道徳と西洋から伝播された功利主義思想・権利思想の不調和による社会道徳の混乱を問題視し、倫理修養を中心に据えた倫理運動を展開していた。三つに、一九一二年二月二五日に床次の呼びかけの下に、神道・仏教・キリスト教の三宗教の代表者が一同に会するという三教会同の開催がある。政治的発想からのもので、社会的影響はさほどなかったとはいえ、宗教間の交流がなされたことは、帰一協会結成の背景の一つに加えることができる。[8]

さらに、国際的視野からみた場合、一九〇六（明治三九）年にハーグ・デーを期して東京ＹＭＣＡで組織された大日本平和協会の活動に注視しなければならない。当団体の平和運動は在日米人平和協会のボールズ（Gilbert Bowles, 1869-1960）が中心となって日本人キリスト者に働きかけたことがきっかけで、キリスト教会関係者によって推進された。初代会長には江原が就任したが、一九一〇年には大隈重信（一八三八―一九二二）が会長となり、その後、政財官界からの会員数が増した。一九一二年二月に改正された会則第一条をみると、「本会の目的は人種間及び国家間の関係をして親密ならしめ、国際紛議が成るべく平和的手段を以て解決せらるゝ様に尽力し、以て世界の平和を保全し、人類の幸福を増進するにあり」と記されており、帰一協会と同じ方向を志向している。[9]

第2節　帰一運動の国際的展開

帰一協会が組織される前年に、成瀬は『進歩と教育』を発表した。その中で、四海同胞の見地から、国家自らの発展と万国協同によって人類の幸福を増進し、東西文明の調和者として、日本が世界全体に対してその使命を果たしていくべきことを力説している。

成瀬によれば、明治維新は社会的な第一維新であり、大正の新時代は第二維新である。[10] 開国後五〇年間の日本は、第一維新の偉業を成就したが、それはいわば、自営のために活動し、他動的に動いてきた時代であった。しかし、これからは国家自らが自分の位置を認め、国民性を自覚して世界の情勢を正しく把握し、自動的運動を開始する、第二維新の時代である。また、それは世界全体に対する使命を自覚し、日本が果たすべき天職を全うする時代でもある[11]。

この第二維新を営むのにあたって、成瀬は日本の責任を六つの視点から考察し、その第一番目に「今後我が国が東西の調和者となり、世界各国の人種と人種との一致協力を計る媒介者とならなければならぬ」[12]という責任を挙げた。これはつまり、通商外交の中心・媒介者となること、世界における人種的偏見を撲滅する先覚者となること、世界的宗教の調和者となることを意味している[13]。

こうした日本の使命を意識しながら、成瀬は一九一二（大正元）年八月から一九一三年三月にかけて、帰一協会の趣旨を宣伝するために欧米に出かけ、各方面の著名な学者、思想家、宗教家、実業家等から賛同と賞賛を得、その数は一七六名にものぼったのである。

アメリカでは、ハーバード大学名誉総長エリオット、コロンビア大学総長バトラー、アマースト・カレッジ幹事会長並びにユニオン神学校幹事プリンプトン（George A. Plimpton）、コロンビア大学教授並びにユニオン神学校幹事のギディングス（Franklin H. Giddings, 1855-1931）、コロンビア大学教授デューイ、『インディペンデント』主筆のホルト、ハーバード大学監事並びに教育財団員のグリーン（Jerome D. Greene）を発起幹事として、一九一二（大正元）年一一月一〇日にニューヨークを本部とする、米国帰一協会が誕生し、約一〇〇名の人々が会員となった。成功の裏には、日本に来日したエリオットの尽力があった。エリオットは世界に向けて発信する日本発の帰一運動の趣旨を理解し、その発足へ向けて、次の言葉を寄せた。

日本帰一協会の第一の目的は、日本及びアメリカの思想家間に、個人主義、社会的理想論、普遍的教育、科学的研究、法律の下に於ける自由、並びに協同的好為等、近代社会に於ける偉大なる倫理運動に関する意見の一致を促すにあり。次に両国の青年及び老年の為に、一部は過去の宗教より、一部は人類の新しき事体及び希望より発し来れる有効なる宗教的動機を提供せん事を試むべし。是れやがて殆ど全世界共通の問題、即ち文明に関する道徳問題及び精神問題を取扱ふ所以也。此の新協会を起さんが為に一致せる日本人の団体は、日本の思想並に感情の至善を代表せるもの也。其等の人々と協力せんが為に、同様なる米国人の団体が組織せられん事を切望す。[14]（成瀬仁蔵訳）

ハーバード大学アーカイブズには、帰一運動に関する一五枚綴りのタイプ打ちされた文書がある（図5―1参照）。この文書は一束にまとめられており、内容は次の五つから成る。①文書「帰一運動の進展」（[1]ギディングズに宛てたロス[E. A. Ross]の紹介状を含む、日付なし）、②文書「日本におけるキリスト教宣教師の見解」（[1]ブレイクスリー[G.H. Blakeslee]に宛てたグリーン[D.C.Greene]の紹介状を含む、日付なし）、③バトラー総長との書簡（[1]バトラーに宛てたエリオットの紹介状[一九一二年一〇月一五日付／ケンブリッジ発信]、[2]成瀬のバトラー宛書簡[一九一二年一〇月二八日付／ニューヨーク発信]、[3]バトラーの成瀬宛書簡[一九一二年一〇月三〇日付]、[4]成瀬のバトラー宛書簡[一九一二年一〇月三一日付／ニューヨーク発信]を含む）、④米国帰一協会評議員リスト（バトラーとの面会報告を含む）、⑤文書「米国組織の特別な理由」である。[15] これらは全体を貫く「私」という主語に着目する限り、成瀬による帰一協会会報における報告記事（「欧米旅行報告」（『帰一協会会報第二』[一九一三年]）、"Seven Months in America and Europe," *Second*

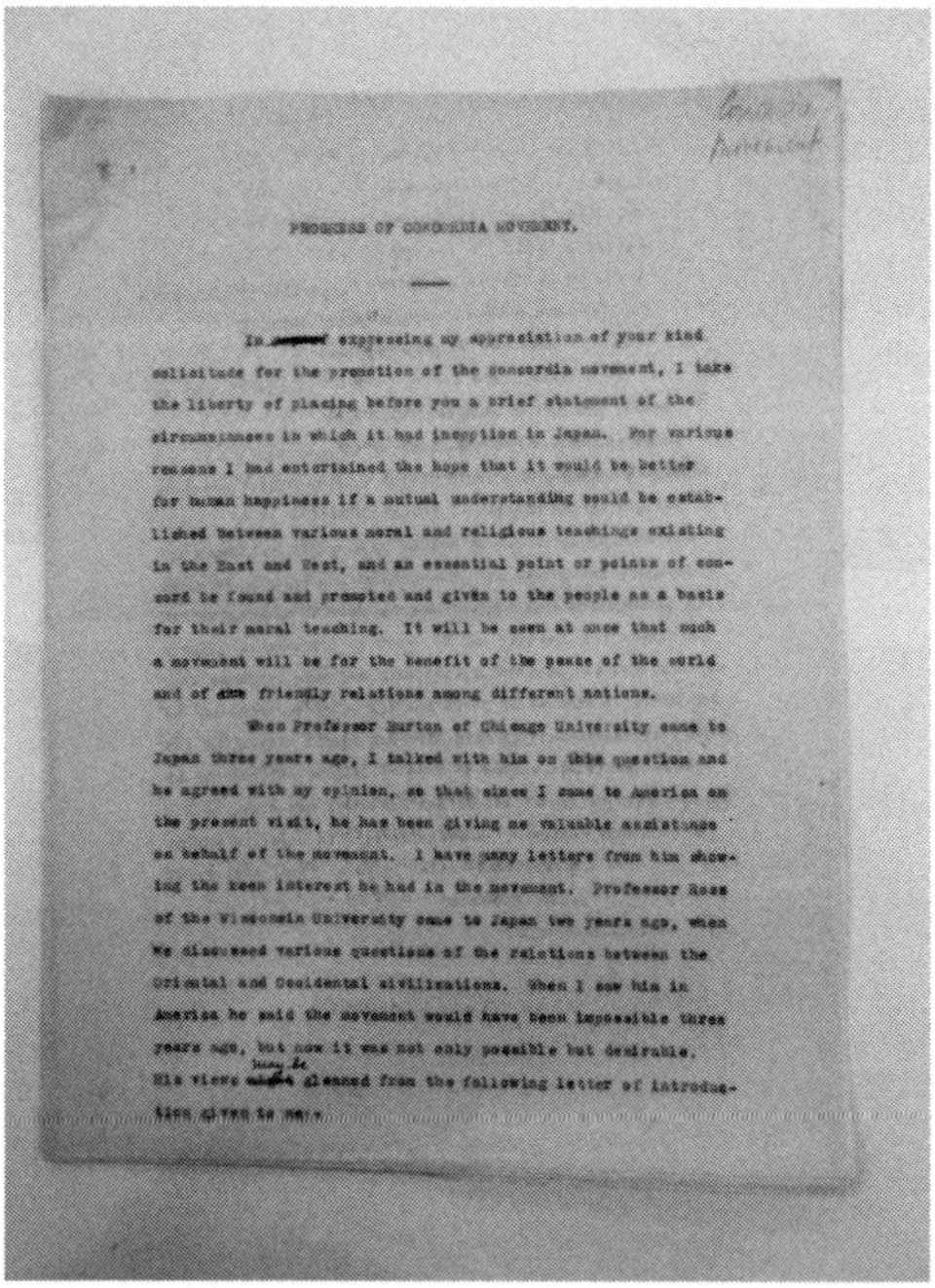

PROGRESS OF CONCORDIA MOVEMENT.

In expressing my appreciation of your kind solicitude for the promotion of the concordia movement, I take the liberty of placing before you a brief statement of the circumstances in which it had inception in Japan. For various reasons I had entertained the hope that it would be better for human happiness if a mutual understanding could be established between various moral and religious teachings existing in the East and West, and an essential point or points of concord be found and promoted and given to the people as a basis for their moral teaching. It will be seen at once that such a movement will be for the benefit of the peace of the world and of friendly relations among different nations.

When Professor Burton of Chicago University came to Japan three years ago, I talked with him on this question and he agreed with my opinion, so that since I came to America on the present visit, he has been giving me valuable assistance on behalf of the movement. I have many letters from him showing the keen interest he had in the movement. Professor Ross of the Wisconsin University came to Japan two years ago, when we discussed various questions of the relations between the Oriental and Occidental civilizations. When I saw him in America he said the movement would have been impossible three years ago, but now it was not only possible but desirable. His views may be gleaned from the following letter of introduction given to me.

図５－１　帰一運動に関する文書（1912年）
(Harvard University Archives)

Report of the Association Concordia of Japan [1914]）の内容と合致していることから、成瀬によって作成されたものと判断される。本文書の内容を以下に紹介したい。

①文　書

帰一運動の進展

帰一運動の促進のために、あなたの親切なご配慮に感謝の意を表し、失礼も顧みず、日本でその運動が開始された状況をお話しさせていただきます。様々な理由から、私は次のような希望を心に抱いてまいりました。東洋と西洋に現れている多様な道徳的宗教的教えの間に相互理解が打ち立てられ、調和一致（concord）の本質的な要点が発見、促進され、人々の道徳的教えの基礎として伝えられるなら、それは人間の幸福にとってよりよいものになるだろうという願いです。このような運動は世界の平和と異なる国家間の友好関係を築く目的に適っているということが、直ちにおわかりいただけるでしょう。

シカゴ大学のバートン教授が三年前に来日した時、私は彼とこの問題について話し、彼は私の意見に同意してくれました。それで、現在、私が渡米してからも、彼はこの運動のために価値ある支援をしてくれています。私は彼からこの運動に熱心な関心を示す沢山の手紙を受け取りました。ウィスコンシン大学のロス教授が二年前に日本を訪問した時、私たちは東洋文明と西洋文明の間の関係について様々な問題を議論しました。私がアメリカで彼に会見した際には、彼はこの運動が三年前では不可能であったけれども、今や、可能であるばかりでなく、望ましいものであると語ってくれました。ロス教授の見解は私にしたためてくれた、下記の紹介状からもみてとることができます。

（略）

②文　書

日本におけるキリスト教宣教師の見解

帰一運動は日本で五月［正式には六月―著者挿入］に順当に組織されました。結成された協会の会員の中に二人のアメリカの宣教師がおります。一人はシドニー・L・ギューリック博士で、彼は極東における卓越した宣教師の群に属しています。そして、彼は帰一協会の設立者に宛てて手紙を書きました。彼は次のように述べています。

「主として言いたいことには、私が日本にやってきたのはキリスト教の布教や教会の確立のためでも、ある種の哲学とか宗教的教義・信条の宣伝、儀礼の教えこみのためでもありません。それは、唯々、神の子イエス・キリストを世に知らせ、私自身がイエスに倣って自ら生きようとするためだけでなく、他者をキリストのような存在になるよう導くこと、つまり、キリスト的人格を形成してその意識を高めるために、日本にやってきたということです。これは、私がキリスト教の核、すなわち本質とみなしていることです。ここに、キリスト教の生命力があります。それ以外すべて衣服であり、形態です。衣服や形態は変化し得るし、変化するにちがいありません。その形態において、日本のキリスト教はヨーロッパやアメリカと異なってよいばかりでなく、相違するにちがいありません。現代のキリスト教は一八世紀とか五世紀のキリスト教とは異なっているはずです。」

「日本のキリスト教はキリスト教の新たな展開を始める好機を持っています。日本のキリスト教は欧米の教会を狂わせた重荷を担う必要はないのです。なぜなら、今ではその大半が過ちだったといわれる不幸な歴史が、長期に渡って何度も繰り返されてきたからです。その歴史は確かに昔、当然でやむを得ないことでした。しかし、近代科学、歴史、哲学によって我々は父祖が経験したものとは違う多くのことを生み出しています。日本は真理の高尚なレベルから出発し、誤解と迷信から免れる機会を有しています。日本がその機会を用いるなら、つまり、日本のキリスト教が真に活気を帯び、人々が精神と人格においてキリストに倣う者となるよう、いよいよ生き生きとした現実をしっかり保ち続ける時、旧世界のキリスト教に重要な教訓を教えることになるでしょう。」［傍線は原文通り］

この運動のもう一人の卓越したメンバーは、D・C・グリーン博士です。彼は日本で四〇年間、伝道活動に従事しました。彼が私に与えてくれた紹介状で、彼は次のように述べています。

②―［1］

親愛なるブレイクスリー教授

この短い手紙を携えて、日本女子大学校の成瀬仁蔵校長は、まさにアメリカに出かけようとしています。なかでも、数ある諸問題の研究に取り組む、年四回程度の定期刊行物を、東京とニューヨークで同時刊行する可能性に関して、彼は今日の大きな国際問題に注意を向ける人々の見解を得たいと思っています。

おそらく東京帝国大学の八名か一〇名の一流の教授、他の類似した指導的な立場にある人物が関心を持っています。彼らは山県公爵や桂公爵、元蔵相の阪谷男爵といった、第一線の数名の政治家ばかりでなく、日本の富裕層や有力な資本家の数名の実質的サポートの約束を取りつけています。

敬具

D・C・グリーン

マサチューセッツ州ウースター
博士G・H・ブレイクスリー教授　殿

③往復書簡

バトラー総長との書簡

チャールズ・W・エリオット博士が昨年の夏に日本にいらした時、渋沢男爵と帰一運動の他の設立者がその運動に関する企てをエリオットの前でもちかけました。私がこのアメリカにやってきてからは、エリオット博士がコロンビア大学バトラー総長への紹介状を次の通り、私に渡してくれました。私は数回、バトラー氏に面会しましたが、その趣旨は以下に印刷された、彼との書簡からも読み取れるでしょう。

③—［1］

親愛なるバトラー氏

この短い手紙で、東京の日本女子大学校校長である成瀬仁蔵氏をあなたに紹介いたします。彼は現在、次の目的のために我国におります。それは日本語と英語での定期刊行物の同時発刊を確立する上で、新しく設立された日本の帰一協会にアメリカが協力することを求めています。その定期刊行物のねらいは、東洋と西洋をもっと十分に精神的知的に知らしめるところにあります。それは、東洋人と西洋人の諸理想と諸目的における共通の要素を強調し、両者の間にしっかりと基礎づけられた一致を確立しようとするものです。帰一協会を組織するために団結した日本のグループは、日本で最高の有力な思想家を代表しています。私はそれに相当する組織がアメリカのリベラルな思想の代表者の間にもたらされることを願っています。

私は成瀬校長をあなたの好意ある配慮にお委ねし、ニューヨークで彼が高尚な目的を成就していくのに必要な導きをお与えください。

よろしくお願いします。

敬具

一九一二年一〇月一五日、マサチューセッツ州ケンブリッジ

チャールズ・W・エリオット

③—［2］

親愛なるバトラー総長

今朝、あなたはご親切にも私の提案に耳を傾けてくださいました。その時、私があなたに申し上げたように、帰一運動は日本で指導的な立場にある人々によって、次の目的で始められました。それは異なる宗教、人種、国家の間に調和と共感の共通の地盤を発見し、究極的に全人類の精神的向上と平和的協力を促進することに集中努力するという目的です。私はこのような運動が日本人自身に特に重要である

と認めなければなりません。なぜなら、日本が国民生活に関して、非常に多くの難しい複雑な問題に直面していていながら、すばやい解決が見込めないことにあなたがたぶん気づいておられるからです。最大の困難は、新旧の思想や状況の不一致にあります。しかもその不一致は伝統的な道徳的理想に織り込まれた信仰に現れる一方、目もくらむばかりの西洋文明の絶え間ない影響の増大にみてとることができます。同時に、私は世界の異なる人々の間に相互理解をもたらす、このような目的を有する運動が人類の幸福にとって有益であるばかりでなく、非常に重要であるということを信じています。

私が二か月前にアメリカを訪問して以来、この帰一運動の見解がほぼすべてのアメリカの思想的指導者によって支持されていると確信しています。私は貴国でその運動を実体ある組織形態に変える時機が熟していると信じています。

私見では、日本の組織はアメリカとかその他の国で形成された姉妹組織から財政的に独立し、その運動の精神を促進する上で一般的協力を行うという事柄にその関係を限定すべきです。故に、私は帰一運動のためにアメリカで形成される組織の内的構造に関し、ほとんど示唆することはありません。その運動によって異なる宗教、人種、国家の間でよりよい相互理解が促進されるだけで十分なのです。

しかし、同時に、その運動がこのようなアメリカの指導的な思想家の華やかな集まりによって心から支持されながらも、もし、その社会集団の現実的な力として運動に全力を尽くす指導者、つまり、ある組織にまで作りあげて労をとる指導者やリーダーがいないなら、実際の効果は望めないだろうと思っています。

今朝、あなたに申し上げたように、私はあなたとエリオット氏がこのようなリーダーにふさわしいと思ってきましたし、今もそう思っています。この運動のためにイニシャティブをとるリーダーがいなければ、ただの気の抜けた発案になるだけだと考えておりますため、このようにお示しすることをお許し下さい。あなたがこの提案を心から熟慮し、運動を指導して下さることを心から希望します。そうすることが妥当であると思えてなりませんので。この運動は異なる国家間の協同の精神を促進するでしょう。―その精神は、国際的な同胞愛の原則が作用するための基礎を形成します―。日本の組織は日米の連帯的な運動をなす機関として、雑誌の発行を提案しています。我々はさらに考慮すべき事柄を期待して、多くの他の提案も持っていますが、私には雑誌の発行が最初に必要なことであると思われます。これは東洋が協同の精神を自覚するのに大いに効果があるでしょう。また、これまで他国に向かって一方的な慈善を与えることに満足してきた西洋に対しては新しい企てになるでしょう。

以上の点に関して、あなたのご意見をお伺いしたいのです。もっと相談させていただく必要があるなら、ご都合のよい時にあなたのオフィスをよろこんでお訪ねいたします。

私の提案にあなたがご親切に応じて下さいましたことに誠実に感謝し、真心の誠意をもってお願い申し上げます。

敬具

一九一二年一〇月二八日、ニューヨーク

成瀬仁蔵

ニューヨーク、コロンビア大学
総長　ニコラス・バトラー　殿

③―［3］

親愛なる成瀬氏

私はあなたから一〇月二八日付の手紙を受け取りました。あなたが親切にも私に与えて下さった提案をよく考えてみました。思うに、全世界の中の巨大な国家間でよりよい関係を促進するために我々がこの運動で避けなければないことは、実際上、同じ目的を有する組織があまりにも多くなりすぎてしまうことです。我々の仲間を組織の一般的な調和と一致の中に引き入れることが我々にとってよいことのように思えます。そうすることで、彼らのあらゆる努力が共通の目的に向かって経済的に効果的に方向づけられます。たとえば、現在、助言できることに関していえば、次のようになります。

数年前、デストネール・ド・コンスタン男爵の指導の下、フランスでインターナショナル・コンシリエーションとして知られる組織が確立されました。当組織はまさしくあなたが帰一のために提案したのと同じような目的を持っています。この団体は大きく広がり、財政的な援助も獲得して、今や強力で有力です。フランスでは、下院・上院の代議士、その他の生活分野の指導的な人物を多く当団体は包含しています。ドイツでは、有力な支部がフランクフルトのニッポルド（Nippold）博士の指導の下、創立され、ドイツ生活で指導的立場にある数百名がその運動と提携しています。アメリカでは七万名以上に達し、着実にその勢力の範囲を広げています。今、さらなる支部が英国、アルゼンチン共和国、スペイン、イタリア、オーストリアで組織されています。あなたが考えている目的は、日本にインターナショナル・コンシリエーションの有力な支部を組織することで、首尾よく実現されるだろうという提案が、私の心に浮かんでいます。このような組織が東京に本拠を置くことで、直ちに世界各地で志を同じくする多くの人々と共感的な関係を築くことになるでしょう。新しい組織を立ち上げる代わりに、すでに立ち上がった組織に目を向けてみてはいかがでしょうか。

あなたがこの示唆を熟慮して下さいますようお願いいたします。特に、これからあなたがヨーロッパに数週間訪問する時、パリ本部のデストネール・ド・コンスタン男爵に面会し、じかに彼とこの問題についてお話しされることを希望します。私はすでにその問題について彼に手紙を書きました。彼にはあなたと会っていただく機会を設けて、これらの極めて重大な企てについて、意見を交わしていただきたいとお伝えしました。よろしくお願いいします。

敬具

ニコラス・M・バトラー

一九一二年一〇月三〇日

日本クラブ、西九三通り、一六一番地

成瀬仁蔵　殿

③—［4］

親愛なるバトラー総長

私があなたに申し上げた提案を注意深く考えて下さり、ご親切に帰一運動をフランスのインターナショナル・コンシリエーションと提携した運動にしていく示唆を与えて下さったことに感謝の意を示したいと思います。

まだ私は独立した組織が帰一運動の目的を首尾よく実行するために必要とされていると考えています。第一に、帰一運動は平和運動の性質よりも精神的運動の性質をより多く持っています。私が理解する限り、平和運動は主に、異なる国家の政治的経済的関係の問題に取り組むのに忙しく、従って、国民生活の物質的な側面にそれ自体関係しています。帰一運動は最初、過度な物質主義への抗議として、日本で推進されました。そこでは、日本人は西洋文明に接して以来、物質主義に傾きがちであったように思えます。その運動の第一の目的は、日本に紹介されてきた多くの異なる宗教が混沌とする中で、共通の倫理的動機を発見することでした。この要望は諸宗教の間で相互理解を促進する試みを必要としてきました。そして、その後、我々は異なる人種の理想や異なる国民の願望（aspiration）をよりよく相互理解することによって、その運動が支持されるだろうと考えるようになってきました。だから、帰一運動は国家の道徳的な力を強める上で大変重要だと考えられています。その有用性は他国の協同によって決定的に増大するでしょう。このような運動が日本人の幸福にとって必要だと強調されていますが、私は貴国における近年の商業主義の襲来の観点からみて、帰一運動が貴国の人々にさえも有益な影響を与えずにはおかないといえます。簡潔にいえば、帰一運動と平和運動の違いについて次の点を指摘することによって要約できます。つまり、前者が主に人間生活の精神的な面を取り扱う一方、後者は主に物質的な面を取り扱うということです。私は帰一運動が異なる宗教的な願望と異なる国民的な特性とを広く理解することなしに、その目的を達成できないという結論に至りました。生を普遍的にすべて包み込む理論がそこから構成されうる素材は、世界中に探し求められなければなりません。そして、その目的のために、帰一は同じ目的を心に留める多様な人々によって、様々な国々で促進されることが必要なのです。そういうわけで、私はここでこのような協会の組織について、指導的な思想家を前に提案している次第です。そして、私は一一月末に至る前に貴国を離れなければなりませんので、その運動を何らかの形態を組織するところにまでもっていきたいのです。私はあなたとエリオット博士がその組織の設立者にふさわしいと思っています。私はこのような設立者がいなければ、その運動を支持し共鳴の意を表す人々が必ずしも、運動推進への期待を具体化するための集結地点をもつとは限らないのではないかと思います。帰一運動の一つの具体的な目的は、日米で雑誌を発行することであり、まさしく満足のいく用意が二国間でなされるでしょう。そしてそれによって、それぞれの国が交換という手段を通して記事を相手に与えることになるでしょう。各々がその編集者になり、相手の側から送られた記事を選び、精査し、編集する権限が与えられます。これら二つの組織は―アメリカと日本に置かれ―、草稿の交換に関する限り、協力することになるでしょう。そして、財政的な必要はその国のメンバーによって賄われます。だから、アメリカは日本に金銭を送ったりしないし、日本もアメリカに送ることはしません。

もし私の考えを率直にいうことを許していただけるなら、ここでもちろん募金という手段がアメリカのメンバーによって決定されねばなりません。しかし、どのメンバーもお金か労働で何か貢献すべきだということが、帰一運動の本質によりよく適しているでしょう。その結果、その関心事は広く普及し、全世界に及ぶかもしれません。あなたがその運動の本部を打ち立てるようになる時、ある程度、多額のお金を必要とするでしょう。その場合、我々は二、三の強力な博愛家にアピールしなければならないかもしれませんが、その時まで何か特別の財源から多額を引き出さない方がよりよいことだと信じています。日本のメンバーは一般的にこの方針と同じ考えに沿って動いています。

現在、アメリカでその運動をスタートさせるための最大の重要な問題は、設立者をみつけることです。私は失礼を顧みず、その問題を何度もあなたに考えてもらうようお願いしておりますが、なるべく早くこの問題について我々がお話できることを希望しています。

敬具

一九一二年一〇月三一日、ニューヨーク

成瀬仁蔵

ニューヨーク市コロンビア大学
総長　ニコラス・バトラー　殿

④米国帰一協会評議員リスト

バトラーとの最後の面会で、彼がアメリカでその運動をスタートさせるためのイニシャティブをとるほど、十分専念できるだけの時間が彼にはないということがわかりました。しかし、同時に、彼はこの運動に心から共感を示し、運動推進のための評議員となることに同意してくれました。

評議員

（略）

⑤文　書

米国組織のための特別な理由

私は帰一運動の組織のための提案を携えて、あらゆる文明国を訪問するという目的で、この旅行を始めました。なぜなら、その実行性は主にこの運動が様々な国々の思想的指導者から得る支持や協力にかかっていたからです。しかし、このような全世界に広がる協力に対する土台は、アメリカと日本との間で据えられなければならないと堅く信じています。アメリカは西洋文明の最も進んだタイプの顕著な代表であり、日本は東洋文明に関して同様の位置を占めています。帰一運動の有用性は、二つのタイプの文明を横並びに置き、両国間で調和する点を発見し、相互理解することによって、最も効力を発揮するでしょう。今世紀の世界情勢はまた、活気と誠実さをもってこのような努力を促進させていく妥当性を示しています。太平洋は東洋が西洋と政治的且商業的に出会う場です。中国革命とパナマ運河の開通は、まもなく来るべき時代にそこで打ち立てられるであろう大きいドラマへの前兆とみなされます。世界は友情に満ちた再会の場となるのか、敵対する場となるのか、あれこれ訝っています。それ故、我々が太平洋の両岸で普及している思想と理想を相互に友好的に理解することで、このような出会いを準備するということは最も重要であると私には思えます。もしわれわれが東西のスピリチュアルな結合の確立に成功するなら、その時、その他のすべてのことが自ずと調和をもたらすでしょう。これが米国帰一協会の組織を特別に重要視する、私の理由です。つまり、米国帰一協会の協力なくしては、日本の帰一協会は当初の目的を達成することが難しいとわかるでしょう。目下の面会がその高尚な動機によりあらゆる成果をもたらし、成功裏にアメリカでの運動の組織化に至ることを願って、私の思いを表さざるを得ません。

これらの史料から、成瀬が米国帰一協会の形成過程で様々な人々から支援を受けたことがわかる。それによれば、三年前にシカゴ大学のバートン(Ernest DeWitt Burton, 1856-1925)が来日し、成瀬と意見交換がなされた。また、二年前にウィスコンシン大学のロスが日本を訪問した際、二人は東西文明間の関係問題について話し合っている。三年前だと不可能だった運動も、今では可能なばかりではなく、実現できる見込みがあるとロスは語り、成瀬のためにギディングズ宛の紹介状を書いている(上記①)[16]。

他方、日本で帰一協会が組織された時、二人のアメリカ人宣教師が尽力した。それはギューリックとグリーンである。ギューリックによれば、日本のキリスト教はその形において欧米のキリスト教と違い、今や新しいキリスト教を発展させる好機である。成瀬は帰一運動のためにアメリカに出発するのにあたって、四〇年間、日本で伝道活動をしたグリーンからクラーク大学のブラクスリー教授宛の紹介状を受け取っている(上記②)[17]。

アメリカ到着後、エリオットからバトラー総長への紹介を受けた成瀬（上記③―［1］）は、コロンビア大学のバトラーを訪ねた。面会日の手紙で、成瀬はバトラーとエリオットに米国組織のリーダーとなってほしい旨、依頼している（上記③―［2］）。

その二日後、成瀬はバトラーから一つの提案を受けた。当時、アメリカには帰一協会の目的趣意に近い考えを表している団体として、インターナショナル・コンシリエーション（International Conciliation）という団体があったために、成瀬の申し出に対してバトラーは、フランスのド・コンスタン男爵（Baron d'Estournelles de Constant, 1852-1924）に面談することを奨め、その団体との共同提携を提案したのである（上記③―［3］）。

ところが、帰一運動がいわゆる政治的経済的問題を取り扱う平和運動ではなく、あくまでも精神面を重視する精神運動であると考えた成瀬は、異なる宗教・人種・国家の間における相互理解と協同一致、さらには世界的で包括的な信仰理想の確立をめざす、独立した精神団体の設立を希望することを説明した（上記③―［4］）[18]。

米国帰一協会を組織するにあたり、二六名が評議員として賛同し（上記④）、日米の帰一協会が東西のスピリチュアルな結合団体であることが確認された（上記⑤）。

ハーバード・アーカイブズには上記史料とは別に、⑥エリオット文書「成瀬仁蔵の著述に書き表されたこと」（一九一二年一〇月一六日付）、⑦成瀬のエリオット宛書簡（二通：一九一二年一〇月二六日付、一〇月二九日付／ニューヨーク発信）、⑧成瀬のエリオット宛書簡（二通：一九一三年一月六日付／ロンドン発信、一九一三年一月一二日付／パリ発信）も保存されている[19]。

成瀬の旅程をみると、一九一二（大正元）年一〇月二四日にニューヨークに入り（上記⑦）、一一月二七日にロンドンに向かっていることから[20]、成瀬は米国帰一協会の設立に立ち会ったと思われる。

アメリカでの帰一運動の成功がカーネギー国際平和財団によってサポートされたインターナショナル・コンシリエーションとの協力関係において推進されたことについて、触れておきたい。インターナショナル・コンシリエーションは、最初のハーグ平和会議(一八九九〔明治三二〕年)が開催された頃、パリでド・コンスタンによって結成され、その後、アメリカ・英国・ドイツ等に支部が設立された[21]。アメリカ支部長の地位にあったバトラーは、当団体の活動をカーネギー国際平和財団の交流・教育局との提携において展開し、機関誌『インターナショナル・コンシリエーション』を定期的に発行した。その記事をみると、ラッド(George Trumbull Ladd, 1842-1921)の「アメリカと日本」、ギディングズの「公共政策に対する社会理論の関係」、エリオットの「日本人の特性」、ホルトの「必要とするもの―日本問題の最終的解決―」、バトラーの「カーネギー国際平和財団」といった米国帰一協会に所属する会員の論考が目立つ[22]。

このうち、エリオットの論考は訪日の際、観察した日本の宗教と国民性の分析を含んでいる。特に、二月開催の三教会同があらゆる宗教の共存を示していると好意的に受けとめると同時に、政府が天皇への崇敬を促進し、神道が「愛国心への強い是認」を与えていることを認めた。また、彼は招魂社や靖国神社での参拝の儀式がアメリカの独立記念日の式典と対照されると評したが、そこに礼拝と英霊を祀ることとの区別はなかった[23]。

成瀬が「帰一運動」と題する論考をその機関誌の特別号で発表したのは、一九一二(大正元)年一二月のことである[24]。この刊行で成瀬は、東西思想の相互理解による世界平和と国家間の友好関係を訴え、実体的な面を扱う平和運動に対して、帰一運動は精神面を扱うと繰り返した。また、日米の帰一協会の協同により、東洋文明の典型としての日本と西洋文明の典型としてのアメリカが相互に理解し、調和できる点を発見することが重要であると力説している。

ヨーロッパでは、ド・コンスタンをはじめ、ベルグソン（Henri Bergson, 1859-1941）、オイケン（Rudolf Eucken, 1846-1926）、ヘッケル（Ernst Heinrich Haeckel, 1834-1919）等と会見し、特に英国においては面会あるいは書面で意見を交わした。賛同者四〇数名のうち、一六名が英国帰一協会創立の際には評議員となることを承諾した。成瀬はヨーロッパで「将来愈々協会の組織される場合には、ロッヂ博士を中心として他の十五名が之を輔けて、斡旋されるやうな運びになるであらうと思ふ。」[25]と述べ、バーミンガム大学総長のロッジ（Oliver Lodge, 1851-1940）に期待を寄せたのである。ロッジは次の言葉を寄せている。

偉大なる人道的興味によりて、東西の間により善き理会と友誼的協力とを図る事の重要なる所以は予の久しく肝銘せる所也。されば予は成瀬校長に依りて示されたる計画の目的を大に尊重す。吾人は既に物質的方面に於ては偉大なる感化力を得たり。今や更に倫理的且つ精神的方面に留意せざる可らず。此の方面に於ては、吾人の学ぶべき多くの事物あり、相互に与ふべき多くの事物あり。此の目的を達すべき最善の方法は余の知らざる所なれども、廣潤なる根本的一致点は宗教に於てすらも之を求むる事を得べし。況や倫理に於てをや。吾人が互に相知り相助くる事益ゝ多きに於て愈ゝ世界の平和と幸福は増進すべし[26]。（成瀬仁蔵訳）

英国支部会の集まりのために実際に動いたのは、カーデフ大学のマッケンジー（John Stuart MacKenzie, 1860-1935）であった。マッケンジーは一九一四（大正三）年一月二六日の成瀬宛書簡において、英国支部会が同年一月一七日に開催され、一九名の出席、小委員会発足、そして、当委員会幹事（secretary）を自分が引き受けたことを伝えている。また、国際雑誌刊行等に関し、成瀬に情報提供を求めたのである[27]。

日本では帰一協会の例会が原則として毎月一回、大会が毎年一回開催され、平均して二〇～三〇名の出席があった。例会記事を中心とする『帰一協会会報』は、一九一三(大正二)年から一九一六年にかけて毎年二、三回発行されている。日本の帰一協会が発行した英文の会報には、本協会で研究すべき重要な問題が四点挙げられている。それは、宗教と信仰の問題、倫理・教育の問題、スピリチュアルな観点からみた社会・経済・政治の問題、国際的な課題と人道である。宗教と信仰の問題に関して、具体的なテーマとして次の八項目が掲げられた[28]。

1. 宗教信仰の本質、特に諸宗教の根本的一致との関わり
2. 神道各派の特徴と影響
3. 仏教各派の特徴と影響
4. キリスト教各派の特徴と影響
5. 儒教倫理の特徴と現代日本の生活への実際的影響
6. 日本に存在する諸宗教間の相互理解と影響、特に仏教とキリスト教との関係
7. 現代の社会生活における宗教信仰の位置
8. 現代文明における思想と信仰の一般的傾向

日米関係に関する限り、カリフォルニア州排日問題は一九一三(大正二)年四月から一九一五年二月にかけて帰一協会の大きなテーマとなった。また、第一次世界大戦が勃発すると、一九一五年一月以来、帰一協会の研究は時局問題に集中した。『時局論叢』や『帰一協会叢書』が刊行され、世界の問題を建設的に処理し、平和に向かっ

て日本の精神的態度を決定するために、関連資料として世界の雑誌論文や講演等から研究材料が取り上げられ、その翻訳が掲載された。その中には、バトラーやハルナック（Adolf von Harnack, 1851-1930）等のものを認めることができる[29]。帰一協会は成瀬の死後も維持発展したが、一九四一（昭和一六）年にその歴史を閉じた。

第3節　成瀬とデューイ哲学[30]

日露戦争後、日英同盟関係にある日本と英国がそれぞれ日露協約・英露協約を結んだことでアメリカの日本に対する友好感情が冷却し、さらに一九〇八（明治四一）年の日米紳士協定と一九一〇年の日韓併合によって、日米間の緊張関係が加速化していた。一九一二（大正元）年にデューイが成瀬から帰一運動への参与を求められた時、デューイは「産業的及び軍事的競争の出来事が、人種的偏見及び無知に煽られて、ゆゝしき争闘を醸さんとする時に当りて、最も必要なる事は、各国民中真に開化せる人々が、人類共通の芸術、科学及び幸福の理想的獲得の為に一致せん事也。」[31]（成瀬仁蔵訳）という言葉をもって賛意を示している。

日本の帰一協会では国内外が変革を要する時にあたり、文明と社会全体の進歩を指向して、一つの世論をもって時代を画する力を発揮するとの意図から、時局問題研究委員会が発足されている。その委員として成瀬は「国民ノ覚悟ニ関スル宣言」案に関する討議に参加した。一九一六（大正五）年一月に「宣言」が可決された。「宣言」には、六か条の決議文が示されている。それは、第一に、自他の人格を尊重し、国民道徳の基礎を強固にすること、第二に、公共の精神を涵養し、立憲制を確立すること、第三に、自発的活動の振作と組織的協同の発達、第四に、学風の刷新と才能発揮、第五に、科学の根本的研究の奨励・応用と堅実な信念に基づく精神文化の向上、第六に、国際道徳の尊重と世界平和の擁護である[32]。

この「宣言」は、一九一六（大正五）年二月一一日の公開講演会において発表され、この時、約五〇〇名が参加した。そして、来聴者には「宣言」を記したパンフレットと『時局論叢』第二号と『帰一協会会報』第六号が配布された[33]。

これを受けて、翌年一二月に成瀬は『世界統御の力』を発表している。このパンフレットにおいて成瀬は、世界を統御するものは権力ではなく、道徳意志であることを主張し、ドイツとアメリカの文化にそれぞれ、権力意志、道徳意志の発現をみた。ドイツの文化内容は成瀬によって、次のように批判されている。それは第一に、人格を無視し、個人を機械化するものであること、第二に、権力絶対主義・専制至上主義であること、第三に、人類の福祉のための世界の協同や国際関係の調和を無視する非道徳主義であること、第四に、善悪の標準をドイツの利益に置き、良心・権利・生命・財産・国際公法・近代文明の成果を破壊するものであることである[34]。これに対して、アメリカは弱肉強食主義を排し、道徳意志の発動によって世界協同の理想を成就するために、国際交渉を進めた国家である[35]。論文の最後では、「民本主義とは国民の意志と其の永遠の福利とを顧み、之を善導し醇化しつつ、其の満足と実現とを計る政治である」[36]として、成瀬は民本主義の重要性を指摘し、国民一人一人が挙国一致の下に道徳意志を実現していくべきことを主張した。

成瀬が『世界統御の力』でドイツとアメリカの思想を対立図式に捉えた構図は、デューイの『ドイツ哲学と政治』の論述展開とよく似ている。デューイは国家主義的な用語で構成されたドイツの歴史哲学が戦争を哲学的に正当化した点を非難し、もはや当時のドイツ理想主義哲学では国際的分裂や抗争を解決することはできないとした。それは、国家主義と結びついたドイツ理想主義哲学には地上の全ての国民の間に友好な交わりを広げるという考えが含まれておらず、厳密には必ずしも法とはいえない国際法も、国民生活を最高の法で規定する国家目的と矛盾しない限りにおいてのみ受容される、一定の諸慣例の単なる表現にすぎないと解釈されるからである[37]。これに対して、実験的協同的方法に基づくアメリカ哲学こそ世界の諸問題を解決する方途を見出すことができると考えたデューイは、平和という消極的目的の中におおい隠された積極的理想に関与することを力説した。それはすなわち、階級・民族・地理的条件・国家といった制限にかかわりなく、人間の交わりを有効に推進するという理想であり、それに人々が関わっていくことによって人類共存の地平が拓かれるのであった[38]。このような民主主義社会における開かれた社会的関係と自発的協同の意義は、成瀬の帰一思想を社会的側面において補強するものであったと思われる。しかし、成瀬の民主主義理解は精神的根底に立ってのものである。成瀬が天皇制国家と日本の国家主義を支持した上で、個人の人格の発展と協同活動による社会改良を期待した点は、デューイの思想との相違を表わしている。

注

1 『帰一協会会報第一』(一九一三年二月)、一一一―一一二頁。
2 中嶌邦『成瀬仁蔵研究―教育の革新と平和を求めて―』(ドメス出版、二〇一五年)、二八三頁。
3 『帰一協会会報第一』、一八頁。
4 同右、一二一―一二二頁。
5 同右、一二三頁。
6 成瀬仁蔵「帰一協会に就きて」『花紅葉』第一一号(一九一二年)『成瀬仁蔵著作集　第三巻』(日本女子大学、一九八一年)、六一八頁。
7 『帰一協会会報第一』、一〇八―一一〇頁。『帰一協会会報第二』(一九一三年七月)、一一九―一二二頁。
8 鈴木範久『明治宗教思潮の研究』(東京大学出版会、一九七九年)、五〇―五八頁。行安茂『デューイ倫理学の形成と展開』

(以文社、一九八八年)、二五八―二五九頁。鈴木範久「近代日本宗教協力小史」竹内整一・月本昭男編『宗教と寛容―異宗教・異文化間の対話に向けて―』(大明堂、一九九三年)、三一―五二頁。

9 坂口満宏「国際協調型平和運動―『大日本平和協会』の活動とその史的位置―」『キリスト教社会問題研究』第三三号(一九八五年三月)、一一五―一四二頁。

10 成瀬仁蔵『新時代の教育』(一九一四年)『成瀬仁蔵著作集　第三巻』、三頁。

11 成瀬仁蔵『進歩と教育』(一九一一年)『成瀬仁蔵著作集　第二巻』(日本女子大学、一九七六年)、一五三―一五四頁。

12 同右、一五四―一五五頁。

13 同右、一五五頁。

14 「帰一協会に対する欧米諸家の感想」『帰一協会会報第三』(一九一三年一二月)、四二頁。*First Report of the Association Concordia of Japan* (Tokyo: June 1913), pp.21-22.

15 “Progress of Concordia Movement”, “Opinion of Christian Missionary in Japan”, “Correspondence with President Butler”, “Councillors” and “Special Reasons for an American Organization” in *Charles William Eliot: an inventory, General Correspondence Group 1, 1909-1926*, Box 20, Harvard University Archives (UAI15.894). (本書付録1参照)

16 Jinzo Naruse, “Seven Months in America and Europe,” *Second Report of the Association Concordia of Japan* (Tokyo: July 1914), pp.33-34 参照。一九一二年九月に成瀬がシカゴ大学を訪ねた時、バートンは不在であったが、価値ある支援をした。

17 先の②文書「日本におけるキリスト教宣教師の見解」の中で、成瀬が引用したギューリックの二つの手紙のうち、最初の前半部は、ギューリックがアメリカンボードのJ・L・バートン(Jas. L. Barton)に宛てた書状の一部と同一内容である。(“A Letter Addressed to Dr. Barton by Professor Gulick,” *First Report of the Association Concordia of Japan*, p.80.)

18 成瀬仁蔵「欧米旅行報告」『帰一協会会報第二』、一〇一―一〇三頁参照。

19 Charles W. Eliot, “Written in Mr. Jinzo Naruse's Book” (October 16, 1912) and Letters of Jinzo Naruse to Charles William Eliot, October 26 and October 29, 1912 in *Papers of Charles William Eliot: an inventory, General Correspondence Group1, 1909-1926*, Box 20. Letters of Jinzo Naruse to Charles William Eliot, January 6 and January 12, 1913 in *Papers of Charles William Eliot: an inventory, General Correspondence Group1, 1909-1926*, Box 22, Harvard University Archives (UAI15.894).

20 『家庭週報』第二〇二号(一九一二年一一月二九日)、二頁。

21 Baron d'Estournelles de Constant, “Programme of The Association for International Conciliation,” *International Conciliation*, No.1

(April 1907), p.4. Nicholas Murray Butler, "The Carnegie Endowment for International Peace," *International Conciliation*, No.75 (February 1914), p.9.

22 George Trumbull Ladd, "America and Japan," *International Conciliation*, No. 7 (June 1908). Franklin H. Giddings, "The Relation of Social Theory to Public Policy," *International Conciliation*, No.58 (September 1912). Charles William Eliot, "Japanese Characteristics," *International Conciliation*, No.71 (October 1913). Hamilton Holt, " Wanted—A Final Solution of the Japanese Problem," *International Conciliation*, Special Bulletin (January 1914). Butler, *op.cit.*

23 Eliot, "Japanese Characteristics," *International Conciliation*, p.13.

24 Jinzo Naruse, "The Concordia Movement," *International Conciliation*, Special Bulletin (December 1912).

25 『帰一協会会報第二』、一〇七頁。

26 「帰一協会に対する欧米諸家の感想」『帰一協会会報第三』、六四—六五頁。*First Report of the Association Concordia of Japan*, p. 40.

27 Letter of J.S. MacKenzie to Jinzo Naruse, January 26, 1914, in "The Formation of A Sister Association: The British Association Concordia," *Second Report of the Association Concordia of Japan*, p.168.

28 *First Report of The Association Concordia of Japan*, pp.126-127. 日本例会において異なる宗教理解のためになされた講演のうち、会報に以下の内容が記録されている。服部宇之吉「儒教の特質（第一回）」「儒教の特質（第二回）」（『帰一協会会報第二』）、本多日生「法華経より見たる仏教」（『帰一協会会報第三』）、姉崎正治「仏教とキリスト教との異同」（『帰一協会会報第四』）、廣池千九郎「天理教の教理及び実際に就きて」（同）、スティーヴンソン「霊智学に就きて」（同）、加藤玄智「神道に於ける神観の二方面」（『帰一協会会報』第五号）、海老名弾正「プロテスタント教の容義」（同）、釈宗演「拈華微笑」（同）。このうち、姉崎と服部の論考は翻訳され、英文の会報にも掲載された。Masaharu Anesaki, "The Fundamental Character of Buddhism and its Branches" and Unokichi Hattori, "Ju-ism and Confucianism", *Second Report of The Associadtion Concordia of Japan*, pp.17-30, pp.60-124.

29 一九一三（大正二）年九月一七日の例会において、アメリカユニテリアン協会から派遣されたサンダーランド（J.T.Sunderland）が、一九一五年に東京で開催予定の万国宗教大会への協力を帰一協会に要請した。その意図は現代の倫理的精神的問題の論究と相互理解、及び、宗教的一致にあった。これに対し、帰一協会側では慎重論もある中、同意したが、時局の関係で実現できなかった。（『帰一協会会報第三』、九頁。『帰一協会会報第四』［一九一四年七月］、一五二—一五九頁。『帰一協会会報』第五号［一九一四年一二月］、五四頁。）George M. Williams, *Liberal Religious Reformation in Japan* (New

Horizon Press, 1984), pp.22-23.

30　成瀬記念文庫に保存されたデューイの著作は、次の七冊である。それは、『学校と社会』(*The School and Society* [Chicago: University of Chicago Press, c1900])、『論理学説研究』(*Studies in Logical Theory* [Chicago: University of Chicago Press, 1903])、『倫理学』(*Ethics*, by J. Dewey and James H. Tufts [New York: Henry Holt, 1908])、『思考の方法』(*How We Think* [London: D.C. Heath, 1909])、『哲学におけるダーウィンの影響』(*The Influence of Darwin on Philosophy and Other Essays in Contemporary Thought* [New York: Henry Holt, 1910])、『ドイツ哲学と政治』(*German Philosophy and Politics* [New York: Henry Holt, 1915])、『創造的知性』(*Creative Intelligence: Essays in the Pragmatic Attitude*, by J. Dewey and others [New York: Henry Holt, c1917])である。成瀬の蔵書のすべてが保存されているわけではなく、『民主主義と教育』が紛失した疑いがある。成瀬・新渡戸・浮田主幹の英文雑誌『ライフ』第二号(*Life: A Review of Modern Thought, Life and Art*, No.2 [November-December 1910])には、デューイの『わたしの教育学的信条』("My Pedagogic Creed", 1897)の一部引用があることから、客観的には上記八点のデューイの著作が成瀬の思想形成と社会活動・教育活動に影響を与えたものと推察される。

31　「帰一協会に対する欧米諸家の感想」『帰一協会会報第三』、四一頁。*First Report of the Association Concordia of Japan*, p. 19.

32　『帰一協会会報』第七号(一九一六年三月)、三―四頁。

33　『帰一協会会報』第八号(一九一六年七月)、一六二―一六三頁。

34　成瀬仁蔵『世界統御の力』(一九一七年)『成瀬仁蔵著作集　第三巻』、四七〇頁。

35　同右、四七五―四七六頁。

36　同右、四八四頁。

37　John Dewey, *German Philosophy and Politics* (1915) in *The Middle Works*, Vol.5 (Carbondale and Edwardsville: Southern Illinois University Press, 1979), p.197.

38　*Ibid.*, pp. 203-204.

第6章　宗教的人間形成論

第1節　個人宗教としての信念生活

日本女子大学校は特定の宗教宗派によらない宗教的な学校として設立された。成瀬は女子高等教育の目的を、「女子を人として、婦人として、国民として、完全な人格を養ふと云ふ事にある」[1]と定義している。これはすでに『女子教育』において表されており、「人間」「婦人」「国民」の「此区別順序を過つたならば、片輕《(ママ)》の教育になりませう」[2]と成瀬が明言したように、「人間」としての人格形成を第一とした。宗教教育の視点からみて重要なことは、人としてあることの根本に「信念」を置いたことである。「信念」という概念は日本女子大学校設立の当初から明確な概念規定があったわけではなく、むしろ、開校して実際の教育が進み、また、成瀬の研究も進む中で徐々に形成した概念であったと思われる。信念に関するまとまった記述は、およそ帰一協会結成後に出てくる。

一九一七〔大正六〕年五月二八日の実践倫理で一、二年生を対象に、成瀬は信念と信仰が一つのものであり、人間は理想目的の実現に向けて動的に進歩することを説いている。

［動機涵養と自念生活　信念と信仰］

信仰と信念とは同一実体を内外より見たるに過ぎぬ。即ち両者は一つのものにして動的のものである。今までの宗教信仰は信条を信ずる事であった。其の信仰及び知識は固定したものと考へられ、信条及び真理は動かすべからざる完全無欠のものと思はれて居た。但し其れは事実と相違して居る。今日の世界に於ける信仰、或いは人間の知識、真理は動いて永久に止まざるものにして必ず進歩するものなる事が見出された。

其の動きは必ず向上進歩する仮定である。これ即ち信念信仰である。その動きを起す動力は必ず信仰を進歩さする内在的の力である。

信仰には必ず目的有り、理想有り。（目的と理想は凡ど同一物である。）

我等も亦動的にして止まる事は既に滅亡といふ事なり。而して目的に到達せんとし、理想を実現せんとす。[3]

信念確立の過程では、知識・感情・意志の三つが必要とされる。それは盲目的な信仰ではなく、科学・哲学上の問題、人生や宇宙等について思索し、自分の生をあげて絶対的な価値に至ろうとする積極的な信仰である。[4] しかし、成瀬の義弟にあたる服部他之助（一八六三―一九三六）の回想によれば、成瀬の信念には他力的要素が加わっている。

同君が『信念涵養』と云ふ事に就き此の夜話された事物の大略は左記の通りであつた。………以上私の言ふ信念は、如何にして発達するかを研究すると、之は人間の知識と情緒と意志の三つが円満なる発達を遂げる事に依り、心に自発する宗教的直感に基礎を有つて居る事が明瞭である。乃ち人間は何事を為さうと思つても自己の不完全さと、無力なる事を激感し、自力では如何ともする事が出来ぬ事を発見して、どうしても或る偉大な他力に依るより外に道が無いと云ふ事を感じ初める(単なる哲学研究を基とする思索には此実際的方面が欠如してゐる)之が乃ち或る学者等の称ふる「宗教的本能」と云ふ可きものであるが、私は信念は、其の根本に、宗教的性質を帯び、又信念の価値は、全く此の自力を捨てゝ、他力に依つて、人間たるもの〻存在の目的を達成せんとするにある事を確く信じて疑はぬ。[5]

成瀬は人間が何事かを為そうと思っても、自分の弱さ、不完全さ、無力さを感じ、自力を捨てて、他力によらなければ人間の存在目的を達成できないところに信念の価値があると説明している。成瀬が人間の力を超えたものに依り頼まなければ信念を確立することは難しいと説いたことは、人間の有限性の自覚をよく伝えている。信念涵養は日本女子大学校において既成宗教にとらわれない立場から展開された。成瀬は次のように説明している。

我が校に於ては信念の涵養の為と言って格段の儀式を設けてゐるわけではない、唯普通の生活諸種の会合及び音楽等によるもので一般的の人格養成の方法たるに過ぎないのである。けれども其の実質に於ては、総て常に究真の目的として、本源の生命に触れ絶対の信念を確立することを以て精神としてゐるから、神道信者も仏教信者も基督教信者も儒教其の他の倫理主義の信者も皆一緒になつて、共同の修養に努力すると同時に、又普通の宗教に見るが如き熱烈なる祈祷の精神にもなり、復活の状態をも示し、改悔もし、感謝にも充つることが少くないので、日常生活を純粋高潔なる宗教的空気の中に浸し、其の涵養に依つて、次第に信念を養ひ、人格を為すに至ることはその自由にして且つ倫理的なるだけ、或は却つて形式即ち特殊の教条と儀式とに依つて限られた既成宗教に勝る点がありはせぬかと思つてゐる。[6]

宗教組織・儀式・信条と区別される信念の捉え方について、成瀬は直接的な思想的資源を具体的にどこから得たのだろうか。成瀬はジェイムズの『宗教経験の諸相』からヒントを得たと判断され得る。この書はジェイムズが一九〇一（明治三四）年と一九〇二年にエディンバラ大学で行ったギフォード講演の稿本である。著者は成瀬記念文庫において、一九〇四年にロングマンズ・グリーン社から発行された版を成瀬が熟読していることを確認した。成瀬がこの書を手にしたのは、米国留学から帰国しておよそ一〇年後のことであり、日本女子大学校を開校して三年が経過していた。

ジェイムズは、第二講義の最初で、宗教を定義するのに一つの原則や本質を表すことはできないとし、「宗教」という言葉がむしろ集合名詞であることを示した。ジェイムズによれば、宗教の領域には「制度的宗教」と「個人宗教」がある。前者は礼拝・儀式・神学・教会組織等の外的なわざが宗教の要素となっている。これに対して、後者の中心は、人間の内的な性質に置かれている。成瀬の蔵書をみると、これらの内容を説明した頁の余白に、制度的宗教の institutional、個人宗教の personal という英語のメモ書きが認められ、成瀬が両者を区別する考えに着目したことがわかる。個人宗教の観点から宗教経験を重視したジェイムズは、宗教とは「個人が孤独の状態にあって、どんなものであれ、神と思う何者かと自分が交渉していることを悟る時にのみ生じる感情・行為・経験である」[7]と述べている。さらに、ジェイムズはエマソンやベサント等の宗教観を「病める魂」の宗教ではなく、「健全な心の宗教」として位置づけ、エマソンのいう、神の魂(divine soul)である宇宙に自らを委ねることも宗教経験であると認めている。そして、宗教とは人生に対する人間の全体的反応であり、この反応を得るためには、「存在の前景の背後に入り込み、人知の及ばぬ永遠の実在なる宇宙全体について、あの不思議な感覚にまで達しなければならない。」[8]と記されている。

成瀬は第三講義の「見えないものの実在」にも深い関心を寄せ、その冒頭から朱で下線を引いている。特に、人が信仰対象に結びつけられる「実在への情緒」について、その頁の余白にmagnetic feelingという原語を書き込み、人間に賦与された、磁気を感じる内的な能力に注目した。

一九一七(大正六)年の夏、軽井沢の三泉寮の夏期寮で行った講義の中で、成瀬はジェイムズの宗教経験について、次のように述べている。

吾々の周囲にも斯かる実例は屢々見る所であるが、ゼームスが斯かる経験を蒐めて如何なる結論に到達したかといふに、曰く、宗教の経験には種々なる形あれどその真髄は同一に帰するものである。たゞその境遇事情、発達の差異即ち様式の差異に基因する相違あり、と言つて居る。境遇、事情、四囲の関係より種々の形式となつて居ることは比較宗教に於ても理解し得ることであるが、殊に茲にゼームスが説いて居ることで最味ふべき点は「宗教の実在は同一物である。但しその表現に或は信条に相違の点のあるのはこれは知の発達の程度によるものであつて、其の例証の大多数は宗教的経験を持つて居るけれどもその意義を充分に解決することの出来ぬものが多い」と言つて居ることである。………然しながら宗教は生命であつて決して解決ではない。これは前にも述べた通り科学の分類又は範疇等はたゞ外部の殻であつて宗教はその内部にあるものである。故に所謂宗派宗別などゝいふものは唯その外部の形式に外ならぬものであつて人間が常に憧憬して止まぬものはこの内部宗教の帰一に在るのである。実に如何なる宗教もその真意に相違はなく、その信仰より出でたるものは決して形式に支配されるものではないのである。[9]

成瀬は個人宗教としての宗教経験は色々な形式となって表れるが、内部的に帰一するとしている。これは成瀬のジェイムズ理解である。成瀬が究極的に期待したことは、宗教の形式に支配されない信念を有する人々の帰一であった。ジェイムズから成瀬が吸収したものは、制度的宗教にとらわれない個人宗教のあり方であり、かつて内村や松村等の刺激を受けながら新潟時代から悶々としていたものに思想的解決を与えてくれるほどのものであったにちがいない。成瀬にとって、ジェイムズの宗教経験が宗教多元的なパースペクティブを内包していると知ったことは大きな発見だったことであろう。

第2節　全体と個の調和の思想

第1項　神智学への関心

成瀬の神智学への関心は、帰一運動を広めるために一九一二(大正元)年に渡米した際、ティングレー (Katherine Tingley, 1847-1929) [10]の設立したラジヤ・ヨガ学校 (Raja-Yoga School and College) を訪問したことによく表れている[11]。ハワイ経由でサンフランシスコに八月一九日に到着した成瀬は、その後、八月二六日にロサンゼルスに移動、翌日に午前九時の汽車で当学校の所在地であるサンディエゴのポイント・ロマに向かった[12]。学校名のラジヤ・ヨガという語の語義は、「大結合一」という意味で、「身体、精神、霊の凡ての官能の完全なる調和」を意味する[13]。学校参観は、滞在先のロサンゼルスで子どもの伝染病が流行していたことから、子どもに接近しないようにして参観するという形で見学している。帰国後、成瀬は、「漫遊みやげ」として、ポイント・ロマの様子を『家庭週報』に次のように、記している。

このポイントローマのカレーヂは他と又違つた一種の学風があると予ねて聞及んで居りましたので私はその教育の依り来る原動力、其の教育の霊に接して見たいと思ひましてそれを主に出掛けたのであります。校長チングリー氏は留守でありましたが其の代りを務めて居らるゝ方に会つて来意を告げますと、前からの通知もあつて余程待つて呉れられたそうでありました。……私は二日間教授の宅に泊めて貰ひましてそして校内の諸設備と其の雰囲気に接する事が出来ましたが、此所では特に精神教育に注意して、土地から云つてもかくの如く世間から離れた自由の空気の漲つた別天地に在ることであるから其の生活も実に理想の境であつて将来は此所に理想の学校町を成立せしむる計画であるらしい今も其の幾分は実現されつゝあるのでありま す。……こゝの人々はあまり多く発表するといふよりも寧ろ沈黙を守つて修養を積んで居る所などさながらにインドの秘密教の信者が行をするときも斯くの如き有様であらうと思はしめた、校内全体の空気が形式よりも最も霊の生活に重きを置いて居るのであります。……今日の文明の教育があまりにも形式的学問に傾き機械的説明注入的智識に流れて行き人間の精神、人格の教育を省みらるゝ事の少なくなつた事を感じて今日の其れ等と反対の内的生活よりして建設にかゝらなければならぬといふ事を主張して居るやうに感ぜしめられたのであります。[14]

このように、成瀬は当カレッジの特殊な学校の雰囲気を感じとり、霊的な教育をみてとった。宗教的雰囲気について、成瀬が目を通した神智学のテキスト *Theosophical Manuals* の第一〇巻には、「どこへ赴こうとも、どの人間もある質を伴った雰囲気を携えており、その雰囲気は自分が接するあらゆるものに影響を及ぼす。そして、それは自然のより細かい力や物体に働くことで、自らの運命や宿命を大いに決定づける。この雰囲気はその人が自らの思いによって周りに紡ぎ出しているものなのである。」[15]と記されている。

ポイント・ロマの教育が魂への配慮に向かった背景には、知性を脳の構成物質の機械的相互作用の結果とみなす近代科学に基づいて、試験を正当化する教育や、生存競争・適者生存によって利己主義の温床と化した近代教育制度に対する批判があった。神智学が求めた教育は、「独立独行の精神、あらゆる人々への愛、無我、相互扶助、そして何よりも自分で考え、推論することを教える」教育であり、「内的感覚、能力、潜在力を発達させること」、「子供一人一人を一人の個人として扱い、その子の特別な素質が完全で自然な発達をする為に、力が一番調和し、バランスを取って発達するように教育する」ことであった。[16]

ラジア・ヨガ学校と成瀬との関わりは彼のアメリカ留学時代にはみられないが、帰一運動の一～二年位前から始まっている。学内の英文雑誌『ライフ』及び『ライフ・アンド・ライト』には、ケネス・モーイス「ポイント・ロマー神智学のワールド・センター」「神智学のワールド・センターーポイント・ロマの秘密―」、「ドラマ」（『ハート・ドクトリンの神秘』からの抜粋）、「もし我々だけがお金をもっていたら」（ブラヴァッキー、『ロマランド』からの抜粋）の記事の他に、ラジア・ヨガ学校の子どもたちのフラワー・フェスティバルの写真や、「読者の声」としてポイント・ロマのアダムズ (Sara L. Adams) からの手紙が掲載されている[17]。このうち、アダムズからの成瀬宛書簡は以下の通りである。

親愛なる成瀬様

九月七日付のあなたの手紙を受け取りました。あなたが私のリクエストに興味をもって応えて下さり、感謝いたします。

もし将来もあなたが英語で婦人の新聞や雑誌を発刊するようなことがあれば、私にそれを送付するのを忘れないでください。私はいつもポイント・ロマに住んでいますし、ここが私のライフ・ワークの場です。

『ライフ・アンド・ライト』を一部受け取り、私はそれに大変興味をそそられました。特に、編集者の論説に私の関心は引きつけられています。それは私自身が深く迷いこんでいた、幾つかの点をはっきりと強調しており、私の心に役立つアイデアや考えを明確にし、確認させてくれました。

私自身、論説記事から多くの有益な提案を発見しました。また、雑誌全体に興味を持ちました。というのは、雑誌の中に様々な話題が含まれており、すべての記事が高尚な道徳的知的トーンで語られ、それらを読むことのできる人々にとって多くの点で有益であることを示しているからです。もちろん、私がすでに我々の最近の雑誌で確認したもので、よく知った幾つかの記事がありましたが、それらすべて、もう一回読み返してみる価値のある主題でした。

私は『ライフ・アンド・ライト』を読み通し、次のことが頭に浮かんできました。もしあなたの学校で英語を勉強している学生が、英語で私に手紙を書いて、それが届けられたら、私はどんなにか楽しい興味深いことだろうかと。もし学生が一行とかもっと多くの文を書いてくれれば、私個人はどの方にもお返事をいたします。

学生の方々は私の仲間であると感じています。つまり、彼女たちが英語で書いたものは私の役に立つだろうし、おそらく私も彼女たちのお役に立てることがあるでしょう。そして、そのことが英語の学習を少し豊かにすることになると感じています。

最近、私は日本語での学習を（独学で）やろうと真剣に考えたのですが、簡単な日本語学習の本をみつけることができませんでしたので、その考えをあきらめてしまいました。それ故、私はあなたのお仲間を日本語で支援はできませんが、英語でならお役に立てそうです。

敬具

サラ・L・アダムズ[18]

この書簡から、当該雑誌が日本女子大学校正課外の英語教材として英語力の向上だけでなく、学内外の人々にとって世界の思想の動向を把握したり、自己修養に実際に役立ったことがわかる。将来的な展望として日本女子大学校の学生に、異文化で生活する、他の道徳的宗教的信条の持ち主との間で、英語を向上させる目的をもって国際交流を行うことが提案されている点は注目される。なお、『ライフ・アンド・ライト』は日本女子大学校関係者以外にも献呈され、「読者の声」に広島女学院のゲーンズ（Narrie B. Gaines, 1860-1932）、神戸女学院のデフォレスト（Charlotte B. Deforest, 1879-1973）の手紙が紹介されている。
当時、日本ではtheosophyは霊智学として紹介され、ブラヴァッキーの『霊智学解説』のポイント・ロマ版が一九一〇（明治四三）年に博文館からスティーヴンソンと宇高兵作によって翻訳出版された。成瀬も所有するその本の巻末で、ティングレーの世界同胞及霊智学会は二つの目的を挙げている。

　本会は同胞主義を以て自然界の一事実とし、其の主要の目的は同胞主義を教へ、之を証明し、人生の活動力となすにあり。第二の目的は往古及近世の宗教、科学、哲学及び美術を研究し、天然の法則及人間の霊性力を考究するにあり[19]。

帰一協会では、一九一三（大正二）年一二月二〇日に海軍機関学校教師のスティーヴンソンが来賓として招かれ、「霊智学に就きて」と題して講演している。彼は霊智学の主要目的である世界同胞主義について、同胞関係が既に存在している自然界の事実に基づくものであると説明した。世界の人類はそもそも精神の奥底で結合しているので、身体的にも頼らざるを得ない。例えば、世界の人間を土に根をおろした樹とみなすと、人間の異なる種族はその枝で、そこから小枝や葉に分かれる。細分すると、その葉の合成部分を構成している原子があり、これが一個人の人間にあたる。若し一本の木の枝が他の枝と闘争して、各自の利益だけを計れば、その幹は、健全な状態でいることはできず、その生活も完全に営むことは不可能である。また、枝も同じような病的な状態で悲惨な闘争が続く間は、成長発達することができない。全体の幹は、不調和の影響を受けて悩む。こうした観点から、霊智学は人間が皆同胞であることを唱道し、世界のあらゆる宗教や哲学を研究して、それらに含まれている真理の根本が一つであることを示すよう求めた[20]。

この講演に対し、成瀬は「予が彼の地を視察したる時は、恰も流行病の蔓れる中ばなりしを以て、親しく接近することを得ざりしも、霊智学の教育主義は、真に賞讃に値するものなるを信ず。而して其の秘訣は今夕の講演の如く　各自の神性を発揮することに存すと信ず。云々。」[21]と述べている。

第2項　宇宙進化と人間の精神的進化

学内の実践倫理の授業で、成瀬が神智学について初めて語ったと思われるのは、一九一〇（明治四三）年六月下旬のことである。その時期の成瀬は過去九年間、科学、社会学、論理学、認識論、宗教学等を研究した一つの結論として、「宇宙の本体は果たして何であるか。総ての宗教の真髄は果たして何であるか、吾々が最も追求して居る、その真のエッセンスは果たして何であるか、それをレアライズしたいと思つたのであります。」[22]と述べ、宇宙への宗教的洞察を深めている。神智学を取り上げる前の導入的講義で、スピノザ（Baruch de Spinoza, 1632-1677）のパンセイズムやライプニッツ（Gottfried Wilhelm Leibnitz, 1646-1716）[23]のモナドロジーの学説を披露した。

『実践倫理筆記講話』をみると、二月二日に大学部全体を対象として「Monad」と題する講義を行っている。ライプニッツのモナドロジーを多元論的唯心論として紹介した成瀬は、モナドが人格の本体、霊的原子であり、「単一であって、同時に多数である。即ち、部分と云ふことは無数なものであって、その無数ということが一つと云ふ全体になって居るものが、本体であると云ふ意味です。」と述べ、ジェイムズの One is many. At the same time, many is one. に通じる考えであるとしている[24]。六月二二日には第二・三学年に対して、Monadology と題する講義がなされた。成瀬は次のように説明した。

Leibnitz は万有の原子を Monad と云ふものであると云ふことにした。此の Monadology が物質を精神化したのである。……必ず其の中に生命があり、又黙包的観念がある。或は潜在観念がある。故に宇宙には、命なきものは決して存在するものではない。

各 Monad が宇宙全体を反射する所の事実を云ふのである。各 Monad は之れを小宇宙と名付ける。夫れで Leibnitz は、The many in the one　多数が単一の中に籠って居る、と言って居る。そして此の各個人は過去、将来を持ち運んで進みつゝあるものであると。故に之れを Mirror と言ふ。Monad は宇内を反射する鏡、即ち Mirror である。其の鏡に映る、或は其の中に凡て全体を反射する。之れが即ち各 Monad の中にある処の Perception 知覚と言ふのである。

宇宙の中には一つの大きなる調和がある。之は我々が実際感ずる処の実在である。Leibnitz は個人と云ふことに非常に重きをおいた。之れが Spinoza と違ふ処で、Spinoza は Unity、全体と云ふ処から出発した。……凡ての Monad が調和統一されて居るのは神の定めであって、之は Monad の出来る前からちゃんときまって居ることであると云ふ。之を説き明かすに Leibnitz は、音楽を奏する一隊、之は大きいのは三〇〇人から組み立てる。喇叭を吹いたり、太鼓をたゝいたり、銘々別々に独立して自分の楽譜に由って自分の音を出して居るが、併し其の結果はちゃんと一つの音楽を奏することになるのである。我々 Monad は銘々区々の事をして居っても、全体の律は必ず調和すべきものである。[25]

第一と第二の引用文では、モナドが万有の原子として、生命ある精神的な個別の単子でありながら宇宙全体を反射する活きた鏡であることや、「一における多の表出」について論じている。第三の引用文では、モナドロジーはスピノザのいうような全体から出発する概念ではなく、個体存在から出発する概念であり、無数のモナドは宇宙に調和する精神として、それぞれ自らの楽器を奏で、予定調和的に宇宙を自己のうちに映しだすことを明らかにした。

さらに、認識論的考察では、ライプニッツがロック(John Locke, 1632-1704)の精神白紙説に対しては受動的な印象を否定し、潜在意識をもつ精神の自発的な表出を肯定する一方で、デカルト(René Decartes, 1596-1650)の内在観念説に対しては経験によって明晰な知覚に進むことを説いた点に触れている[26]。

この講義に続いて、成瀬は六月二九日に大学部全体のために人間の精神的生命の本質が何であるかについて説明するのに、神智学説を引用した。

其のSpiritual lifeのEssenceは何であるかと云ふと、之をAstral lightと言ふ。Astralと云ふ詞は天と云ふよーな、所謂人間以上の世界である。此のAstral lightの出来る元素はLeibnitzの言ふMonadである。

天はすっくりMonadの海である。此のMonadは精神界の凡ての活動に必要なる実体である。今日は心理学の研究に由って、千里も先にあるものを見ることが出来る。之を天眼、または霊眼と言ふ。此の霊眼に由って、今日我々が使ふる居る媒を使はずして全く隔たって居る霊と霊とが交通することが出来る。……夫れから、もー一つの仮説はLeibnitzから言っても、亦科学から言っても、此の宇宙は一つの霊体である[27]。

人間の内的生命を理解する鍵概念としてアストラル・ライトを仮説として用いた成瀬は、霊的モナドである人間の精神がアストラル・ライトによって互いに密接な関係を有し、宇宙全体も一つの霊体として成り立つことを示した。加えて、成瀬は次の二つの図を提示した。それらが *Theosophical Manuals* からの引用であることを指摘した高橋原は、図が「やや唐突な印象で、読者は奇異の感を抱くのではないだろうか。」[28]と述べている。

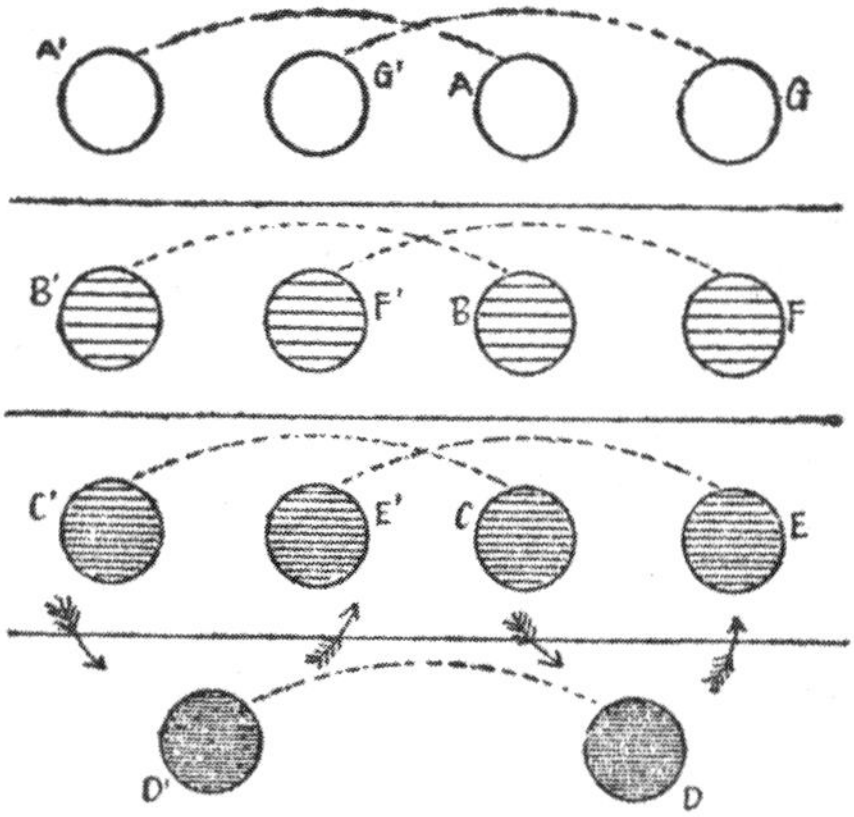

図6−1　*Theosophical Manuals*（1908）に基づく図

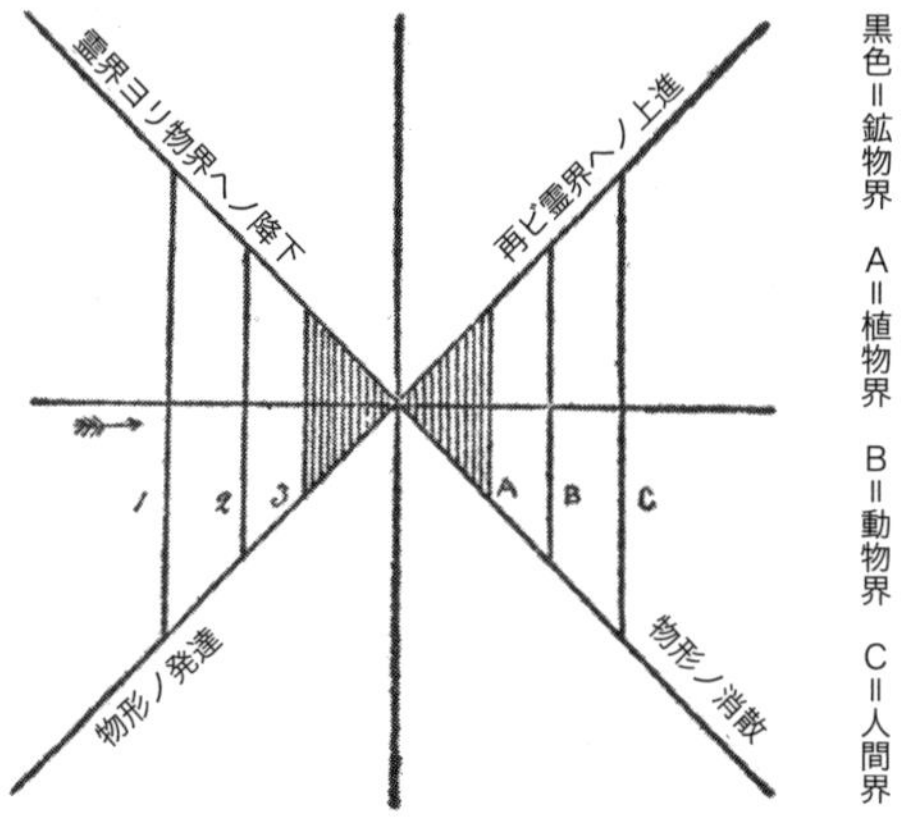

図6−2　*Theosophical Manuals*（1908）に基づく図

Theosophical Manuals の第一七巻の原文によれば、図6—1は「月の輪（Lunar Chain）［左］と地球の輪（Earth Chain）［右］」の対応関係を示すものであり、月からそれに対応する地球への「生の波動の伝達」を示している。現在の地球の生命状態は最も低い物質状態にあり、Aから一段ずつ下降してきたものであるが、再びGへと上昇し、七つの状態を巡る。'DとDは月から地球の類似した状態へのエネルギーの通過を点線で表わしており、地球が月よりも少し高みに昇り、進化を成就していくことを示している[29]。この内容は現代科学による説明とあまりにも違いすぎ、理解するのに困難が伴うと思われる[30]。

では一体、こうした宇宙進化を成瀬はどのように受けとめたのだろうか。成瀬は図6—1について次のように説明している。

今日迄の人間の頭で研究の出来る処の歴史、幾千万年、或いは幾百万年続いて居るのです。……之れが丁度七つある。之が進化の七階段を示したのであります。此の七つと云ふのは、哲学から研究した処の推理した処のものである。

黒いのは一番物質的になった状態を現したので、即ち我々の今の生活をさしたのである。一番濃くなった処の状態を云ったのである。併し之は何処から来たかと云ふと、最上の段階から来たので、之が此処迄来るには幾万年かゝったかも知れぬ。之れが又最上のものとなるには幾万年を要するかも知れぬ。そこで我々の今日の人格と云ふものは何千年かゝって来たかもわからぬ[31]。

この言葉から成瀬が全宇宙の進化のうち、限りなく進化する人格の有り様をみてとったことがわかる。さらに、この無限の循環的進化の状態を平易に示したものが図６―２であるとしている。

線で埋めた黒い処が鉱物界で最も物質的な処である。Ａは植物界、Ｂが動物界、Ｃが人間界で、霊界より物質界へ、物質界から霊界への循環を示したのである。人間が今日の状態をしてゐるのは、一旦低く降つた物質から、進化の法則に由つて、長い過程を経た後に、半ば精神的存在となつたものであつて、猶ほ進化を続けて、更に限りなく上階に上ぼりつゝあるのである。その各階に於ける無数の物体の間の精神的関係、又それ等と至上の精神的真体との関係を結ぶものは、即ちアストラル・ライトである。吾々はその精神の奥底に於て、万物総て同一のアストラル・ライトを呼吸してゐるのである。これに依つて、吾々の心と心、人格と人格とが直接に相交通してゐるのである[32]。

つまり、現在、人間は物質的な状態から長い過程を経て半ば精神的存在となっているところであるけれども、上階へと昇りつつあるものであり、無数の物体はアストラル・ライトにおいて結ばれることによって、他者との人格関係に入ると、成瀬は考えた。こうして神秘主義的に神智学を受け容れた成瀬は、一九一二(明治四五)年一月二八日に桜楓会正準会員を対象とした修養会において、次のように語ったのである。

私共思ふには、祈りは無線電信の振動をうけるのである。我々の頭はこのうける態度である。もー一つは、本当に感動して国家を思ひ、会を思ひ、友人を思ひ、真心を以て会するならば、矢張リ Astral light となって、友達に感化を伝へることが出来るのである。私は、そのことを真に賛成する者があるならば、桜楓会員で同情なく思ひ飢えたりするが、こゝに多くの兄弟があつて働いて居ると思ふならば、この振動を感じて淋しくはないのである。[33]

これによれば、祈りは無線電信の受発のようなものである。深く感動して、真に国家を思い、桜楓会を思い、友人を思って祈るならば、その精神の活動はアストラル・ライトとなって、他に感動を伝えることができる。

その後、一九一六(大正五)年末の講話で成瀬は、学園の中に「雰囲気の創造がなくてはならぬ」「東京全市の空を蔽ふところの雰囲気を作り出さなくてはならぬ。」として、「総ての精神から起る、その震動の調和、共鳴によって、合奏される音楽が、この大空に響きわたらなくてはならぬ。これがために忘れてならぬことは、吾々の人格と、宇宙の大霊と、即ち人と天と、我と神との間の震動、共鳴交響が、この『眼に見えぬ王国』―精神の雰囲気の音楽的基調であるといふことである。高いところから響いて来るその震動が、吾々の心の琴線に響き、精神の電線に伝はつて、そこから湧き出して来るところの生命[、]美、愛が中心であることを忘れてはならぬ。」[34]と述べ、学生が精神的律動の諧和を内容とする、アトモスフィアを理解することを助けるために、一枚の油絵を示した。それが図6―3である。

その絵は、神智学協会のベザントとリードビーター（Charles Webster Leadbeater）の *Thought-Forms* という書にある絵を、成瀬が雑司ヶ谷に住んでいた画家の柳敬助に頼んで模写してもらったものである。成瀬が所有した本は、一九〇五(明治三八)年の版で、初版は一九〇一年に発行されている。その本がおよそ四六判程度の大きさであるのに対して、柳の絵は縦が一一六・四センチ、横が八〇・七センチで、かなり迫力のあるサイズとなっている。柳

図６－３　柳敬助模写「精神的律動の諧和を表す絵」（日本女子大学成瀬記念館提供）

の絵の色使いや形は原画とほぼ同じものであるが、一箇所だけ、異なる箇所があり、オリジナルで描かれた教会堂に替えて、豊明図書館兼講堂・豊明館が描かれている。彼の妻であり、日本女子大学校の卒業生の柳八重は、次のように述べている。

或る朝、成瀬先生が模造紙をいっぱい抱えて宅のアトリエに来られました。そして今日の午後、実践倫理の時間に使うからこれを描けとおつしゃつて一冊の本を示されました。その本の一枚の挿画が非常に良いから、実践倫理に話したいというわけで、学生に見せるには小さいから、大きく描いて見せるという意味なのです。つまりある会堂があり、その中の大きな精神がずっと天に向かつて上がるということを表わしたものだということで、私共女性の恩人であり、絶えず勉強をしぬいてこられ、時代と共にどんどん進んでいらした先生の心に感動を与えた題材を描き写すという、たいへんありがたい機会を私共は与えられたのでありました[35]。

ベザントとリードビーターが友人に依頼して描いてもらったオリジナルの絵は、オルガンで奏でられた、ドイツロマン派のワーグナー（Richard Wagner, 1813-1883）の音楽（楽劇「ニュルンベルクのマイスタージンガー」第一幕への前奏曲）が人に作用した振動の形体であり、音楽家によって感化された人々の思いが、想念形体として、天上へと放射していくことを示すものとなっている。

同様に、成瀬は日本女子大学校で学び生活する学生が、それぞれの祈りにおいて、あるいは献身的行為によって振動作用しあって、その崇高なエネルギーが聖なる天上へと注ぎ込んでいくことを期待して、非常にインパクトのある教育方法で、精神の律動が精神的空気となって出現することを教えた。振動しあう宗教的な人間について、ベザントとリードビーターは次のように述べている。

この放射している振動が、その実体ではなく、思いの性質を伝えることを理解すべきである。もし、ヒンドゥー教徒がクリシュナに献身して、没頭して座っているなら、彼から注ぎ出す感情の波はその影響下に来るあらゆる人々の献身的な感情を刺激するが、イスラム教徒の場合、その献身はアラーに対してであり、ゾロアスター教徒の場合はアフラ・マズダ、キリスト教徒の場合はイエスに対してである。研ぎ澄まされて、ある崇高な対象について考えている人は、振動を自分自身から注ぎ出しており、この振動は他者に同様のレヴェルで思いをかき立てる傾向がある[36]。

成瀬はいかなる宗教や宗派に属しているかは関係なく、崇高な思いを有する人の宗教的な感化力は絶大なもので、人の心を振動させ、大きく揺さぶるとした、神智学の考えに共感した。この考えは、巌本の説いた教師のキリスト教的感化という概念を超えて、成瀬が模索してきた宗教教育の方法論を基礎づける思想として作用し、日本女子大学校における瞑想、人格の感化、校風の感化に適用された。

第3節　多様性の調和の原理としての「帰一」

成瀬は晩年、エマソン[37]に傾倒し研究を重ねた。それは成瀬が「帰一」に基づく宗教的人間形成論を確立するのに必要な作業であった。『実践倫理講話筆記』では一九一五(大正四)年度にエマソンに関する内容が集中し、各講話で中心的に触れられた作品は『エッセー集』に収録された作品である。

実践倫理講話には One Mind や Over-Soul 等の原語も登場し、英語のオリジナル文献にも目を通している様子がうかがえる。成瀬の蔵書を調査したところ、戸川秋骨訳『エマーソン論文集　上・下巻』(玄黄社、一九一四年)を原典と照らし合わせて読んだ跡が発見された。訳本の段落ごとに番号が附されており、本の余白には原文の英語が黒や赤のインクで書き込まれている。また、本に小さいメモ用紙を貼り付けたり、ペン・鉛筆で力強く線を引いている。成瀬が一九〇〇年代に出版された本を中心に読んでいることから、エマソンの思想をアメリカ留学で学んだというには無理がある。成瀬はジェイムズの宗教論を経由してプラグマティズムからトランセンデンタリズムへと、いわばアメリカ思想の流れに逆行して思想形成の舵をとり、最終的にタゴール(Rabindranath Tagore, 1861-1941)の東洋思想に通じる宗教論を確立したと思われる。以下において、成瀬のエマソン論を媒介としながら、「帰一」の概念を分析し、成瀬の目指した宗教的人間形成に迫ってみたい。

まず、成瀬は四月二八日の講話でエマソンの思想的意義を次のように述べている。

エマーソンハ精神界ノ解放論者デアッタ。個人ト云フモノハ神聖ナモノデアル。旧思想ハアダム、イヴガ罪ヲ犯シテカラ人間ハ救ハル、コトガ出来ズ、絶対信頼ヲ強ヒラレテ居ッタケレドモ、エマーソンガ出テ、人間ハ神聖ナモノデ非常ニ立派ナル力ヲ持ッテ居ル。故ニ精神的独立ヲナスニ非ザレバ解放セラル、コトハ出来ヌト云ヒマシタ。ソコデ、エマーソンハ人間ハ善悪ノ感情ヲ持ッテ生レタモノデアルト云ヒマシタ。ツマリ良心ノ権威ヲ認メヌ者デ、之レハ時代思想ニ反抗シタノデアリマス。又、人生ハ善イモノデアル。アナタノ心モ身体モ総テ善イモノニ搆ヘテアル。故ニアナタハ総テ自分ニ従ヒナサイ。自分ヲ信仰ナサイ。自分ニオタヨリナサイ。ソンナニ恐レルトカ心配スル必要ハナイデハナイカト云ッテ居リマス。[38]

この記述はカルヴィニズムの原罪説を退けて、人間の神聖な善性を説き、「自恃論」で自らを自己信頼するようにと促したエマソンの立場をよく表している。

五月一〇日の講話では、人格の本質は霊的なもので、宇宙の本質と同一であると述べ、信念を養うのにはまず自分を信じることが先決であるとしている。自己信頼ができたら、次に自分の人格の深さを増すために人(親、友、社会、国家)を信じ、さらに、自分の人格の高さを増すために天・神を信じて宇宙と合一し、自己の本質が宇宙の本質に無限に高まって進むことを奨励している[39]。

「歴史論」の冒頭部分について、エマソンは「あらゆる個人を通して一貫せる一個の心(one mind-著者挿入)あり。各個人はみな此の心とその全局に到るの溝渠たるなり。………何となれば此の普遍共通の心は唯一最高の権能を有するものなれば也。歴史は此の心の働きの記録なり。」[40](戸川訳)[傍点は原文通り]と記している。これに続く内容として、成瀬は次のように説明している。

(歴史論三頁四行ヨリ四頁二行マデ)宇宙ノ Mind ガ歴史ヲ書イタト云フコト、意味ハ同ジデアル。今迄ノ歴史ハ此ノ Mind ガ書イタノデ、神ノ Mind ト人ノ Mind ト同一ノモノデアル。今迄ノ歴史ハ此ノ心ガ書イタ故、此ノ心ガ読ムコトガ出来ルノデアル。宇宙ノマ、ヲ此ノ心ガカケタ故ニ解クコトガ出来ルノデアル。之レヲ説明スルニ宇内ノ生命ヲ生活シテ居ルノデアル。………最後ニ、私ハ此ノ歴史論ヲ如何ニ我々ガ日常生活ニ応用シ得ルカデアル。………ツマリ此ノ如キ歴史論ヲ生活ニスルト云フノハ、一言デ云フト過去ヲ考ヘ、即チ古キヲ尋ネテ将来ニ生活スルコトデアル[41]。(六月二日)

成瀬は過去・現在・未来の歴史が人間の精神と同じ宇宙精神の展開したものであると解釈し、人間が自らに内在する精神で歴史を読み、現在を未来にむけて生活すべきことを説いた。エマソンが歴史を個人の生活の側に引き寄せたように、成瀬にとっても歴史の主題はあくまでも生活であった。成瀬は学生に向かって人間の生が動的で、生成されるものであり、変化であることを力説している。

人間ハLifeデアル。生命デアル。生命ハ静的デナクシテ動的デアル。固定シタ出来上ッタ一個ノモノデナクシテ過程デアル。流動デアル。Becomingデアル。其ノ過程ハ変化デアル。而シテ其ノ変化ニ秩序ガアリ連続ガアルト云フ。カヽル研究ガ歴史ヨリ説明サレタノデアル。近代デ哲学的ニ、象徴的ニ、文学的ニ説明シタ生命ノ内デ、科学的ニ説明シタノハダーウィンデアルガ、他方精神的ニ斯クノ如キ真理ヲ人間ニ知ラシメタノハエマーソンデアルト云ウテ違ヒハナイト信ズル[42]。（五月五日）

「友情論」について、エマソンは友人を自然のパラドックスとして捉え、「余の内にある神性と彼等友人の内にある神性とは、個人相互の人格、関係、年齢、男女の性、事情等素より神の眼中になき此れ等の厚き墻壁を無視しこれを撤去し友と余とを駆りて一となせるなり。」[43]（戸川訳）〔原文の圏点を傍点にした〕と述べている。つまり、共に共通に内在する神性なる精神を有する二つの人格は、性格・関係・年齢・性別・境遇を超え、一つになることができる。しかし、五月二六日の講話で成瀬はエマソンの友情論がいわば理想化した状態であることを指摘し、我々の友人関係は理想のようにはいかないという。そこで、友情関係にはお互いが仮面を脱いで心と心が相会うことが必要である。個人と神との親和の程度が進むと、お互いが融合し、友情も向上する。友情の最も濃い現れは夫婦である[44]。

こうして、成瀬の講話は「自恃論」「歴史論」「友情論」から、紳士論・品行論として展開された「作法論」を通って「大霊論」へと進んでいく。エマソンの自己信頼の根源には常に永遠なる普遍者が存在し、それをエマソンは大霊と呼んだ。一〇月二〇日の講話で、成瀬は「我レハ人霊ノ児ドモデアル」といい、自分の内なる神の声に聞くところに自己尊重があると講義した。そして、無限の永遠なる普遍的な神信仰のあり方を示し、自分の真我と大霊が一つになることを説いたのである。自我と大霊との合一を理解するのにあたっては、身体を霊魂の研究機関として捉え、自然の概念を用いて、次のように説明した。

自分ノ身体ハ小宇宙或ハ小世界デアルト云ハレマス。宇宙ハ大自然デアリ、我々ハ小自然デアルケレ共、夫レハ程度ノ差デアッテ実質ハ同種類ノモノデアル。………之レハ丁度私共ノ小自然ノ中ニ私共ノ小自我ガ内ヲナシテ居ルノデアリマス。夫レト同ジ様ニ大自然ノ内側ハ即チ大霊デアリマス。故ニ宇宙ノ大霊ト我々ノ小霊トハ同一ノ物デアルカラ、相交通スルコトガ出来、相感ジ合フコトガ出来ルノデアルト云フコトハ、今日ノ知識ヲ以ッテ信ズルコトガ出来ルノデアル[45]。

これによれば、人間の身体は小自然であり、宇宙は大自然である。それらの内側には前者に小自我、後者に大霊が宿っており、それらは同一のものであるから、相交通することができる。小自然と大自然を用いた比喩は部分と全体、多と一を表しており、エマソンの一元論的発想に基づくものである。これに関連する部分について、エマソンは「大霊論」で次のように述べている。

この大自然はかの統一若くは大霊にして、その内に人々個々の存在は包有せられ、個々の人は甲乙共に合一するなり、そは又共通の心情にして、其内にありて為す処の誠実なる対話は、即ち礼拝となり、正当なる行為は、服従となる、………吾人は連続の内に、区画の内に、部分、分子の内に生活す、然るに人間の内部には全局を蔽ふ心霊あり、賢明なる緘黙あり、宇宙的の美ありて、これに対し各部分、并に分子は平等の関係を有す、これ即ち永劫不滅の一なるものなり[46]。（戸川訳）［原文の圏点を傍点にした］

一二月二二日の実践倫理講話には、「自我帰一」という言葉が登場している。「自我帰一」の横にSelf-identityという英語が添えられており、それによって成瀬は、日常生活の変化の中で「我」という変わらぬ同一の本質を各人が持つことを示した。さらに、成瀬は「調和帰一ノ価値」という言葉を用いて、各部と各部との間に帰一する点があることを自覚するよう促し、多様性の調和を説いたのである。成瀬はいう。

我々人間ノ間ニハ種々ナル人格ガアリ、様々ナル気質ガアル。然モ其ノ間ニ一ツノ帰一スル点ガアル。Over soul ノ特徴ハ此ノ普遍的調和デアリマス。サウシテ人間ハ相助ケ、相一致シテ、共ニ喜ブ事ガ出来ルノデアリマス[47]。

部分を構成する多様な人間が大霊において宗教的人間へと引き上げられることによって、多が一に調和帰一するのである。そこでは自分が宇宙という全体の一部であり、他と共通する一致点があるという自覚がある。この自覚が多様な人々を共に協力して相一致して働くことへと向かわせるのである。

渡辺英一によれば、「帰一」とは英語のConcordiaに相当し、固定した一つの信念・信条によって諸宗教・諸思想を統一するのではなく、各特色を異にする多数の調和を意味する[48]。この点について、当時、成瀬は帰一協会が実現しようとしていたConcordiaを交響楽に譬え、次のように述べている。

私は宗教を一つに融合することを意図しているのではない。実際、様々な特色を持った多様性や表現の多様な形態が唯一、宗教的な全体に豊かさを醸し出す。つまり、それぞれが全体の特別な部分を表すということである。それ故、あらゆる宗教を一つの形態、一つの教義に統一するのではなく、あらゆる特有な歴史、それぞれの個性、あらゆる宗教を大きな調和ある全体へともたらしたいのである。そこでは各々がふさわしい持ち場で世界の聖なる理想の大シンフォニーを奏でることができる。これこそ帰一協会が演奏しようと努力している「音楽」である。[49]

成瀬は「帰一」を融合の原理ではなく、多様性の調和の原理として把握している。この原理を支える根拠を成瀬はエマソンの思想から引き出し、成瀬独自の帰一的宗教観を樹立したのである。しかし、厳しい国家主義時代を経て、彼の帰一的宗教観をいかに教育に反映させていくかについては、宗教と教育との関係をふまえることが不可欠であった。

注

1　成瀬仁蔵『進歩と教育』(一九一一年)『成瀬仁蔵著作集　第二巻』(日本女子大学、一九七六年)、七三頁。
2　成瀬仁蔵「女子教育振起策」(一八九七年)『成瀬仁蔵著作集　第一巻』(日本女子大学、一九七四年)、一八三頁。
3　『日本女子大学校長成瀬仁蔵先生述　実践倫理講話筆記　大正五・六年度ノ部』(日本女子大学成瀬記念館、二〇〇二年)、六四頁。

4 成瀬仁蔵『新婦人訓』（一九一六年）『成瀬仁蔵著作集　第三巻』（日本女子大学、一九八一年）、二八〇―二八八頁。
5 『成瀬先生追懐録』（桜楓会出版部、一九二八年）、五四―五五頁。
6 成瀬仁蔵「教育と信念涵養―児童及び青年に於ける信念の発生及涵養方法―」『帰一協会会報』第六号（一九一五年一一月）、二三〇―二三一頁。
7 William James, *The Varieties of Religious Experience: A Study in Human Nature* (1901-1902) (London, New York and Toronto: Longmans, Green and Co., 1952), pp.31-32.
8 *Ibid*., p.35.
9 成瀬仁蔵『軽井沢山上の生活』（一九二三年七月）『成瀬仁蔵著作集　第三巻』、五〇七頁。
10 神智学協会は一八七五（明治八）年にニューヨークに設立されたが、協会内部がベザントの陣営とジャッジ（William Quan Judge, 1851-1896）の陣営の二つに分かれた。前者のベザントは、一八八二年に本拠地をインド南部のマドラス郊外のアディヤールに置き、英国人のリードビーターと共に、神智学協会を指導した。一方、後者の流れを汲んだのが、ティングレーである。彼女は本部を南カリフォルニアのポイント・ロマに置き、一八九七年に万国同胞組合を創立、翌年には世界同胞及霊智学会に改称し、独自の教育を行った。
11 成瀬以前に当学校を訪問した日本人は、中島力造（東京帝国大学倫理学教授）である。彼は世界教育制度視察の一環として一九一〇（明治四三）年にそこを訪れ、規律を高く評価した。（Emmett A. Greenwalt, *The Point Loma Community in California, 1897-1942: Theosophical Experiment* [Berkeley and Los Angeles: University of California Press, 1955], p.88.）
12 『家庭週報』第一九八号（一九一二年一〇月四日）、二頁。第一九九号（一九一二年一〇月一八日）、一頁。
13 スティーヴン「霊智学に就きて」『帰一協会会報第四』（一九一四年七月）、一一六頁。
14 『家庭週報』第二一六号（一九一三年三月二八日）、三頁。
15 *Theosophical Manuals*, Vol. X (Point Loma, California: The Aryan Theosophical Press, 1907), p.9.
16 H・P・ブラヴァツキー、田中恵美子訳『神智学の鍵』（神智学協会ニッポンロッジ、一九八七年）、二四六―二四七頁、二五〇頁。
17 Kenneth Mowis, "Point Loma—The World-Center of Theosophy," Jinzo Naruse, Inazo Nitobe and Kazutami Ukita (eds.), *Life: A Review of Modern Thought, Life and Art*, Vol.1, No.2 (November-December 1910), pp.12-17. "The Drama—Extracts from *Mysteries of the Heart Doctrine*," *Life*, Vol.1, No.2, pp.62-64. Kenneth Mowis, "The World-Center of Theosophy: The Secret of Point Loma," Jinzo

Naruse, Inazo Nitobe and Kazutami Ukita (eds.) , *Life and Light : A Survey of Modern Thought, Life and Art*, Vol.1, No.3 (January-February 1911) , pp.21-24. "The Voice of Readers," *Life and Light*, Vol.1, No.3, pp.76-77. Photograph of A Flower Festival—Children of Raja Yoga Academy, and Helena Petrovna Blavatsky, "If we only had money" (Extracted from "Lomaland") , *Life and Light: A Survey of Modern Thought, Life and Art*, Vol.1, No.5 (May-June, 1911) , p.58.

18 "The Voice of Readers," *Life and Light*, Vol.1, No.3, p.77.

19 エッチ・ピー・ブラヴツキー、イー・エス・ステブンスン、宇高兵作訳『霊智学解説』(博文館、一九一〇年)、巻末。

20 スティーヴン「霊智学に就きて」『帰一協会会報第四』、一一〇―一一三頁。

21 「スティーヴン氏の講演に就きて」『帰一協会会報第四』、一二一頁。

22 仁科節編『成瀬先生伝』(桜楓会出版部、一九二八年)、三三五頁。

23 成瀬の所有したライプニッツの図書は、英文訳書『形而上学叙説、アルノーとの書簡、モナドロジー』(Gottfried Wilhelm Leibniz, *Discourse on metaphysics, Correspondence with Arnauld, and The Monadology*, trans. George R. Montgomery [Chicago: The Open Court Publishing Company, 1908]) である。成瀬は最終章の Monadology を入念に読んでいる。

24 『日本女子大学校長成瀬仁蔵先生述　実践倫理講話筆記　明治四十二年度ノ部』(日本女子大学成瀬記念館、二〇一二年)、一五九頁。

25 『日本女子大学校長成瀬仁蔵先生述　実践倫理講話筆記　明治四十三年度ノ部』(日本女子大学成瀬記念館、二〇一五年)、四七―四九頁。

26 同右、四九頁。

27 同右、五七頁。

28 高橋原「初期宗教心理学と成瀬仁蔵」『日本女子大学総合研究所紀要』第六号(二〇〇三年)、二二頁。

29 *Theosophical Manuals*, Vol.XVII (Point Loma, California:The Aryan Theosophical Press, 1908) , p.34.

30 神智学から思想的影響を受けた同時代人のシュタイナー(Rudolf Steiner, 1861-1925) の解釈によれば、宇宙は転生して進化する。その進化は「土星紀、太陽紀、月紀、地球紀、木星紀、金星紀、ウルカヌス星紀」の七つの年代紀を辿り、現在、地球紀である。それぞれの惑星の状態は、七つの生命状態(周期)に分かれ、「第一元素界、第二元素界、第三元素界、鉱物界、植物界、動物界、人間界」と発展するが、現在、地球紀の鉱物界に位置する。そして、各生命状態において「無形状態、有形状態、アストラル状態、物質状態、彫塑状態、知的状態、元型状態」の順に七つの形態状態(球紀)が現れ、現在は地球紀・鉱物界の物質状態である。この物質状態の中には、「ポラール時代、ヒュペルボレアス時代、レムリア時代、アトランティス時代、ポスト・アトランティス時代、第六根源時代、第七根源時代」の七つの時代があり、現在はポスト・アトランティス時代まで進化してきた。かつて太陽と月と地球は一つであったが、ヒュペルボレアス時代に太陽が地球から分離し、レムリア時代に月が地球から分離し、月が分離した後に、人間が男女に分かれ、輪廻が始まった。この説明に従うと、図6—2は地球紀の生命状態の描写である。（R・シュタイナー、西川隆範編訳、渋沢比呂呼撰述『ベーシック・シュタイナー—人智学エッセンス—』［イザラ書房、二〇〇七年］、二〇〇—二〇二頁。）

31 『日本女子大学校長成瀬仁蔵先生述　実践倫理講話筆記　明治四十三年度ノ部』、五七—五八頁。

32 仁科編前掲書、三三四頁。

33 『日本女子大学校長成瀬仁蔵先生述　実践倫理講話筆記　明治四十四年度ノ部』（日本女子大学成瀬記念館、二〇一七年）、一二五頁。

34 仁科編前掲書、四二一—四二二頁。

35 柳八重「ありのままのこと」『桜楓新報』第一八五号（一九六七年一月一日）、三頁。

36 Annie Besant and C. W. Leadbeater, *Thought-Forms* (London and Benares: The Theosophical Publishing Society, 1905), p.24：田中恵子訳『思いは生きている—想念形体—』（竜王文庫、一九九九年）、二四頁参照。

37 成瀬記念文庫に保存されているエマソン欧文献は、『初期詩集』（*The Early Poems of Ralph Waldo Emerson, with an Introduction by Nathan Haskell Dole* [New York: T. Y.Crowell & Co., c1899]）、『雑集』（Miscellanies with an introduction by John Morley in *The Works of Ralph Waldo Emerson*, Vol. I [London: Macmillan, 1905]）、『エッセー集』（Essays in *The Works of Ralph Waldo Emerson*, Vol. II [London: Macmillan and Co., 1903]）、『処世論』（*The Conduct of Life* [New York: Thomas Y. Crowell & Co., c1903]）、『処世論、社交と孤独』(The Conduct of Life and Society and Solitude in *The Works of Ralph Waldo Emerson*, Vol.V [London: Macmillan, 1905]）、『代表的偉人論』（*Representative Men* [London: George Bell & Sons, 1905]）、『英国人の特性、代表的偉人論』（*English Traits, Representative Men etc.: Essays and Belles Letters* [reprinted, London: J.M.Dent, 1910]）、『エマソン日記 第一巻』（*Journal of Ralph Waldo Emerson, 1820-1872*, Vol. I [London:Constable & Co., 1909]）、『エマソン日記　第二巻』（*Journal of Ralph Waldo Emerson, 1820-1872*, Vol. II [London:Constable & Co., 1910]）、『自然論』（*Essays on Nature* [Edinburgh: The Foulis Press, 1910], [London:J.N.Foulis, 1910]）である。このうち、『自然論』を除く九冊が成瀬の所有した蔵書と判定される。翻訳書は戸川秋骨訳（戸川明三著）『エマーソン論文集　上・下巻』（玄黄社、一九一四年）と片上伸訳『自然論』（南北社、一九一五年）の三冊である。

38 『日本女子大学校長成瀬仁蔵先生述　実践倫理講話筆記　大正四年度ノ部』(日本女子大学成瀬記念館、二〇〇一年)、一一三頁。
39 同右、一六一一七頁。
40 エマーソン、戸川秋骨訳(戸川明三著)『エマーソン論文集　上巻』(玄黄社、一九一四年)、一一二頁。
41 『日本女子大学校長成瀬仁蔵先生述　実践倫理講話筆記　大正四年度ノ部』、二七一二八頁。
42 同右、一四頁。
43 エマーソン、戸川訳前掲書、三二四一三二五頁。
44 『日本女子大学校長成瀬仁蔵先生述　実践倫理講話筆記　大正四年度ノ部』、二三一二四頁。
45 同右、五一頁。
46 エマーソン、戸川訳前掲書、四四九一四五〇頁。
47 『日本女子大学校長成瀬仁蔵先生述　実践倫理講話筆記　大正四年度ノ部』、七三頁。
48 渡辺英一「『帰一の眞意』(一)」『桜楓新報』第三四号(一九五四年五月一日)、三頁。
49 Jinzo Naruse, "The Concordia of Races," in *Right Thinking and Right Doing* (1916)、『成瀬仁蔵著作集　第三巻』、一〇七六頁。

第7章　日本の宗教教育論議

第1節　宗教と教育との関係

帰一協会が設立された一九一二(明治四五)年は、国内では一八九九(明治三二)年発布の文部省訓令第一二号による宗教教育禁止から、一九三五(昭和一〇)年の文部次官通牒「宗教的情操ノ涵養」への移行期にあたり、宗教と教育の厳格な分離による宗教教育の排除から、宗教と教育の協同による宗教的情操教育導入へと変貌を遂げる、ほぼ中間に位置する。翌年、宗教局が内務省から文部省に移管された影響もあり、宗教と教育との関係についての議論が活発になされている。

一九一三(大正二)年に真宗大谷大学尋源会から『宗教と教育に関する学説及実際』という本が出版された[1]。二五名の寄稿者のうち、教育学者の吉田熊次(一八七四―一九六四)や谷本富(一八六七―一九四六)、教育行政関係者の岡田良平(一八六四―一九三四)等の名前がある他、帰一協会会員九名が寄稿している。その九名とは、成瀬仁蔵、浮田和民、新渡戸稲造、松村介石、京都帝国大学総長の澤柳政太郎（一八六五―一九二七）、早稲田大学学長の高田早苗（一八六〇―一九三八）、第二高等学校校長の三好愛吉（一八七一―一九一九）、在野の教育者である遠藤隆吉（一八七四―一九四六）、浄土真宗大谷派の村上専精（一八五一―一九二九）である。明治末期から大正期にかけて宗教と教育の協同の時代に入る時期の貴重文献なので、本書の内容を吟味したい。まず、帰一協会会員以外の教育関係者の意見を考察してみよう。

吉田は「宗教と教育との関係」において、実際的現世的な教育と超越的来世的な宗教とでは根本的な相違があり、宗教を利用して教育に干渉する風潮には賛成しないとして、宗教と教育の分離を示した。しかしながら、「例へば御真影の礼拝は明に一種の宗教的情操を養つて居る。」として、「既成宗教以外の形に於て一種の宗教的情操は養はれつゝあるのである。」と述べ[2]、教育勅語を基準とする国民道徳を通しての宗教的情操教育を暗示した。

これに対して、岡田は「国家教育と宗教」と題する論考の中で、「宗教は人を作るを目的とし教育は国民を作るをその主要眼目とする」と明言し、両者の絶対的分離を支持した。岡田の三教会同に対する評価は低く、「先年行はれたる三教会同は宗教の為何等貢献する処なかりしと共に却て宗教家の元気を失墜せしめた点に於て弊害を伴つたと思ふのである。」とまで非難している[3]。

浄土真宗本願寺派の教育学者である谷本は論考「宗教々育論の経過」を通して、三教会同を「官僚崇拝と妥協政治」と非難した。彼は帰一協会や通仏教[4]といった宗派を超える宗教のあり方を疑問視し、「コンゴルデイアを急ぐ者は早く亡ぶべしと想はるゝなり。所謂通仏教の如きも亦畢竟一種の妥協なり、コンコルデイアなり、自分は取らず。」［傍点は原文通り］と、自らの立場を表明している[5]。

他方、帰一協会会員は以下のタイトルで各自の見解を明らかにした。

澤柳政太郎　「宗教と教育との関係」
高田早苗　「人格の基礎としての宗教と教育及一般特殊宗教学校」
村上専精　「仏教家の教育」
三好愛吉　「教育と宗教との関係について」
遠藤隆吉　「各宗伝道の利害」
浮田和民　「宗教と教育」
松村介石　「宗教の本質と小学教育」
新渡戸稲造　「普通教育と宗教」
成瀬仁蔵　「宗教と教育の関係」

これらの論考を整理すると、宗派教育を支持するものと非宗派的宗教教育を支持するものとに分かれる。宗派教育の意義は澤柳と高田等の見解にみることができる。澤柳は教育も宗教も同じ方向に向かうことから、宗教局が文部省に移管されたことをよきこととして評価している。また、青年が宗教を要求するところに意味があり、社会教育における宗教家の役割を暗示した。[6] 加えて、高田は「宗教的信念は有害であるか、不必要であるかという問題に逢着すれば自分は否然らずと答ふる外を知らない。」として、宗教的信念の必要性を認め、宗教学校が担う役割を強調した。その際、宗教学校が教理や宗旨の伝道によって人物を養成することの意義を認め、古い教義に新しい解釈を加えた、時代にふさわしい宗教による伝道が望ましいとした。[7]

一方、非宗派的宗教教育を説いたのは、三好、遠藤、浮田、成瀬等である。まず三好は、宗教と教育において人格と人格の感応・感化が両者に共通であることから、教師の人格的感化を強調した[8]。

次に、遠藤は伝道には通仏教によるものと属する仏教宗派によるものとの二通りがあり、通仏教が宗教の意味から遊離し、その熱心さも伝道の効果も薄れるにもかかわらず、精神修養の方面には大きな価値があると説いている[9]。

さらに、浮田は、「宇宙の無限と人生の不可思議とを自覚するのは凡べての宗教の根源である。」として、精神教育の要に宇宙の無限と人生の不可思議を意識することを置いた。浮田の理解によれば、すべての宗教は汎神教と一神教に帰着し、「二者相合して始めて完全なる人格の発展を期することが出来る。」なぜなら、汎神教では万有の不可思議に人格を没入させ却って人格の発展を阻害することがあるのに対し、一神教では人格の発展が宇宙の進化を伴わず、万有と同化しない結果を生ずる恐れがあるからである[10]。

加えて、成瀬は宗教と教育とが相援けることを主張した。成瀬によれば、宗教と教育との関係に関する限り、これまで両者は互いに孤立し、衝突した状態にあった。このような状態に陥った主たる原因は、宗教と教育の各々が、持ち合わせている性質に求められる。つまり、宗教は堅固な信仰を根底とし、特殊な教条戒律儀礼等を有するために、常識道徳に準拠し、時勢と共に進歩する教育とは相対立する。また主として、常識や世俗（通俗）に従う教育は実利主義に囚われやすいので、超凡脱俗・至上善を極めようとする宗教家の要求に背くことになる[11]。

ところが、両者の異なる傾向にもかかわらず、宗教と教育とは四つの一致点を有している。それは第一に、両者が共に心の奥から出てくる根本要求の上に成立していること、第二に、社会や人生における感化・救済・改善に貢献すること、第三に、精神的人格的事業であること、第四に、献身的犠牲的な誠意をもって尽力する点である。このように宗教と教育に一致点が認められる限り、今後、宗教と教育とはお互いに相容れて、社会に作動していくべきである。しかし、その際、宗教と教育とは全く同一のものではないから、互いにその守るべき所を守って協同していくことが大切である[12]。

さらに、成瀬は公教育の流れに歩調を合わせ、学校においては宗教と分離の原則に従うことを主張した。

が、宗教と教育を分離したと云ふことは、寧ろ宗派的宗教と教育を分離したと云ふに過ぎないのである。本当の宗教的生命、即ち根本的の意味に於ける宗教と云ふものは、やはり教育の淵源をなすものである。精神的教育の根源は宗教にあるのであるから、宗教の意味を全く教育から分離してしまつたならば、恰も根の無い木の如きものになる。或は動力の無い機械のやうなものになつて、真の教育の目的を達することは出来ない訳であるから、宗教は教育から段々離れて来、又宗教の力は衰へてきたやうではあるけれども、宗教の根柢と云ふものは決して崩されては居らない[13]。

成瀬が「宗教と教育の分離」を用いて意図したことは、学校における特定の宗教宗派による宗教教育の排除であり、全くの世俗教育を意味しない。松村介石の回想によると、成瀬は「文部省に向うて、天地主宰の神を各小学校に教ふべきを建言した提案者」[14]であり、公教育における宗教教育の重要性を説いていたことは注目に値する。

第2節 「教育と宗教的信念との関係」をめぐって

帰一協会では一九一四(大正三)年の六月から半年かけて、教育と宗教的信念との関係をめぐり、「一、学校教育に於て宗教的信念を養ふの可否如何。一、若し可なりとせば其方法如何。」という主題の下に論議が交わされた。これに対し、七名の聖職者・教育関係者から発題講演があり、その見解は拠って立つ立場によって様々であった。まず、六月一七日に日蓮宗僧侶の本多日生(一八六七―一九三一)が口火を切った。彼は宗教的信念を養うことを可とし、学校教育において児童の天性より流露する宗教心の萌芽を愛護し、家庭及び社会において宗教的感化を与え、適当な方法で宗教心の涵養に努めるべきであると主張した。特に宗教心の発動の時期は心理学上、一二、一三歳から一六、一七歳の間であるため、学校教育を終わった後、宗教家に委ねるのでは時期を逸するとした。学校教育時代にこそ宗教心を涵養すべきであるとする本多は、基本的に個人の人格完成が宗教心の涵養に待つところが大きいとし、人格の根本に横たわる生命の問題を次のように強調した。

其生命は霊光を有し且つ久遠不滅のものとの信念を要し、又この心霊は超人的の神仏に接触する信仰に於て道義の源泉は開拓せられ、幾多の徳性は徐々として湧き出づるに至る。又我家族主義には、祖先の霊の存在して其の家を護るの観念を中軸とすゝにも宗教心の関連あり。……我理想的国家は神によりて経営せられ、今も現に護国の神明を奉じ、天佑我に在りとの信念を有す。……この目的を達する為めに、内に億兆一心の結合を固くするものにして、之を皇祖皇宗の御遺訓に見、之を先帝陛下の御勅諭及び御製に見ば、照々として実に明白なるものあり[15]。

本多の理解では天皇制家族主義と宗教心とは密接な関係を有し、教育勅語を通して宗教心を養うことを容認する国家主義的な内容となっている。
同じ日に発題した倫理学者の吉田静致（一八七二―一九四五）は、教育勅語に一致した道徳を宗教の本質と捉え、天皇制を前提にした祖先崇拝を通して、学校教育において宗教的信念を養うことが可能であるとして、次のように述べた。

最も高尚なる道徳的意味に於て、皇祖皇宗に対して敬虔の念を表し、又我が祖先に対して敬虔の情を表すといふとは、如何に宗教的信条が違つて居らうとも、苟くも我帝国民である以上は、其所までは皆一致して精神を尽すことが出来る筈である。……要するに私の考は、真宗教の本質如何といはゞ、真道徳の本旨と別なものではない。其の意義に於て学校教育は今日よりも一層宗教的たらしめなければならぬ。教へるものが真の意味に於て宗教的の人でなければならぬ。社会家庭の空気は敬虔的でなければならぬ。若し社会に於て上流の人が非常に不真面目に、敬虔の精神が欠けて居るならば、社会国家を念とする者は、進んで矯正しなければならぬ。若し宗教といふことを、所謂宗教（既成的制度宗教）の意味に解釈し、一定の儀式等の外的形式に囚はれたるものとすれば、斯かる宗教を学校教育に入れることには飽くまで反対しなければならぬ。さういふやうものに真の宗教の本質を解釈するは宜しくないのである。私は何処までも真の宗教は真の道徳と帰一するものであると思ふのである[16]。

この二人の講演内容に対し、浮田、添田壽一、筧克彦、江原素六、服部宇之吉らから率直な感想・批評が表明された。浮田は吉田の方法論について、祖先崇拝が道徳上宗教上有害であるとして退け、「人々をして自己を尊重するの精神を発揮せしめる事が最も必要であると思ふ。」と自らの立場を示した。さらに、吉田説をめぐっては、「形式を離れた宗教は倫理若しくは哲学であつて、最早宗教では無くなると思ふ」という添田と、「一切の根底は信念である」として何者かに対する敬虔を伴う信念を重視した筧とでは、共に信念を養うことを可としても、宗教的信念のとらえ方に違いがみられた[17]。

七月三日の講演では青山学院院長の高木壬太郎（一八六四―一九二一）が、同じく吉田の説に対し、次のように反論した。

今後は祖先崇拝だけでは駄目である。其れ以上に各民族普通の祖先に遡て世界万民の神を崇拝する、世界的宇宙的信仰を有つやうに教へて往くことが、国家発展の上から考へても極めて大切であらうと思ふのであります。……吉田氏は先日学校に於て宗教的信念を養ふことには賛成するが、儀式其他外部的形式に依ることには一切反対するといふことを申されました、吉田氏の所謂形式とは如何なることをいふのでありますか、例之祈祷とか讃美歌を歌ふとか経典を読むとかいふとは勿論其中に這入て居ると思ひますが、神とか仏とか霊性不滅とかいふことを教ふるとも、其中に這入て居るのでありますか、此辺が先日のお話では十分判然致しませんやうでありました。……一体宗教といふものには教祖、教義及び形式の三者が伴ふべきもので、此三者なくしては完全の宗教は成り立つものではない[18]。

つまり、高木は吉田の祖先崇拝では普遍的な信仰にまで至らないこと、また、教祖・教義・儀式と結びついた宗教なくして宗教的信念を養うことはできないと批判し、児童・生徒を教える教育者が信念を有することが何よりも先決であると主張した。そのため、彼は、「高等師範学校及び各府県の師範学校に宗教科の一科を入れて、毎週少くも一時間、神儒仏三教の教師を一人づゝ聘用して各其好む所に従て講演なり説教なりを聴て、宗教の大体に通ずると共に信念を養ふといふことにしたいと思ふ。」[19]と述べ、師範学校に各宗教の聖職者が宗教を教える必要性を説いた。

その後、一〇月七日に元文相の菊池大麓（一八五五―一九一七）が、「私は日本の教育は何所までも国家主義で行く可き者と確信する。忠孝及び献信的精神に基く可き者と信ずる。」という基本姿勢を示した上で、「宗派を離れた信念といふ事の意味は甚だ曖昧である。」として、学校教育において宗教的信念を涵養することに反対を示した[20]。

この見解に対して、浮田は、「菊池男爵の意見では、日本の教育は宗教的には無色であるけれども、井上博士の所説に依れば、他宗教を排斥して独り神道的色彩を帯びて居る事となるが、井上博士の説或は事実ではなかろうか。余は決して祖先崇拝を冷評する者では無い。唯祖先崇拝の意味での神道で、朝鮮人、台湾人等を教育する時は、却つて日本の為に危険では無からうか。欧米人をも同化し得る底の教育の大基礎は果たして何処に求むべきであらうか。」[21]と問題提起した。つまり、彼は神道と結びついた忠君愛国の教育が日本の植民地政策に及ぼす影響を危惧し、普遍的な教育を求めたのである。

一一月二〇日には澤柳が、「宗教心といふものは、我々が先づ普通に申したならば、青春の時期を経過した後、即ち年齢で申せば十八九以後に現はれるのが、先づ早い方ではないかと思ふ。……小学生徒に向つて宗教上の信念を起させることは、全然無意味のことで且つ不可能のことであると思ふ。……中等学校でも信念を起こさせることは出来ない。……要するに宗教的教育は小学や中学では問題にならぬ、僅かに高等学校時代で多少考へる余地があるやうであるが、それも正当ではない。」[22]と述べ、教育者と宗教家とが相並んでその任務を尽くすのが妥当であることから、生徒が学校を卒業した後に、宗教者が彼らを受け取って、宗教的信念を養うべきであると主張した。

同日、東京高等師範学校校長の嘉納治五郎（一八六〇―一九三八）は、その冒頭で「私は学校に於て宗教を説く必要が無いと信じて居る一人であります。」と、学校で既成宗教を教えることを否定し、「一種の信念を直に宗教といふことは不穏当であると思ふ。」と続けた。そして、各宗派、各学説の共通な部分を道徳として普通教育の中で教えることを支持し、その道徳は教育勅語に帰着するとしたが、徳育を工夫改良する余地が大いにあると主張した[23]。

この日の講演に対する批評として、成瀬は「帰一協会が提出した宗教と教育との問題の意味が多少徹底して居ない傾きがあるから一言いたして置きます。」と前置きし、次のように自らの意見を明らかにしている。

今宗教信念と云ふのは所謂既成宗教や宗教の儀式を学校教育に入れると云ふのではない。更に広義な普通的の意味に於て如何にして信念を養ふかといふ問題で、つまり生に対する態度或は感情教育と云ふ様な意味の信念を教育に入れやうと云ふ意味であると私は解してゐる。而して此の生に対する態度、其の感情即ち宗教的本能と云ふ様なものは、子供の時から何等かの形式に表はさうとするのは普通ある事で私の実験にもあつた。……其の方法は色々あらうが、先づ第一に児童は野蛮時代の人間の如くに自然崇拝者であるから、既に欧米でも行はれて居る様に、学校に於て自然研究を課し、又は神話、お伽噺等によつて自然に対する同情を養ふことに依て其信念を養ふのである。兎に角霊的のものに対し、子供相当に尊敬を表する形式をとらせたいものである。……要するに本会に宗教的信念を教育に入れるの可否如何と云ふのは、澤柳氏の云はれた様な青年十七八歳に萌すところの哲学的宗教のみを云ふのではなくて、普遍的宗教信念のことを指すので、其の信念を涵養するは実際どうすべきであるかの問題である。[24]

成瀬によれば、澤柳の宗教教育は青年を対象にした哲学的宗教教育として位置づけられるものであり、学校において必要とされる教育は普遍的な宗教信念を養う教育であって、児童の生に対する態度や宗教的本能に満足を与える感情教育が考慮されねばならない。子どもの本性に信念の芽生えがあるとみる成瀬の児童宗教教育は、宗教心の深い母親の子を思う真心の感応によって自然に養われ、教師や友人の感化によって発達せしめられる。大人が児童の生き物を愛する気持ちをみてとり、月・星等の天体への感動の機会を捉え、宗教教育を施すことは重要である。[25]

加えて、教育と宗教的信念との関係に関する一連の議論に参加してきた井上は、最も研究すべき問題が各宗教に共通する点を明らかにすることであると意見を述べ、以下のように、宗教のエッセンスを情・意を満たすこと、敬虔の念、因果応報の考えの三つに置いた。

(一)教育が人間の智識欲を充たすに対して、宗教は凡て情、意の二方面の要求に応ずるものである。(二)又何れの宗教も心霊的の方面を尊び、人をして敬虔の念を生ぜしむる事。(三)善に味方して活動すれば善結果を得、不善に味方して活動すれば悪結果を得る事即ち因果応報の考は独り仏教に限らず、基督教にも神道にも孔子にも老子にも、同じの様の考がある。こう云ふ点に各宗教の生命があり又希望を将来に繋ぐ所以である。是等は皆各宗教に共通のものである[26]。

一二月一六日に成瀬は、「児童及び青年に於ける信念の創生及び涵養方法」という演目の下[27]、次節で後述する日本女子大学校の事例を示しながら、宗教教育の必要性を次のように説いた。

信念は前述の如く、人の心の中よりして自発的に起り来るもので、外より注入的に教へることの出来ぬものである。ポーロの言に「ポーロは植ゑアポロは漑ぐ之を増長せしむるものは神である」と云ふことがあるが、実に宗教的信念は人工的に製造したり、注入したりすることの出来ぬものなると同時に、又遺伝と天賦の力とに依つて、先天的に人の精神内に湧き出るものであるから、吾人は是処に宗教的信念の養成を為すべき鍵鑰を捉へることが出来るのである。又此の如き萌芽の認めらるゝ以上は、吾人は此に適当なる刺激ヲ与へて、其の発達を正しく導き、且つ十分に醇熟させなければならぬ。……以て高尚なる信念に依つて、確乎たる精神的基礎を作ることに努めることは、決して無用なる強制でなくして、教育当然の事業であると信ずる[28]。

このように、帰一協会では、信念を涵養することについては可とする見解がほとんどであったが、いかに涵養するかについては、学校教育における国民道徳に基づく教育をはじめとして、師範教育における宗教教育の必要性、社会教育における宗派教育の徹底に至るまで、多様な意見が出された。また、宗教的信念については、宗教の本質を問い、道徳、教育勅語、教義・儀式、敬虔の念等との関連において検討がなされたが、宗教的信念が宗教宗派から分離して成り立つのかどうかについて、賛否が分かれた。

その後、帰一協会では文部省への建議を検討した結果、信念問題の決議文を公表することが決定され、以下の決議及び理由を『会報』第六号に発表した。

決議文には「被教育者ノ心裏ニ自然ニ発現スル宗教心ノ萌芽ハ教育者ニ於テ之ヲ無視シ若クハ蔑視シ因テ信念ノ発達ヲ阻碍スルコト無カランコトヲ要ス」[29]とある。理由書には「吾人ノ此処ニ宗教心ト称スルモノハ今日世界ニ成立シ居ル幾多ノ宗教其物ヲ言フニアラズシテ凡ソ人類ガ個人ヲ超越スル偉大ナル或る物ノ存在ヲ信ジ之ニ対シテ生ズル敬虔ノ念ヲ言フモノナリ……之ニ伴フ信仰形式ヲ異ニスルニヨリテ宗教ノ別生ズト雖モ吾人ハ此等特殊ノ形式ヲモ併セ取リテ之ヲ宗教心ト称スルニアラズ即チ吾人ガ此処ニ宗教心ト称スルモノハ実ニ人性本具ナル宗教心其物ノ発現ニ外ナラザルナリ……宗教心又信念ハ人格ノ根柢ヲ成ス所以ノモノニシテ人格ヲ確立シ之ヲ徹底セシメンニハ個人ヲ超越スル偉大ナル或物ニ対スル信念ニ待タザルベカラザルハ疑議ヲ容レザルトコロナリ」[30]と記され、宗教心や信念を重視する理由が述べられている。さらに、理由書の最後には、学校において宗教心を育成しようとする場合には、「宗教教育分立ノ大方針ニ乖カズシテ能ク此ノ目的ヲ達スベキ妥当ノ方法ヲ討議スルコト」[31]という課題が述べられ、宗教と教育の分離の原則にかなう宗教教育の方法の探究の必要性が唱えられている。

採択された文章では、宗教心と信念が同義に用いられ、信念は人間に具わった宗教心の発現であり、超越的な偉大なものに対する敬虔の念であることが明らかにされた。その後、帰一協会では信念問題決議文に理由書を附して、枢密顧問官・各大臣・貴衆両院議員・教育調査会員・その他各府県教育者に対し送付したのである。[32]

第3節　多元的宗教教育の方法論的モデル

成瀬は先の帰一協会の例会で、宗教教育の方法として、日本女子大学校で彼自らが実践した九つの信念涵養の方法を紹介している。それは、具体的には(1)人格の感化、(2)校風の感化、(3)実践倫理、(4)諸学科に対する態度、(5)瞑想の時間、(6)各種の修養的会合、(7)質問会、(8)犠牲奉仕の実行、(9)桜楓会である[33]。この手段を成瀬は、「一宗一派の狭隘或は迷信に堕せず、各宗各派に通ずる普遍的根柢に立つて、確乎たる信念を有する活ける人格を要請するの道たるを信ずるのである。」[34]と述べ、これらの方法が特定の宗教宗派に偏しない方法であることを強調した。

第一の人格の感化について、成瀬は具体的に寮監、教師、確信を得た先輩の学生等が自然に及ぼす影響力を重視している。

第二の校風について、彼はそれを「学校の教育的活動に伴ふ精神的傾向にして、常に学校の内部に充ち全体を包容し、無意識に薫化の力を発揮しつ、あるところの雰囲気」[35]といい、その要素として、人格尊重の態度、向上的精神、自学自習自動自活の精神、自由寛大の精神、積善済美・犠牲奉仕の気風、研究的精神、調和の精神、厳粛な規律秩序、怡和煖悦・明快闊達の精神等を挙げている[36]。

第三の実践倫理は、全科目の中の全体必修科目、日本女子大学校の中心的学科目であると共に、校風養成のための支柱として位置づけられている。この科目は成瀬校長自らが直接担当し、哲学・宗教・倫理学等の知識を通して、学生の精神を鼓吹した[37]。

第四の諸学科に対する態度は、信念涵養のために学科目・教材・作業等が用意されることを意味している。特に、成瀬は敬虔で厳粛な宗教感情を養う科目として、歴史伝記・自然的研究・理科博物を重視した。また、宗教的情操を育むものとして、神話・物語・文学的教材や音楽・美術の利用等を挙げている。

第五の瞑想の時間は、毎朝起床後、寮生に課せられた一五分間のメディテーションを指している。メディテーションの方法は祈祷、座禅、深呼吸、文章を読むこと等、自由であり、その目的は学生が形式的な儀式・形態に左右されないで、精神を集中統一することにあった[38]。

第六の各種の修養的会合には、各学部各学年の組の会、各学年を縦に連ねる会合、各学級を横に連ねる会合、諸係の会合、寮舎の会合等が含まれる。これらの会合を通して学生はお互いに意志を疎通しあい、思想を理解して感情の融和を図るのである。

第七の質問会は、学生の胸中における懐疑、煩悶、要求、憧憬を自由に打ち明けさせて、適切な指導を与えるための会合である。そこで提出される問題には、個人的、主観的な問題にとどまらず、広く社会的な問題も含まれている。

第八の犠牲奉仕の実行は、公のために私を捨て、全体のために我が身を捧げるという精神の日常的実行を意味する。たとえば、全校、自己の寮、自己の属する学級、友に対する奉仕等がそれである。成瀬はこうした身近な場における犠牲奉仕の精神と実行が、後に愛国心、人道愛の精神へと発展すると考えている。

第九の桜楓会は、卒業生の団体であるが、単なる形式的な同窓会・校友会ではない。成瀬は桜楓会を「卒業生全体の自己発展、修養的生活の中心勢力」と考え、卒業生の精神を絶えず喚起する場として捉えている。特に、一九一二(明治四五)年以降、毎週一回の修養会が計画されており、最上級生も桜楓会準備会員としてそれに加わった[39]。

最後に、十番目の宗教教育の方法として、天心団(Divine Communion)の組織とノートについて触れておきたい。一九一六(大正五)年に夕ゴールを軽井沢の三泉寮に迎え学生の瞑想を指導して以来、成瀬はさらなる学生の精神的修養を望み、成瀬と共に道を歩み、天心によって生活する決心をした卒業生の精神団体として天心団を組織した。学生は覚悟の証として、名簿にサインし、「天心団の経典」としての「白布表紙の洋罫紙帳」を一人ひとり、成瀬から受け取った。成瀬はそのノートを次のように説明している。

吾が根本に於て、吾に書かれてあり、又現に書かれつゝあるものであり、万有と人間社会との生命に書かれてあり、又現に書かれつゝあるものを、わが人格の内に於て読み、之をわれ自ら我に反射して書き取るものが、即ち活きた経典であると思ふ。故にこの白紙の帳面を、吾が活きた経典とする[40]。

つまり、白紙のノートを活きた経典として、本人が自分の心を内省し、精神的に発展していくことが望まれている。成瀬は記帳の方法を自ら示した。成瀬のノートには天心団の目的、モットー、漢詩、英文でつづった熟慮の精神、祈りの言葉等が記されている。この方法は自己変容のための方法であり、生きていくプロセスの中で価値あるものに出会い、実際的な体験に裏づけられて自らの決断や祈りの言葉等を内省しながらつづる、まさしく多元的宗教教育の方法であった。

注

1　尋源会は現大谷大学の前身である真宗大谷大学において、教職員・学生・同窓生によって組織された団体である。本書は一九一三(大正三)年の新校舎落成記念事業として、著名な宗教家・教育家等に執筆依頼し編集された。(島薗進・高橋原・星野靖二編『日本の宗教教育論　第一巻』[クレス出版、二〇〇九年]、解題、五―六頁。)
2　大谷大学尋源会編『宗教と教育に関する学説及実際』(無我山房、一九一三年)、五五―五六頁。
3　同右、二四四―二四五頁。
4　通仏教とは、仏教学では「通途」に相当し、特定の宗派に限って用いられる「別途」と区別される。一般仏教に共通な説を「通途」の教義という。(多屋頼俊・横超慧日・舟橋一哉編『佛教学辞典』[法蔵館、一九五五年]、三一八頁。)
5　大谷大学尋源会編前掲書、二〇三―二〇四頁。
6　同右、一―二頁、一〇―一一頁。
7　同右、一六頁、一八頁。
8　同右、七〇―七二頁。
9　同右、八五―九一頁。
10　同右、九四頁、九九頁。
11　成瀬仁蔵『新時代の教育』(一九一四年)『成瀬仁蔵著作集　第三巻』(日本女子大学、一九八一年)、六五頁。
12　同右、八六―八七頁。
13　大谷大学尋源会編前掲書、二五三―二五四頁。
14　松村介石『信仰五十年』(一九二六年)鈴木範久監修『近代日本キリスト教名著選集　第Ⅲ期キリスト教受容史篇　二四』(日本図書センター、二〇〇三年)、一六八頁。
15　本多日生「教育と宗教的信念との関係」『帰一協会会報』第六号(一九一五年一一月)、九二頁。
16　吉田静致「教育と宗教的信念との関係」『帰一協会会報』第六号、一一八―一二一頁。
17　『帰一協会会報』第六号、一二三頁。
18　高木壬太郎「教育と宗教的信念との関係」『帰一協会会報』第六号、一四二―一四五頁。
19　同右、一五五頁。

20 菊池大麓「教育と宗教的信念との関係」『帰一協会会報』第六号、一五八―一五九頁。
21 『帰一協会会報』第六号、一六三―一六四頁。
22 澤柳政太郎「教育と宗教的信念との関係」『帰一協会会報』第六号、一七四―一七六頁。
23 嘉納治五郎「教育と宗教的信念との関係」『帰一協会会報』第六号、一八五―一九一頁。
24 『帰一協会会報』第六号、一九七―一九九頁。
25 成瀬仁蔵「宗教心の芽生を待つ」『婦人世界』第一二巻四号（一九一七年三月）、八二頁。
26 『帰一協会会報』第六号、一九九―二〇〇頁。
27 『帰一協会会報』第五号（一九一四年一二月）、五三―五四頁。
28 成瀬仁蔵「教育と信念涵養―児童及び青年に於ける信念の発生及涵養方法―」『帰一協会会報』第六号、二一二―二一三頁。
29 『帰一協会会報』第六号、一頁。
30 同右、一―三頁。
31 同右、四頁。
32 渋沢青渊記念財団竜門社編『渋沢栄一伝記資料　第四十六巻』（渋沢栄一伝記資料刊行会、一九六二年）、五九三頁。
33 成瀬「教育と信念涵養―児童及び青年に於ける信念の発生及涵養方法―」『帰一協会会報』第六号、二三一―二三七頁。
34 同右、二三七頁。
35 成瀬『新時代の教育』『成瀬仁蔵著作集　第三巻』、九七頁。
36 同右、九七―一〇一頁。
37 仁科節編『成瀬先生伝』（桜楓会出版部、一九二八年）、三〇四頁。
38 一九一六（大正五）年に参考品陳列館の建物は信念涵養、宗教研究のための修養館に改められ、そこに瞑想室が設けられた。（中村政雄編『日本女子大学校四十年史』[日本女子大学校、一九四一年]、四八〇頁。『図説　日本女子大学の八十年』[日本女子大学、一九八一年]、六五―六六頁。）
39 仁科編前掲書、四二四頁。
40 同右、四二五頁。

終　章

これまで成瀬仁蔵の思想形成について、宗教と女子高等教育の二つの領域に焦点を絞り、関係比較と並置比較の二視角から考察してきた。成瀬の宗教思想形成は、神道・儒教・仏教に源流を持つ武士道精神の上にキリスト教を接木する形で始まった。なかでも、切腹にみる武士の自発的な死による自己犠牲は、自らを低くし、すべての人を生かすためにそのいのちを捧げたイエスの究極の仕え方と一致し、成瀬にとってキリスト教の犠牲奉仕は武士道との道徳的接点となった。キリスト者となった成瀬は梅花女学校時代に、神の前にある二つの人格から成るクリスチャン・ホームを描いた。彼は福音主義の視点から家庭と教会と学校が一体化したキリスト教生活をイメージし、女性が将来的に教会と繋がったクリスチャン・ホームを確立することを通して、国家の発展に寄与することを期待した。しかし、北越学館時代には、制度的教会によらない内村の信仰観から無意識的影響を、松村の陽明学的なキリスト教観から意識的影響を受けた成瀬は、キリスト教にとらわれない宗教のあり方を模索するようになり、アメリカ留学に押し出された。

留学先で成瀬はタッカーの社会経済学を通じて、アイルランド系だけでなく東欧南欧系のカトリック移民の文化的同化の難しさや、参政権をもつ白人男性労働者を取り巻く政治的腐敗といった、アメリカの社会問題を見抜く眼を養った。また、アンドーヴァー神学校のリベラルな進歩的正統派から聖書の高等批評の影響を受けると共に、ノースフィールドでＹＭＣＡ学生組織との協力を通して行われた、ムーディを校長とする夏期学校からエキュメニカルな伝道に印象づけられている。スカッダーやホールらから各分野の幅広い推薦図書の紹介を受け研究を続けた。特に、成瀬はジェヴォンズの『社会改革の方法』やソーヤの『娯楽擁護論』を通して、娯楽や社会教育・社会事業の意義を吸収した。また、留学後半に集中する女子カレッジ、ＹＷＣＡ、クラーク大学等の視察は女性や子どもをめぐって発達する科学的学問に向かって成瀬の目を見開き、女性のライフコースを見据えた女子高等教育の新たな視点を提供した。

帰国後、成瀬が梅花女学校の校長として取り組んだカリキュラム改革はアメリカ留学で得た学問の潮流を反映した試みである。成瀬はキリスト教女学校のネットワークの中で交流し、明治女学校長の巌本善治と意見を交わした。特定の宗派教育を退け教師の宗教的感化と生徒の精神修養を強調する巌本のキリスト教教育は、人間教育のための宗教心の形成を主張した成瀬と近いものがありながら、成瀬が福音主義と訣別した点において区別される。学問の論理による普通教育を強調し、科学としての家政学を視野に女子高等教育を構想していた巌本は、明治女学校の廃校によって挫折したが、女子高等教育一般に関する巌本の発想は、成瀬の水路に流れ込んだ。天皇制国家主義時代にあって、同志社が直面する問題を目の当たりにしていた麻生正蔵を介して、宗教と教育との関係の取り扱い方如何によって女子高等教育の行方が左右されることを察知した成瀬は、女子高等教育成立の実現可能な道を歩むことになったと思われる。

成瀬の創設した日本女子大学校の教育方針は「人として」の人格教育を第一としている。家庭性と結合したリベラル・エデュケーションを基本とする点では神戸女学院と同様、ウェルズリー・モデルに従ったが、その目指す学科編成は異なっていた。日本女子大学校のカリキュラムは留学後の梅花時代から積み上げられたものであり、開校時に設置された家政学部は、後に『女子教育改善意見』でシカゴ大学の家庭管理学科に範をとることになる。成瀬が日本女子大学校でリベラル・エデュケーションと専門教育という新機軸を打ち出し、家政学研究者やソーシャル・ワーカーといった職業的な専門人の養成を視野に女子高等教育を目指したところに先駆性がある。それは日本のキリスト教連合女子大学運動によって成立した東京女子大学がその後、社会学部に社会事業科のコースを設置し、その運動に参与した青山女学院が家政科の専門学校認定を得たとしても、これらが戦前に教養系女子カレッジの域を完全に脱することがなかったことと対照的である。エリオットから大学の管理や教授法について学んだ成瀬は、部門選択制を導入した。それは完全な自由選択制度が経済的に難しいことから、スタッフや設備をもって合理的に配置し幾つかの部門に分けられる学科の規定内で、学生自らが選択することのできる制度であった。主体的に責任をもって判断し行動できる女性を育成するために、実験的研究を重んじる自動的学習法を重視した。

宗教面において成瀬はキリスト教を超えて、広く特定の宗教や宗派にとらわれない宗教教育を確立した。成瀬にとって信念は人格の根底をなすものであった。また、成瀬が信念を既成宗教の儀式・信条と切り離し、信念に宗教の本質的な働きを認めた点は、エリオットやデューイが名詞の「宗教」と形容詞の「宗教的」とを区別したことに類似しているが、思想資源的にはジェイムズの個人宗教の概念から引き出されたものである。エリオットとの思想的関連性は、教育における宗教的理想としての全人的人間形成に、デューイとのそれは、個人の人格と社会的連帯を強調するアメリカ哲学の民主的理想に求めることができる。多様性の調和の原理としての「帰一」について、成瀬はライプニッツのモナド概念を梃に、神智学から全体と個の調和の思想を吸収しつつ、エマソンのトランセンデンタリズムを援用することで自らのものとし、この枠組みを土台に宗教的人間形成を熟考した。実践倫理講話で成瀬は、部分を構成する多様な人間が大霊において宗教的人間へと引き上げられることによって、多が一に調和帰一することを説いた。

帰一思想には異なる宗教・人種・文明との共存・共生という考えが内包され、自分と異なるものを有する人々への寛容な精神や態度が認められる。しかも、帰一思想には対立や紛争を拒み、異なる宗教・文化・思想を互いに理解し、ある同一の目的の下に協力していくという発展的な力も内に有している。すでにみたように、国際的な帰一運動は、カーネギー国際平和財団の交流・教育局によって支援されたインターナショナル・コンシリエーションの世界的なネットワークを用いて展開された。ここに帰一協会がハーグ・デーを意識した平和運動への宗教協力をみてとることができる。現在、宗教界で実際に進められている宗教間対話は言葉の対話を用いた相互理解、共通の社会的目的を実現するための宗教協力、異なる宗教に属するものによる霊性交流の三つに分類されるが[1]、その動きに帰一協会の趣旨や活動との一致点が見出される。今後ますます世界の平和、和解、協力が求められてくる中で、帰一思想的発想は現代の諸問題を解決する重要な鍵を握っていると思われる。

最後に、アメリカ思想の受容を通して形成された成瀬の女子高等教育と宗教教育のそれぞれのモデルが、異なる文化圏である日本で実践に移される時に生じた問題や課題について検討したい。中村政雄によれば、成瀬の女子高等教育において強調された家政学部は、「世界の趨勢に先立つていち早く之を我が国に開設した」[2]。時代的に家政学は日米において科学的学問体系を構築することが求められ、新しい学問領域は女性の専門的職業のための教育の源泉となり、女子高等教育機会の拡大と密接に結びついた。その一翼を担ったシカゴ大学は男女共学であったが、家庭管理学科への入学は圧倒的に女性が占め、家政学は女性の学問領域として発展した。日本では臨時教育会議における大学制度をめぐる議論は帝国大学を範として、大学に昇格させる高度大学構想に収斂したことで、大学令によって総合大学として認可されるためには、家政学が学問体系をもつことがいよいよ必要となった。[3] しかしながら、成瀬の死後、家政学の本質を見極め、体系化へと向かう努力は戦時下の国策に巻き込まれた。『家庭週報』の記事を通して太平洋戦争下の勤労奉仕・勤労動員を分析した髙橋阿津美は、たとえば農繁期託児所・共同炊事・乳幼児保育所での学生の勤労奉仕において家政学の理論と実践を止揚する調査が進められ、教育実習としても効果があったが、家政学が「皇国日本、神国日本」の国家目的に取り込まれていったことを指摘している。[4]

成瀬の学部構想の根底には、家政学の知見を家庭や社会に適用、実践することによって現実の社会を変えるという、地域社会に貢献する公共奉仕の理念が存在したが、制度やカリキュラムに埋め込まれたジェンダー規範が国民道徳と結びつくことで理念的矛盾が生じ、その中で家政学が利用された。現在、宗教的ジェンダー・イデオロギーに縛られたアジアの国々においては、家政学がその学問の価値を曇らすことなく女性の自立支援に活用され、家庭やコミュニティを改善することが求められると共に、家族の形が多様になり、家政学が女性の学問でなくなった日本の社会では、男女共教共修の時代にふさわしい新たな学問体系の構築が期待される。

成瀬の宗教教育は宗教間対話に向かう教育として、すべての宗教に共通する究極性を想定している。帰一協会の決議では、信念を宗教心の発現とみなし、人格の確立が目指された。教育上の問題は、この宗教心が国民性や民族性にかかわりあいを持つ点にある。そこで、帰一協会会員が宗教間対話のアプローチをもって自由に相互交換した宗教教育論議が、宗教的情操教育の負の局面にどのように関係しているのかを検討したい。家塚高志によれば、戦後、宗教的情操教育には強い反対論がある。その一つは、「宗教的情操教育の必要が叫ばれる裏には、戦前のような軍国主義を復活させようとする意図があるとみる」立場である。もう一つは、「特定宗教と結びつかない宗教的情操というものは有り得ないから、宗教的情操の教育といっても、結局は宗派教育になるとするものである。」[5]この二つの立場は帰一協会で共通理解の得られなかった内容にかかわっており、帰一協会内部における意見の不一致は、歴史的問題として禍根を残すことになった。

第一に、帰一協会では宗教的信念をどのようにみるかについて、教育勅語との関連で国民道徳において宗教的信念を捉えようとする保守的な見解に対し、宗教の根底にある普遍性に基づいて宗教的信念を位置づけようとするキリスト者の見解の二つに大きく分かれた。議論の末、宗教的信念は宗教の本質をあらわす宗教心と同義に用いられることになったが、そこでは、超越的な偉大なものに対する敬虔の念が国民道徳に結びつけられる限りにおいて、教育勅語を軸に天皇崇拝の国家神道教育へと向かう可能性を含んでいた。

第二に、帰一協会において宗教的信念が特定の宗派から離れて存在するかどうかを問うた議論は、同じキリスト者であっても浮田と高木の見解に相違がみられたように、開かれた問いとして保留された。この問いは、通仏教において仏教各派のアイデンティティが失われることに対する危惧が示されたのと同様に、通宗教ないし宗教一般における宗教的アイデンティティ喪失に対する問題を含んでいたため、戦後の宗教的情操教育に及んでは、特定の宗教を抜きにして宗教的情操がありうるのかどうかの賛否を問う問題へと発展したとみることができよう。

今日、日本の学校教育において宗教情操教育は現実的でないことから、新たに宗教文化教育が提唱され[6]、このタイプの教育によって、生徒が異なる宗教伝統を学び、自らの信仰・価値・経験を他の宗教と比較・対照しつつ、宗教的共生の態度を養っていく学習が期待されている。[7] ここで重要なことは、生徒の価値観を比較する対象が体系的に示されることである。さらに、近年、英国・オランダ・フィンランド・カナダといった国々で、宗教文化の枠を超えて世界観教育が広がりをみせている。世界観の概念は体系的世界観と個人的世界観の二つに分類される。体系的世界観は宗教的であろうと、世俗的であろうと、実存的問い、思考・行動への影響、道徳的価値、人生に与える意味といった四つの要素を有し、多かれ少なかれ一定の源泉（sources）、伝統、価値、理想等を含んでいる。個人的世界観は同じ体系的世界観に基礎づけられるとしても、多様である。個人にとって重要なことは体系的世界観に向き合うこと、また、他者の個人的世界観と対話する中で、批判的思考力を通して自己意識を形成していくことである。そこでは、M・グリミットが提唱した宗教学習への二つのアプローチ、すなわち、「宗教についての学習」（learning about religion）、「宗教からの学習」（learning from religion）という二つの方法が世界観教育に援用され得る。[8]

すでにみたように、成瀬は実践倫理という科目によって古今東西の思想・哲学・宗教・倫理を示した。また、成瀬は学校外の精神的修養団体において、個人が価値あるものとの出会いを通して自らを内省しつつ、自らの決断や信条、祈りの言葉等を記す白紙のノートの活用を提示した。この多様な価値との遭遇、対決を想定した多元的宗教教育の方法は、宗教的人格の成長を見据えた方法論として、信仰告白や回心を目的としない公立学校の宗教教育に投げかける示唆が大きく、教育における宗教間対話の具体的な方法として有効である。成瀬が自らの帰一思想において願ったことは、宗教的人格の発展を通して、異なる価値を有する人々が相互理解し、共通する一致点を見出してそれを豊かに発展させ、全体の調和を保ちながら共生していくことであった。

注

1　山梨有希子「転機にある宗教間対話」星川啓慈・山脇直司・山梨有希子・斎藤謙次・濱田陽・田丸徳善『現代世界と宗教の課題―宗教間対話と公共哲学―』（蒼天社出版、二〇〇五年）、三七―六七頁。

2　中村政雄編『日本女子大学校四十年史』（日本女子大学校、一九四一年）、一五七頁。

3　谷岡郁子「近代女子高等教育機関の成立と学校デザイン」（神戸芸術工科大学大学院博士論文、一九九八年）、五七九頁。https://ndlonline.ndl.go.jp/info:ndljp/pid3138583 (accessed 01-01-2019).

4　高橋阿津美「太平洋戦争下の勤労奉仕・勤労動員―『家庭週報』にみる日本女子大学校の場合―」近代女性文化史研究会『戦争と女性雑誌―一九三一年～一九四五年』（ドメス出版、二〇〇一年）、一六七―一六九頁、一八一―一八二頁。

5　日本宗教学会「宗教と教育に関する委員会」編『宗教教育の理論と実際』（鈴木出版、一九八五年）、一六―一八頁。

6　井上順孝「宗教文化教育の提唱」『教育』第六九四号（国土社、二〇〇三年）、五六―五七頁。

7　英国ではR・ジャクソンがウォリック大学宗教教育プロジェクトにおいて、英国の異なる宗教的・民族的背景をもつ子どものエスノグラフィック研究から導き出されたデータを基に、カリキュラム開発を行い、キリスト教、ユダヤ教、イスラム教、ヒンドゥー教、仏教等の諸宗教を学習する宗教教科書を作成した。（Robert Jackson, *Rethinking Religious Education and Plurality: Issues in Diversity and Pedagogy* [London and New York: RoutledgeFalmer, 2004], pp.87-108.）翻訳者である藤原聖子は、この教科書の特徴について、語り手が教祖ではなく、対象年齢と同じ年頃の子どもであるところにみてとり、生徒が主人公の経験や考えを自分と比較して、主人公の宗教を理解し、自分の生き方や考え方を再考する学習方法を高く評価している。（藤原聖子「英米の事例に見る宗教教育の新たな方向性」国際宗教研究所編『現代宗教　二〇〇七』[秋山書店、二〇〇七年]、二一六―二二二頁。）他方、南アフリカ共和国でC・ルーは、生徒がキリスト教会、シナゴーグ、モスク、ヒンドゥー教の宗教施設等を訪問し、異なる宗教文化との出会いを通して自分が何を感じ考えたかをReflective Journalに記録し、他の生徒との対話を通してリフレクションを行うことを奨励している。ここでの解釈や内省は、自分の信念・価値を再構成する宗教学習の方法として機能している。（Cornelia Roux, “Reflective Journaling in Understanding Religious Diversity and Human Rights Values,” in ISREV XV [July, 2006]. Cornelia Roux, “Innovative Facilitation Strategies for Religion Education,” in Marian de Souza, Kathleen Engebretson, Gloria Durka, Robert Jackson and Andrew McGrady (eds.), *International Handbook of the Religious, Moral and Spiritual Dimensions in Education* [Secauses: Springer, 2006], pp.1295-1296.)

8 Jacomijn C. van der Kooij, Doret J. de Ruyter and Siebren Miedema, " 'Worldview': the Meaning of the Concept and the Impact on Religious Education," *Religious Education*,Vol.108, No.2 (March-April 2013), 210-228, and "The Merits of Using 'Worldview' in Religious Education," *Religious Education*, Vol.112, No.2 (March-April 2017), 172-184.

主要参考文献

邦文文献

1　第一次史資料

姉崎正治／姉崎正治先生生誕百年記念会編著『新版　わが生涯　姉崎正治先生の業績』（大空社、一九九三年）。

青山なを編『若き日のあと―安井てつ書簡集―』（安井先生歿後二十年記念出版会、一九六五年）。

梅花学園澤山保羅研究会編『澤山保羅全集』（教文館、二〇〇一年）。

『梅花女学校々則　附教育要領』（一八九四年七月改正）。

ブラヴツキー、エッチ・ピー、イー・エス・ステブンスン、宇高兵作訳『霊智学解説』（博文館、一九一〇年）。

ブラヴァッキー、H・P、田中恵美子訳『神智学の鍵』（神智学協会ニッポンロッジ、一九八七年）。

『同志社明治廿五年度報告』（一八九二年）、『同志社明治廿六年度報告』（一八九三年）、『同志社明治廿八年度報告』（一八九五―一八九六年）。

エマーソン、R・W、戸川秋骨訳（戸川明三著）『エマーソン論文集　上・下巻』（玄黄社、一九一四年）。

エマソン、R・W、酒本雅之訳『エマソン論文集（上）（下）』（岩波書店、一九七二年・一九七三年）。

『婦人世界』第一二巻四号（一九一七年三月）。

『婦女新聞』第三三号～第三七号（一八九九年一二月―一九〇一年一月）。復刻版『婦女新聞』第一巻（不二出版、一九八二年）。

羽仁もと子『羽仁もと子著作集　第一四巻』（婦人之友社、一九二八年）。

広津友信「成瀬仁蔵宛書簡」一八九五年一月一七日付。

巌本善治『吾党之女子教育』（明治女学校、一八九二年）中嶌邦監修『近代日本女子教育文献集二』（日本図書センター、一九八三年）。

巌本善治「成瀬仁蔵宛書簡」一八九四年七月三一日付、一八九四年一〇月三日付。

『女学雑誌』第九六号～第一〇二号（一八八八年二月一一日、二月一八日、二月二五日、三月三日、三月一〇日、三月一七日、三月二四日）、第一一一号（一八八八年五月二六日）、第一五一号（一八八九年三月二日）、第二二二号（一八九〇年七月一九日）、第二六七号（一八九一年五月三〇日）、第二六九号（一八九一年六月一三日）、第三二一号（一八九三年六月五日）、第三五四号（一八九三年九月三〇日）、第三七四号（一八九四年四月七日）、第三七七号（一八九四年四月二八日）、第四二一号（一八九六年四月二五日）、第四四八号（一八九七年八月二五日）。

『家庭週報』第六八号（一九〇六年七月一四日）、第六九号（一九〇六年七月二一日）、第一〇六号（一九〇七年七月六日）、第一五二号（一九〇八年八月一日）、第一九一号～第一九二号（一九一二年六月二五日、年七月一二日）、第一九八号～第一九九号（一九一二年一〇月四日、一〇月一八日）、第二〇一号～第二〇二号（一九一二年一一月一五日、一一月二九日）、第二一六号（一九一三年三月二八日）。

警醒社編輯局編『現代世界思潮』（警醒社、一九一二年）。

『帰一協会会報』第一号～第八号、特別号（一九一三―一九一六年）。

『帰一協会叢書』第一輯～第六輯（博文館、一九一六―一九一八年）。

帰一協会『時局論叢』第一輯～第二輯（一九一五―一九一六年）。

『基督教新聞』（一八九四年七月二七日）。

『この花　創立五拾年記念誌』（一九二八年七月）。

松村介石『信仰五十年』（一九二六年）鈴木範久監修『近代日本キリスト教名著選集　第Ⅲ期キリスト教受容史篇　二四』（日本図書センター、二〇〇三年）。

成瀬仁蔵「アメリカ留学時代のノート」(一八九二年)。(『成瀬仁蔵資料集二(D2014)　アメリカ留学時代のノート(娯楽、社会改革の方法、文芸、読書)一八九二年』[日本女子大学成瀬記念館、二〇一八年三月]。)

成瀬仁蔵「麻生正蔵宛書簡」一八九五年六月一九日付。

成瀬仁蔵「大学教育法改善案　附エリオット教授四十年間の経験」(一九一三年推定)。

成瀬仁蔵『成瀬仁蔵著作集　第一巻』(日本女子大学、一九七四年)。

成瀬仁蔵『成瀬仁蔵著作集　第二巻』(日本女子大学、一九七六年)。

成瀬仁蔵『成瀬仁蔵著作集　第三巻』(日本女子大学、一九八一年)。

成瀬仁蔵、新井明訳『澤山保羅―現代日本のポウロ―』(日本女子大学、二〇〇一年)。

成瀬仁蔵『日本女子大学校長成瀬仁蔵先生述　実践倫理講話筆記』(明治三十七・三十八年度ノ部[二〇〇九年]、明治三十九年度ノ部[二〇〇四年]、明治四十年度ノ部[二〇〇五年]、明治四十一年度ノ部[二〇〇七年]、明治四十二年度ノ部[二〇一二年]、明治四十三年度ノ部[二〇一五年]、明治四十四年度ノ部[二〇一七年]、明治四十五年及び大正元年度ノ部[二〇一八年]、大正四年度ノ部[二〇〇一年]、大正五・六年度ノ部[二〇〇二年]、日本女子大学成瀬記念館)。

『成瀬先生追懐録』(桜楓会出版部、一九二八年)。

日本女子大学カウンセリング・センター編『成瀬仁蔵先生語録』(日本女子大学カウンセング・センター、一九八〇年)。

新渡戸稲造、矢内原忠雄訳『武士道』(岩波書店、一九三八年)。

新渡戸稲造『新渡戸稲造全集　第十二巻』(教文館、一九六九年)。

野上弥栄子『森』(新潮社、一九八五年)。

大谷大学尋源会編『宗教と教育に関する学説及実際』(無我山房、一九一三年)。

渋沢青渊記念財団竜門社編『渋沢栄一伝記資料　第三十九巻・第四十六巻』(渋沢栄一伝記資料刊行会、一九六一年、一九六二年)。

島薗進・高橋原・星野靖二編『日本の宗教教育論　第一巻』(クレス出版、二〇〇九年)。

シュタイナー、R、西川隆範編訳、渋沢比呂呼撰述『ベーシック・シュタイナー―人智学エッセンス―』(イザラ書房、二〇〇七年)。

『東京朝日新聞』一九一二年一〇月二九日、一九一二年一一月四日。

塚本はま子『家事教本　全』（金港堂書籍、一九〇〇年）。

内村鑑三『内村鑑三信仰著作全集　一九』（教文館、一九六四年）。

内村鑑三『内村鑑三日記書簡全集　一』（教文館、一九六四年）。

内村鑑三『内村鑑三英文著作全集　第三巻』（教文館、一九七二年）。

内村鑑三『内村鑑三全集　一』（岩波書店、一九八一年）。

柳八重「ありのままのこと」『桜楓新報』第一八五号（一九六七年一月一日）。

2　第二次資料

赤塚朋子「わが国における家政学教育成立時の諸状況」『日本女子大学紀要　家政学部』第三八号（一九九一年二月）、八九―九九頁。

青木生子『近代史を拓いた女性たち―日本女子大学に学んだ人たち―』（講談社、一九九〇年）。

青木生子『いまを生きる　成瀬仁蔵―女子教育のパイオニア―』（講談社、二〇〇一年）。

青木生子「平塚らいてうと成瀬仁蔵」日本女子大学国語国文学会『國文目白』第四二号（二〇〇三年二月）、九〇―九八頁。

青木生子・岩淵宏子編著『日本女子大学に学んだ文学者たち』（翰林書房、二〇〇四年）。

青山なを『明治女学校の研究』（慶應通信、一九七〇年）。

青山なを『安井てつと東京女子大学』（慶應通信、一九八二年）。

青山なを、野辺地清江、松原智美『女学雑誌諸索引』（慶應通信、一九七〇年）。

青山さゆり会編『青山女学院史』（青山さゆり会、一九七三年）。

新井明『湘南雑記―一英学徒の随想―』（リーベル出版、二〇〇一年）。

新井明「三綱領について―軽井沢の自然のなかで―」『成瀬記念館』第二三号（日本女子大学成瀬記念館、二〇〇八年）、一一―一八頁。

有賀夏紀『アメリカ・フェミニズムの社会史』（勁草書房、一九八八年）。

有賀夏紀「アメリカにおける家政学の歴史―伝統的ジェンダー役割とフェミニズムの間で―」、*From Domestic Economy to Home Economics: The Transformation of American Women's Lives, 1830-1930* (Tokyo: Athena Press, 2009) 別冊解説。

有賀夏紀・小檜山ルイ編『アメリカ・ジェンダー史研究入門』(青木書店、二〇一〇年)。

麻生誠「成瀬先生における女子教育理論の構造」『泉』第二巻第六号(一九五七年六月)、九二―一〇三頁、八五頁。

馬場哲雄『近代女子高等教育機関における体育・スポーツの原風景―成瀬仁蔵の思想と日本女子大学校に原型をもとめて―』(翰林書房、二〇一四年)。

梅花学園百十年史編集委員会編『梅花学園百十年史』(学校法人梅花学園、一九八八年)。

梅花学園九十年小史編集委員会『梅花学園九十年小史』(梅花学園、一九六八年)。

陳暉「明治教育家　成瀬仁蔵のアジアへの影響―家族改革をめぐって―」(国際日本文化研究センター、二〇〇四年)。

中央学術研究所編『宗教間の協調と葛藤』(佼成出版社、一九八九年)。

土肥昭夫『内村鑑三』(日本基督教団出版部、一九六二年)。

土居譽雄編『ジョン・アール・モット―彼の伝記と彼の講演―』(東京学生キリスト教青年会連盟、一九二六年)。

同志社大学人文科学研究所編『アメリカン・ボード宣教師―神戸・大阪・京都ステーションを中心に、一八六九～一八九〇年―』(教文館、二〇〇四年)。

江原武一編著『世界の公教育と宗教』(東信堂、二〇〇三年)。

藤原聖子「英米の事例に見る宗教教育の新たな方向性」国際宗教研究所編『現代宗教　二〇〇七』(秋山書店、二〇〇七年)、二一六―二三三頁。

藤原聖子『世界の教科書でよむ〈宗教〉』(株式会社筑摩書房、二〇一一年)。

深谷昌志『良妻賢母主義の教育』(黎明書房、一九九八年)。

古屋安雄『大学の神学』(ヨルダン社、一九九三年)。

古屋安雄『日本の将来とキリスト教』(聖学院大学出版会、二〇〇一年)。

畑中理恵『大正期女子高等教育史の研究―京阪神を中心にして―』(風間書房、二〇〇四年)。

土方苑子編『各種学校の歴史的研究―明治東京・私立学校の原風景―』(東京大学出版会、二〇〇八年)。

平塚益徳編著『人物を中心とした女子教育史』(帝国地方行政学会、一九六五年)。

廣池真一「明治キリスト教史における成瀬仁蔵」『日本女子大学総合研究所紀要』第六号(二〇〇三年)、一四―一七頁。

弘中和彦「インド女子大学の誕生―近代における日印教育交流の一断面―」『国立教育研究所紀要』第一二一集(一九九二年三月)、七五―九一頁。

久木幸男「訓令一二号の思想と現実(一)(二)(三)」『横浜国立大学教育紀要』第一三集(一九七三年一〇月)、一―二三頁。第一四集(一九七四年一〇月)、三四―四九頁。第一六集(一九七六年九月)、六九―九〇頁。

星川啓慈・山梨有希子編『グローバル時代の宗教間対話』(大正大学出版会、二〇〇四年)。

星川啓慈・山脇直司・山梨有希子・斎藤謙次・濱田陽・田丸徳善『現代世界と宗教の課題―宗教間対話と公共哲学―』(蒼天社出版、二〇〇五年)。

星野靖二「成瀬仁蔵のキリスト教理解―郡山時代を中心に―」『日本女子大学総合研究所紀要』第一一号(二〇〇八年)、一六―三五頁。

一番ヶ瀬康子「創立者成瀬仁蔵の家政学部構想」『日本女子大学総合研究所紀要』第五号(二〇〇二年)、五―七頁。

市村尚久『アメリカ六・三制の成立過程―教育思想の側面からの考察―』(早稲田大学出版部、一九八七年)。

市村尚久『エマソンとその時代』(玉川大学出版部、一九九四年)。

井門富二夫編『アメリカの宗教伝統と文化』(大明堂、一九九二年)。

井門富二夫編『多元社会の宗教集団』(大明堂、一九九二年)。

今岡信一良「成瀬先生の帰一について」『家庭週報』第一六三二号(一九五一年二月二〇日)、一頁。

今岡信一良(講演)「自由宗教運動の先駆者・成瀬先生」『桜楓新報』第一六〇号(一九六四年一二月)、一二頁。

稲垣久和・金泰昌編『公共哲学一六　宗教から考える公共性』(東京大学出版会、二〇〇六年)。

井上順孝「宗教文化教育の提唱」『教育』第六九四号(国土社、二〇〇三年)、五〇―五七頁。

石田憲次『エマーソンとアメリカのネオ・ヒューマニズム』(研究社、一九五七年)。

石井紀子「女性宣教師と女子教育」『立教アメリカン・スタディーズ』第三九号(二〇一七年三月)、一〇三―一一七頁。

石附実『世界と出会う日本の教育』(教育開発研究所、一九九二年)。

岩田文昭「道徳教育における〈宗教性〉」国際宗教研究所編『現代宗教　二〇〇七』（秋山書店、二〇〇七年）、八四―一〇四頁。

香川せつ子、河村貞枝編『女性と高等教育―機会拡張と社会的相克―』（昭和堂、二〇〇八年）。

影山礼子『成瀬仁蔵の教育思想―成瀬的プラグマティズムと日本女子大学校における教育―』（風間書房、一九九四年）。

神尾学編著『未来を開く教育者たち―シュタイナー・クリシュナムルティ・モンテソーリ―』（コスモス・ライブラリー、二〇〇五年）。

神田健次「草創期の現代エキュメニカル運動」関西学院大学神学研究会『神学研究』第三七号（一九九〇年三月）、二一一―二四一頁。

菅支那「成瀬仁蔵とウィリアム・ジェームス―第一九回婦人週間にあたって思うこと―」『女子大通信』第二二〇号（一九六七年五月）、一四―一八頁。

菅支那「成瀬仁蔵とウィリアム・ジェームス（Ⅰ）（Ⅱ）」『桜楓新報』第一八九号（一九六七年五月）、六頁。第一九二号（一九六七年八月）、二頁。

菅支那「成瀬仁蔵と宗教教育」日本女子大学女子教育研究所編『大正の女子教育』（国土社、一九七五年）、一〇七―一五〇頁。

菅支那『成瀬仁蔵先生の女子教育』（「成瀬仁蔵先生の女子教育」刊行会、一九八一年）。

笠井秋生・佐野安仁・茂義樹『沢山保羅』（日本基督教団出版局、一九七七年）。

片桐芳雄「フクシマ後の成瀬仁蔵―『軽井沢山上の生活』を読む―」『人間研究』第四九号（二〇一三年三月）、二五―三七頁。

片桐芳雄『「軽井沢山上の生活」の詩について―原詩を尋ねて―（上）（下）』『成瀬記念館』第二八号（日本女子大学成瀬記念館、二〇一三年）、四一―六二頁。第二九号（日本女子大学成瀬記念館、二〇一四年）、六七―八三頁。

片桐芳雄「成瀬仁蔵のアメリカ留学、タッカーとの出会い―帰一思想への道（一）―」『人間研究』第五〇号（二〇一四年三月）、一一―二二頁。

片桐芳雄「アメリカにおける成瀬仁蔵とキリスト教―帰一思想への道（二）―」『人間研究』第五一号（二〇一五年三月）、二二三―二三二頁。

片桐芳雄「北越学館事件の成瀬仁蔵と内村鑑三―『成瀬意見書』の検討を通して―」『人間研究』第五三号（二〇一七年三月）、三―一六頁。

片桐芳雄「成瀬仁蔵と『女性の領域（Woman's Sphere）』―アメリカ留学で学んだこと―」『愛知教育大学研究報告』第六七―Ⅰ輯（教育科学編）（二〇一八年三月）、二三九―二四七頁。

片山清一『近代日本の女子教育』（建帛社、一九八四年）。

川崎司『高木壬太郎―その平凡の生涯をたどって―』（近代文藝社、二〇一〇年）。

経済学史学会編『経済思想史辞典』（丸善株式会社、二〇〇〇年）。

見城悌治編著『帰一協会の挑戦と渋沢栄一―グローバル時代の「普遍」をめざして―』（ミネルヴァ書房、二〇一八年）。

貴堂嘉之『移民国家アメリカの歴史』（岩波書店、二〇一八年）。

『季刊教育法』第五六号（エイデル研究所、一九八五年）。

木下比呂美「巌本善治の女子教育思想―近代的家庭の創造と婦人の人間的発達―」『教育学研究』第五二巻第二号（一九八五年六月）、一五三―一六二頁。

岸本英夫「帰一思想について―岸本英夫氏の講演―」『桜楓新報』第一〇号（一九五二年二月）、一頁。

岸本英夫「成瀬先生の宗教観―岸本英夫講演―」『桜楓新報』第一〇二号（一九六〇年二月）、二頁。

岸本英夫『岸本英夫集―戦後の宗教と社会―』第五巻（渓声社、一九七六年）。

岸本英夫『岸本英夫集―生と死―』第六巻（渓声社、一九七六年）。

北垣宗治編『新島襄の世界―永眠百年の時点から―』（晃洋書房、一九九〇年）。

鬼頭七美「家政学という場―成瀬仁蔵、リベラル・アーツ、女子教育―」『日本女子大学総合研究所紀要』第八号（二〇〇五年）、九九―一〇三頁。

小林陽子「井上秀の家政学における女性の経済的自立」『教育学論集』第一六号（甲南女子大学大学院文学研究科［教育学専攻］、一九九八年一月）、三一―四八頁。

小林陽子「井上秀の家政学形成過程―その初期におけるアメリカ留学と桜楓会社会事業をとおして―」『教育学論集』第一九号（甲南女子大学大学院文学研究科［教育学専攻］、二〇〇一年二月）、一―一五頁。

小林陽子「成瀬仁蔵の蔵書調査―旧成瀬仁蔵宅と関連人物を中心に―」（第一報）『鳥取大学地域学部紀要『地域学論集』第二

巻第二号（二〇〇五年一一月）、二五七―二六八頁。

小林陽子「成瀬仁蔵の蔵書調査―カタログ・シラバスなど資料の概要―」（第二報）『鳥取大学地域学部紀要『地域学論集』第三巻第三号（二〇〇七年三月）、二九七―三一三頁。

小島蓉子「日・米女子大学教育の比較研究序説―わが国の女子高等教育の発達に及ぼした米国東部女子カレッジ教育の影響を中心として―」日本女子大学社会福祉学科『社会福祉』第二四号（一九八三年）、六三―八三頁。

國學院大学日本文化研究所編『宗教と教育―日本の宗教教育の歴史と現状―』（弘文堂、一九九七年）。

神戸女学院百年史編『神戸女学院百年史　総説』（神戸女学院、一九七六年）。

『神戸女学院の一二五年』編集委員会編『神戸女学院の一二五年』（神戸女学院、二〇〇〇年）。

高良留美子「成瀬仁蔵の女子教育思想と平塚らいてう」新・フェミニズム批評の会編『『青鞜』を読む』（学藝書林、一九九八年）、三五〇―三七五頁。

小山静子『良妻賢母という規範』（勁草書房、一九九一年）。

國原美佐子「基督教女子教育会以前の女子教育界のグループ化」『キリスト教学校教育同盟百年史紀要』第六号（キリスト教学校教育同盟、二〇〇八年六月）、七一―八九頁。

國原美佐子「関西キリスト教主義女学校の『女文会』活動について」『キリスト教学校教育同盟百年史紀要』第七号（キリスト教学校教育同盟、二〇〇九年六月）、一―一七頁。

久山康編『日本キリスト教教育史―思潮篇―』（キリスト教学校教育同盟、一九九三年）。

レヴィット、サラ・A、岩野雅子／永田喬／エイミー・D・ウィルソン訳『アメリカの家庭と住宅の文化史―家事アドバイザーの誕生―』（渓流社、二〇一四年）。

真橋美智子「成瀬仁蔵の女子高等教育―職業教育の視点から―」日本女子大学女子教育研究所編『女子の高等教育』（ぎょうせい、一九八七年）、九八―一二五頁。

真橋美智子「成瀬仁蔵の児童観と児童教育」『日本女子大学紀要　人間社会学部』第一七号（二〇〇六年）、一六一―一七三頁。

間瀬啓允・稲垣久和編『宗教多元主義の探求―ジョン・ヒック考―』（大明堂、一九九五年）。

間瀬啓允編『宗教多元主義を学ぶ人のために』（世界思想社、二〇〇八年）。

増渕幸男「価値多元化社会における教育的価値」『教育学研究』第六四巻第三号（日本教育学会、一九九七年九月）、二六四―二七一頁。

松川成夫・本多繁「明治二十年代におけるキリスト教主義学校の一側面―北越学館・新潟女学校について―」『宣教研究』第一号（一九六八年）。

松浦良充「『同志社通則』綱領削除事件（一八九八年）と留岡幸助―『基督教ヲ以て徳育の基本とス』る同志社の動揺をめぐって―」『昭和六一・六二年度科学研究費補助金　研究成果報告書「道徳教育における宗教教育の意義に関する基礎的研究」（一九八八年三月）、一〇五―一二六頁。

水田珠枝「平塚らいてうの神秘主義（上）（下）―成瀬仁蔵・ドイツ観念論・禅との関連で―」『思想』第九九六号（岩波書店、二〇〇七年四月）、四―三三頁。第九九七号（岩波書店、二〇〇八年五月）、一二八―一四六頁。

本井康博『近代新潟におけるプロテスタント』（日本キリスト教団新潟教会、二〇〇六年）。

本井康博『近代新潟におけるキリスト教教育―新潟女学校と北越学館―』（思文閣出版、二〇〇七年）。

牟田和恵『戦略としての家族―近代日本の国民国家形成と女性―』（一九九六年、新曜社）。

武藤孝典・新井浅浩編著『ヨーロッパの学校における市民的社会性教育の発展―フランス・ドイツ・イギリス―』（東信堂、二〇〇七年）。

村田鈴子『アメリカ女子高等教育史―その成立と発展―』（春風社、二〇〇一年）。

中嶌邦「成瀬仁蔵先生と家政学（第一回）（第二回）（第三回）」『女子大通信』第三四一号（一九七七年六月）、九―一一頁。第三四二号（一九七七年七月）、一五―一八頁。第三四三号（一九七七年八月）、三三―三五頁。

中嶌邦「新潟時代の成瀬仁蔵―成瀬宛書簡の紹介を通して―」『日本女子大学紀要　文学部』第四一号（一九九二年三月）、九五―一一五頁。

中嶌邦『成瀬仁蔵』（吉川弘文館、二〇〇二年）。

中嶌邦・杉森長子編『二〇世紀における女性の平和運動―婦人国際平和自由連盟と日本の女性―』（ドメス出版、二〇〇六年）。

中嶌邦「日本女子大学の建学理念と教旨の展開」大西健夫・佐藤能丸編著『私立大学の源流―「志」と「資」の大学理念―』（学文社、二〇〇六年）、一二三―一三九頁。

中嶌邦監修、日本女子大学　平塚らいてう研究会編『女性ジャーナルの先駆け　日本女子大学校・桜楓会機関紙「家庭週報」年表』（社団法人日本女子大学教育文化振興桜楓会出版部、二〇〇六年）。

中嶌邦『成瀬仁蔵研究―教育の革新と平和を求めて―』（ドメス出版、二〇一五年）。

中村政雄編『日本女子大学校四十年史』（日本女子大学校、一九四一年）。

長野和子「成瀬仁蔵の『実践倫理』講義―日本女子大学校長成瀬仁蔵先生述実践倫理講話筆記」の検討から―」『日本女子大学大学院人間社会研究科紀要』第一九号（二〇一三年三月）、一―一五頁。

中村直子「野上弥栄子と明治女学校」『東京女子大学比較文化研究所紀要』第六九巻（二〇〇八年一月）、一―一八頁。

中村直子「明治女学校のめざしたもの、遺したもの」『東京女子大学紀要「論集」』第六二巻第一号（二〇一一年九月）、六三―八八頁。

日本デューイ学会編著『デューイ研究―デューイ来日五十周年記念論文集―』（玉川大学出版部、一九六九年）。

日本女子大学学寮一〇〇年研究会編『女子高等教育における学寮―日本女子大学　学寮の一〇〇年』（ドメス出版、二〇〇七年）。

日本女子大学女子教育研究所編『明治の女子教育』（国土社、一九六七年）。

日本女子大学女子教育研究所編『女子の生涯教育』（国土社、一九六八年）。

日本女子大学女子教育研究所編『大正の女子教育』（国土社、一九七五年）。

日本女子大学女子教育研究所編『今後の女子教育　成瀬仁蔵・女子大学論選集』（日本女子大学、一九八四年）。

日本女子大学女子教育研究所編『女子の高等教育』（ぎょうせい、一九八七年）。

日本女子大学女子教育研究所編『女子大学論』（ドメス出版、一九九五年）。

日本女子大学女子教育研究所編『現代家庭の創造と教育』（ドメス出版、一九九五年）。

日本女子大学女子教育研究所成瀬記念館編『成瀬仁蔵研究文献目録』（日本女子大学女子教育研究所成瀬記念館、一九八四年）。

『日本女子大学成瀬記念館収蔵資料目録一　旧成瀬記念室資料』（日本女子大学成瀬記念館、二〇一四年）。

日本女子大学図書館編『日本女子大学成瀬文庫目録―洋書の部・和書の部―』（日本女子大学図書館、一九七九年）。

日本教育会研修事業委員会編『宗教心と教育』（日本教育会、一九八八年）。

日本宗教学会「宗教と教育に関する委員会」編『宗教教育の理論と実際』（鈴木出版、一九八五年）。

日本宗教連盟シンポジウム『講演録』「いま、〝宗教教育〟を考える―教育基本法第九条の理念と現状―」（財団法人日本宗教連盟シンポジウム実行委員会、二〇〇三年）。

仁科節編『成瀬先生伝』（桜楓会出版部、一九二八年）。

野々村淑子「アメリカにおける近代的『母』の成立とパラドックス―『愛』・『自己統治』・『女』―」九州大学大学院人間環境学研究院教育学部門『大学院教育学研究紀要』第四号（二〇〇一年）、一〇三―一二四頁。

小川智瑞恵「一九一〇年エディンバラ世界宣教会議における教育論―日本のキリスト教女子学校を中心として―」日本キリスト教教育学会紀要『キリスト教教育論集』第九号（二〇〇一年五月）、五五―六六頁。

小原信『内村鑑三の生涯―日本的キリスト教の創造―』（ＰＨＰ研究所、一九九七年）。

沖田行司『日本近代教育の思想史研究―国際化の思想系譜―』（学術出版会、二〇〇七年）。

大浜慶子「成瀬仁蔵著『女子教育』の中国語版と近代中国における役割について」『成瀬記念館』第一九号（日本女子大学成瀬記念館、二〇〇五年）、五六―六二頁。

大橋廣・仁科節『成瀬先生のおしえ』（日本女子大学、一九五一年）。

大岩邦「明治期初期における女子教育観の一考察―成瀬仁蔵著『婦女子の職務』の成立を中心として―」『日本女子大学紀要　文学部』第八号（一九五八年三月）、二七―三九頁。

大岩邦「明治期初期における女子教育観の一考察（続）―成瀬仁蔵著『婦女子の職務』について―」『日本女子大学紀要　文学部』第九号（一九五九年三月）、四五―五四頁。

大越保「成瀬仁蔵における神秘思想と教育」『早稲田大学大学院文学研究科紀要　別冊　哲学・史学編』第一〇集（一九八四年一月）、九一―一〇〇頁。

大森秀子「明治・大正期におけるデューイの影響―成瀬仁蔵の『帰一』と教育について―」『日本デューイ学会紀要』第三七号（一九九六年六月）、一一三―一一九頁。

大森秀子「アメリカにおけるメソジスト監督教会日曜学校運動」青山学院大学総合研究所キリスト教文化研究センター編『ジョン・ウェスレーと教育』（ヨルダン社、一九九九年）、一八一―二三一頁。

大森秀子「基督教女子教育会とキリスト教連合女子大学運動」『キリスト教学校教育同盟百年史紀要』創刊号（キリスト教学校教育同盟、二〇〇三年六月）、一―三三頁。

大森秀子「ジョン・デューイと成瀬仁蔵」『日本女子高等教育の父成瀬仁蔵　あなたは天職を見つけたか』（日本女子大学、二〇〇八年）、二八―三一頁。

大森秀子「成瀬仁蔵の『帰一』に基づく宗教的人間形成論」『成瀬記念館』第二三号（日本女子大学成瀬記念館、二〇〇八年）、一八―四五頁。

大森秀子『多元的宗教教育の成立過程―アメリカ教育と成瀬仁蔵の「帰一」の教育―』（東信堂、二〇〇九年）。

大森秀子「日本の宗教教育の可能性―デューイ思想との関連において―」『日本デューイ学会紀要』第五二号（二〇一一年一〇月）、二二三―二三三頁。

大森秀子「アメリカ女子教育におけるリベラル・エデュケーションの変遷―ホーム論から家政学成立へのプロセスに着目して―」青山学院大学総合研究所研究プロジェクト報告論集 *Credo Ut Intelligam* 第二号（二〇一二年三月）、四九―五七頁。

大森秀子「成瀬仁蔵の実践倫理にみる神智学」『成瀬記念館』第二八号（日本女子大学成瀬記念館、二〇一三年）、一八―三〇頁。

大森秀子「帰一協会における宗教間対話と教育―宗教情操教育再考―」日本キリスト教教育学会紀要『キリスト教教育論集』第二二号（二〇一四年三月）、一―一三頁。

大森秀子「日米女子高等教育におけるリベラル・エデュケーション―その発祥と展開―」茂牧人・西谷幸介編『二一世紀の信と知のために―キリスト教大学の学問論―』（新教出版社、二〇一五年）、二九三―三二〇頁。

大森秀子「日本人キリスト教徒によるプロテスタント女学校―女子高等教育へのルート―」キリスト教史学会編『近代日本のキリスト教と女子教育』（教文館、二〇一六年）、七九―一〇一頁。

大森秀子「成瀬仁蔵のアメリカ留学時代再考」『成瀬記念館』第三二号（日本女子大学成瀬記念館、二〇一七年）、六八―七五頁。

大森秀子「チャールズ・W・エリオットの宗教思想と女子高等教育」青山学院大学教育学会紀要『教育研究』第六二号（二〇一八年三月）、三一―四二頁。

大森秀子「解題」『成瀬仁蔵資料集二（D2014）　アメリカ留学時代のノート（娯楽、社会改革の方法、文芸、読書）一八九二年』（日本女子大学成瀬記念館、二〇一八年三月）、四三―五八頁。

大下尚一編『ピューリタニズムとアメリカ―伝統と伝統への反逆―』（南雲堂、一九六九年）。

桜楓会八十年史出版委員会『桜楓会八十年史』（桜楓会、一九八四年）。

齋藤光『エマソン』（研究社、一九五七年）。

齋藤直子『〈内なる光〉と教育―プラグマティズムの再構築―』（法政大学出版局、二〇〇九年）。

齋藤知明「昭和前期における『宗教的情操』教育―雑誌『教育と宗教』からの一考察」『佛教論叢』第五四号（二〇一〇年三月）、一六八―一七六頁。

坂口満宏「国際協調型平和運動―『大日本平和協会』の活動とその史的位置―」『キリスト教社会問題研究』第三三号（一九八五年三月）、一一五―一四二頁。

酒本雅之『アメリカ・ルネッサンスの作家たち』（岩波書店、一九七四年）。

坂本道子「ボランティア思想の源流としての奉仕観―日本女子大学創始者成瀬仁蔵氏の『共同奉仕』を通して―」『日本女子大学紀要　人間社会学部』第五号（一九九五年三月）、一〇九―一一八頁。

坂本辰朗『アメリカ大学史とジェンダー』（東信堂、二〇〇二年）。

佐々木啓子『戦前期女子高等教育の量的拡大過程―政府・生徒・学校のダイナミクス―』（東京大学出版会、二〇〇二年）。

関口すみ子『良妻賢母主義から外れた人々―湘煙・らいてう・漱石―』（みすず書房、二〇一四年）。

柴沼晶子・新井浅浩編著『現代英国の宗教教育と人格教育（ＰＳＥ）』（東信堂、二〇〇一年）。

柴沼晶子「英国留学で得たもの―安井てつと大江スミの場合を比較して―」『新しい徳育を求めて』（敬和カレッジブックレットNo. 11）（二〇〇五年四月）、三五―五八頁。

渋川久子「成瀬仁蔵の女子教育思想―そのクリスト教と国家主義をめぐって―」『日本大学精神文化研究所・教育制度研究所紀要』第四集（一九六七年六月）、八五―一〇五頁。

島田法子・蟻川芳子・小林陽子・松沼真由子・杉森長子・小塩和人・高宮裕子「成瀬仁蔵の女子教育―初期日本女子大学校卒業生のアメリカ留学と国際交流にみる―」『日本女子大学総合研究所紀要』第五号（二〇〇二年）、一五一―一九四頁。

志水宏吉編著『教育のエスノグラフィー』（嵯峨野書院、一九九八年）。

白井堯子『明治期女子高等教育における日英の交流―津田梅子・成瀬仁蔵・ヒューズ・フィリップスをめぐって―』（ドメス

出版、二〇一八年)。

曽根暁彦『アメリカ教会史』(日本基督教団出版局、一九七四年)。

杉峰英憲「アメリカにおける草創期女子高等教育の一研究」『奈良女子大学文学部研究年報』第三三号(一九九〇年三月)、八一—一〇四頁。

鈴木美南子「澤柳政太郎における仏教思想の形成と特質—教育思想との関連において—」『澤柳政太郎全集七—宗教と教育—』(国土社、一九七五年)、解説。

鈴木美南子「近代日本における宗教と教育の関係(上)」『フェリス女学院大学紀要』第一四号(一九七九年)、二七—六〇頁。

鈴木美南子「天皇制下の国民教育と宗教—大正～昭和期を中心として—」伊藤彌彦編『日本近代教育史再考』(昭和堂、一九八六年)、二三〇—二五六頁。

鈴木美南子「戦後改革における宗教教育と信教の自由(一)(二)(三)(四)」『フェリス女学院大学文学部紀要』第二五号(一九九〇年三月)、一—二三頁。第二六号(一九九一年三月)、一—二二頁。第二七号(一九九二年三月)、八三—九九頁。第二八号(一九九三年三月)、一—二五頁。

鈴木範久『内村鑑三とその時代—志賀重昂との比較—』(日本基督教団出版局、一九七五年)。

鈴木範久『明治宗教思潮の研究』(東京大学出版会、一九七九年)。

高木壬太郎『基督教大辞典』(警醒社書店、一九一一年)。

高橋阿津美「太平洋戦争下の勤労奉仕・勤労動員—『家庭週報』にみる日本女子大学校の場合—」近代女性文化史研究会『戦争と女性雑誌—一九三一年～一九四五年』(ドメス出版、二〇〇一年)、一六一—一八五頁。

高橋原「初期宗教心理学と成瀬仁蔵」『日本女子大学総合研究所紀要』第六号(二〇〇三年)、一八—二六頁。

高橋原「帰一協会の理念とその行方—昭和初期の活動—」『東京大学宗教学年報』第二〇号(二〇〇三年三月)、四三—五四頁。

高橋原「明治知識人の宗教観と成瀬仁蔵」『日本女子大学総合研究所紀要』第一一号(二〇〇八年)、三六—五〇頁。

高橋陽一「宗教的情操の涵養に関する文部次官通牒をめぐって—吉田熊次の批判と関与を軸として—」『武蔵野美術大学研究紀要』第二九号(一九九八年)、二七—三六頁。

武田清子『土着と背教—伝統的エトスとプロテスタント—』(新教出版社、一九六七年)。

竹内整一・月本昭男編『宗教と寛容—異宗教・異文化間の対話に向けて—』(大明堂、一九九三年)。

多屋頼俊・横超慧日・舟橋一哉編『佛教学辞典』(法蔵館、一九五五年)。

谷岡郁子「近代女子高等教育機関の成立と学校デザイン」(神戸芸術工科大学大学院博士論文、一九九八年)。

https://ndlonline.ndl.go.jp/info:ndljp/pid3138583 (accessed 01-01-2019).

東京女子大学五十年史編纂委員会編『東京女子大学五十年史』(東京女子大学、一九六八年)。

常見育男『家政学成立史』(光生館、一九七一年)。

常見育男「明治期三名の家政学研究の留学者に関連して(三)」『家庭科学』第九一集(一九八二年一二月)、一二—二一頁。

鶴見俊輔『アメリカ哲学(上)(下)』(講談社、一九七六年)。

上野直蔵編『同志社百年史　通史編一』(同志社、一九七九年)。

梅根悟監修『世界教育史体系三四　女子教育史』(講談社、一九七七年)。

梅根悟監修『世界教育史体系三六　社会教育史Ⅰ』(講談社、一九七四年)。

碓井知鶴子「女子教育—『女学雑誌』を中心に—」本山幸彦編『明治教育世論の研究　上(思想・言論・宗教界編)』(福村出版、一九七二年)、二七七—三一八頁。

碓井知鶴子『女子教育の近代と現代—日米の比較教育学的試論—』(近代文藝社、一九九四年)。

臼杵陽「成瀬仁蔵の実践倫理講話とインド女子大学設立構想」『日本女子大学総合研究所紀要』第一一号(二〇〇八年)、五五—六三頁。

渡邊英一編『日本女子大学創立者　成瀬先生』(桜楓会出版部、一九二八年)。

渡辺英一「成瀬先生の帰一協会運動と時代の要求」『家庭週報』第一二二六号(一九三四年三月九日)、三頁。

渡辺英一「『帰一』の眞意(一)」「『帰一』の旨意(二)～(二〇)〔欠番(一一)〕」『桜楓新報』第三四号(一九五四年五月)、三頁。第三五号(一九五四年六月)、一頁。第三六号(一九五四年七月)、一頁。第三七号(一九五四年八月)、二頁。第三九号(一九五四年一〇月)、一頁。第四一号(一九五四年一二月)、二頁。第四三号(一九五五年二月)、二頁。第四四号(一九五五年三月)、二頁。第四五号(一九五五年四月)、五頁。第四九号(一九五五年八月)、二頁。第五一号(一九五五年一〇月)、二頁。第五六号(一九五六年四月)、五頁。第五七号(一九五六年五月)、四頁。第五八号(一九五六年六月)、一頁。第五九号(一九五六年七月)、一頁。第六〇号(一九五六年八月)、一頁。第六一号(一九五六年九月)、一頁。第六二号(一九五六年一〇月)、一頁。第六三号(一九五六年一一月)、三頁。

山口和孝「文部省訓令第十二号(一八九九年)と『宗教的情操教育ノ涵養ニ関スル』文部次官通牒(一九三五年)の歴史的意義について」『国際基督教大学学報I・A　教育研究』第二二号(一九七九年三月)、四一—六七頁。

山本和代「成瀬仁蔵から託された桜楓会の使命」『成瀬記念館』第二三号(日本女子大学成瀬記念館、二〇〇八年)、五八—七三頁。

山本鎭雄「成瀬仁蔵の社会学的世界—受容と実践—」『日本女子大学紀要　文学部』第三九号(一九九〇年三月)、八一—九一頁。

山本鎭雄「成瀬仁蔵と社会学思想—『社会学』の受容と実践—」『日本女子大学大学院人間社会研究科紀要』第七号(二〇〇一年三月)、一—一一頁。

山本泰次郎『内村鑑三　信仰・生涯・友情』(東海大学出版会、一九六六年)。

山中裕子「桜楓会託児所保母主任　丸山千代」『成瀬記念館』第三〇号(日本女子大学成瀬記念館、二〇一五年)、四七—七一頁。

山根知子「宮澤トシの『実践倫理』答案—成瀬校長の導きとトシの心の軌跡—」『成瀬記念館』第三〇号(日本女子大学成瀬記念館、二〇一五年)、一一—四一頁。

山内恵『不自然な母親と呼ばれたフェミニスト—シャーロット・パーキンズ・ギルマンと新しい母性—』(東信堂、二〇〇八年)。

山内恵「成瀬仁蔵とギルマン夫人」『成瀬記念館』第二五号(日本女子大学成瀬記念館、二〇一〇年)、一五—二七頁。

山﨑洋子「イギリス新教育思想における『自由』の宗教的性格—なぜ哲学者J・S・マッケンジーは『教育の新理想』運動にコミットしたのか—」『鳴門教育大学研究紀要』第一九巻(二〇〇四年)、一二一—一三四頁。

『柳敬助・八重夫妻展—共に歩んだ肖像画家と女性編集者—』(日本女子大学成瀬記念館、一九九六年)。

YMCA史学会編集委員会編著『新編日本YMCA史』(日本YMCA同盟日本YMCA史刊行委員会、二〇〇三年)。

米澤正雄「ジェーン・アダムズの思想形成とハル・ハウスにおけるセツルメント事業の展開—カーライル思想からトルストイ思想への転換を軸にして—」『東洋大学文学部紀要』第六二集(教育学科編XXXIV)(二〇〇九年二月)、一七一—二一八頁。

行安茂『デューイ倫理学の形成と展開』(以文社、一九八八年)。

欧文文献

1 第一次史資料

The Andover Review: A Religious and Theological Monthly, Vol.I-XIX (Boston:Houghton, Mifflin and Company, 1884-1893).

The editors of "The Andover Review" (eds.), *Progressive Orthodoxy: A Contribution to the Christian Interpretation of Christian Doctrines* (Boston and New York:Houghton, Mifflin and Company, 1885).

Aspects of Japan: Being four series of lectures delivered at the Summer School for Missionaries, Karuizawa, 1913 (Tokyo: Kyobunkan, 1913).

First Report of the Association Concordia of Japan (Tokyo: June 1913).

Second Report of the Association Concordia of Japan (Tokyo: July 1914).

Beecher, Catherine Esther and Harriet Beecher Stowe, *The American Woman's Home:or Principles of Domestic Science; being a Guide to the Formation and Maintenance of Economical, Healthful, Beautiful, and Christian Homes* (New York: J. B. Ford and Company, 1869).

Besant, Annie and C. W. Leadbeater, *Thought-Forms* (London and Benares: The Theosophical Publishing Society, 1905): 田中恵美子訳『思いは生きている―想念形体―』(竜王文庫、一九九九年)。

Twenty-Sixth Annual Report of the Boston Young Women's Christian Association (March 7, 1892).

Channing, William E., *The Works of William E. Channing D.D.* (Boston: American Unitarian Association, 1896).

Christian Education in Japan: A Study Being the Report of A Commission on Christian Education in Japan (New York: The International Missionary Council, 1932).

Daily Hampshire Gazette, March 11, 1893.

Dewey, John and James H. Tufts, *Ethics* (1908) in *The Middle Works,* Vol.5(Carbondale and Edwardsville: Southern Illinois University Press,

1979).
Dewey, John, *German Philosophy and Politics* (1915) in *The Middle Works,* Vol.5(Carbondale and Edwardsville: Southern Illinois University Press, 1979).
Dewey, John, *Democracy and Education* (New York and London: Macmillan Company,1916).
Dewey, John, *A Common Faith* (New Haven: Yale University Press, 1934): 岸本英夫訳『誰れでもの信仰』(春秋社、一九五一年)。栗田修訳『人類共通の信仰』(晃洋書房、二〇一一年)。
Eliot, Charles William, *Educational Reform: Essays and Addresses* (New York: The Century Co., 1898).
Eliot, Charles William, *University Administration* (London: Archibald Constable, 1909).
Eliot, Charles William, "Views of Charles W. Eliot and Andrew Carnegie Opposing Restriction of Immigration: Remarks of Hon. William S. Bennet of New York" (1911), 3-7. http//:pds.lib.harvard.edu/pds/view (accessed10-30-2015).
Eliot, Charles W., *Some Roads Towards Peace: A Report to the Trustees of the Endowment on Observations Made in China and Japan in 1912* (Washington D.C.: Press of Byron S. Adams, 1913).
Eliot, Charles William, *The Road toward Peace* (New and enl. ed.; Boston: Houghton Mifflin, c1915).
Eliot, Charles W., *Charles W. Eliot: The Man and His Beliefs*, Vol. I, Vol. II, edited with a biographical study by William Allan Neilson (New York and London: Harper & Brothers, Publishers, 1926).
Eliot, Charles W., *Papers of Charles William Eliot: an inventory, General Correspondence Group 1, 1909-1926*, Box20, Box21, Box22, Harvard University Archives(UAI15.894).
Elshtain, Jean Bethke (ed.), *The Jane Addams Reader* (New York: Basic Books, 2002).
Emerson, Ralph Waldo, *The Collected Works of Ralph Waldo Emerson,* Vol.II, Vol.III (Cambridge and London: The Belknap Press of Harvard University Press, 1979, 1983).
Hall, G. Stanley, Letter of G. Stanley Hall to Jinzo Naruse, September 17, 1892.
Hanson, J.W. (ed.), *The World's Congress of Religions* (Tokyo: Edition Synapse, 2006).
Hitchcock, A.N., Letter of Hitchcock A. N. to Jinzo Naruse, Decmber 4, 1893. December 11, 1893.

Imbrie, William, "Privileges granted by the Department of Education," in Daniel Crosby Greene (ed.), *The Christian movement in its relation to the new life in Japan,* Second issue (Yokohama: The Standing Committee for Co-operating Christian Missions, 1904), pp.35-42.

International Conciliation (New York: American Association for International Conciliation, 1907-1908, 1911-1914).

International Conciliation (New York: Carnegie Endowment for International Peace, 1936).

James, William, *The Varieties of Religious Experience: A Study in Human Nature* (1901-1902)(London, New York and Toronto: Longmans, Green and Co., 1952): 枡田啓三郎訳『宗教的経験の諸相（上）（下）』（岩波書店、一九六九年、一九七〇年）。

James, William, *Pragmatism: A New Name for Some Old Ways of Thinking: Popular Lectures on Philosophy* (New York: Longmans, Green and Co., 1907): 枡田啓三郎訳『プラグマティズム』（岩波書店、一九五七年）。

Japan Women's University: Its Past, Present and Future (Tokyo: 1910).

Jevons, W. Stanley, *Methods of Social Reform and Other Papers* (London: Macmillan and Co., 1883).

Judson, Cornelia, Letter of Cornelia Judson to Alice Freeman Palmer, December 7, 1890.

Judson, Cornelia, Letter of Cornelia Judson to Jinzo Naruse, December 28, 1890.

Leibniz, Gottfreid Wilhelm, *Discourse on metaphysics, Correspondence with Arnauld, and The Monadology*, trans. George R. Montgomery (Chicago: The Open Court Publishing Company, 1908).

Mott, John R. and F.S. Brockman, Letter of John R. Mott and F.S. Brockman to Jinzo Naruse, June 9, 1892.

Narey, Hope W., *Department of Physical Education, Boston Young Women's Education, October 1891, to June, 1892.*

Naruse, Jinzo, Inazo Nitobe and Kazutami Ukita (eds.), *Life: A Periodical Magazine for Japanese Students of English*, Vol.I, No.1(1910). *Life: A Review of Modern Thought, Life and Art,* Vol.1, No.2 (1910), *Life and Light: A Survey of Modern Thought, Life and Art,* Vol.1, No.3 - No.6 (1911).

Naruse, Jinzo, *International Conciliation: The Concordia Movement* (New York: American Association for International Conciliation, 1912).

Nitobe, Inazo, *Bushido: The Soul of Japan* (Tokyo: Kodansha International Ltd., 1998).

Pieters, Albertus, "The Educational Situation," in Ernest W. Clement and Galen M. Fisher (eds.), *The Christian Movement in Japan: Seventh Annu-*

al Issue (Tokyo: Methodist Publishing House, 1909), pp.287-291.

Russell, E. Harlow, Letter of E. Harlow Russell to Alice Freeman Palmer, Novemver 17, 1892.

Sawyer, Frederic W., *A Plea for Amusements* (New York: D. Appleton and Company, 1847).

Sawyer, Frederic William, *A Plea for Amusements* (reprinted ed., Memphis: General Books, 2010).

Scudder, Doremus, Letter of Doremus Scudder to Jinzo Naruse, May 19, 1893. May 23, 1890.

Journal of Henrietta Chapin Seelye, March 5, 1893.

Smith College Official Circular, No.19 (1892).

Talbot, Marion, "Moral and Religious Influences as Related to Environment of Student Life. Dormitory Life for College Women," *Religious Education*, Vol. IV, No.1 (April 1909), 41-46.

Talbot, Marion, *More Than Lore: Reminiscences of Marion Talbot, Dean of Women, The University of Chicago, 1892-1925* (Chicago: The University of Chicago Press, 1936).

Theosophical Manuals, Vol. X, Vol.XVII (Point Loma, California.: The Aryan Theosophical Press,1907 and 1908).

Vermont Watchman & State Journal, July 15, 1891.

Calender of Wellesley College 1890-1891 and 1891-1892 (Boston: Frank Wood, Printer, 1891 and 1892).

*The Wellesley Prelud*e, Vol.II.-No.25 (April 11, 1891) and Vol.II.-No.26 (April 18, 1891) .

http://repository.wellesley.edu/prelude/60 (accessed 05-21-2019).

http://repository.wellesley.edu/prelude/61 (accessed 05-21-2019).

World Missionary Conference 1910; Report of Commission III, Education in Relation to The Christianisation of National Life (Edinburgh and London: Oliphant, Anderson & Ferrier, and New York, Chicago and Toronto: Fleming, H. Revell Company).

2　第二次資料

Ahlstrom, Sydney E., "Theology in America: A Historical Survey," in Smith, James Ward and A. Leland Jamison (eds.), *The Shaping of American Religion* (Princeton: Princeton University Press, 1961), pp.232-321: 児玉佳與子訳『アメリカ神学思想史入門』(教文館、一九九〇年)。

Ahlstrom, Sydney E. (ed.), *Theology in America: The Major Protestant Voices from Puritanism to Neo-Orthodoxy* (Indianapolis: The Bobbs-Merrill Co., Inc., 1967).

Ahlstrom, Sydney E., *A Religious History of the American People* (New Haven and London: Yale University Press, 1972).

Bellah, Robert N., "Civil Religion in America," *Daedalus, Journal of the American Academy of Arts and Sciences* (Winter 1967), 1-21: 河合秀和訳『社会変革と宗教倫理』(未来社、一九七三年)、第一一章。

Cott, F. Nancy (ed.), *No Small Courage: A History of Women in the United States* (Oxford and New York: Oxford University Press, 2000).

Cremin, Lawrence A., *American Education: The Metropolitan Experience,1876-1980*(New York: Harper & Row Publishers, 1988).

Davis, Allen F., *American Heroine: The Life and Legend of Jane Addams* (Chicago; Ivan R. Dee, 1973).

Dorrien, Gary, *The Making of American Liberal Theology: Imaging Progressive Religion, 1805-1900* (Louisville: Westminster John Knox Press, 2001).

Elias, John L., *A History of Christian Education: Protestant, Catholic, and Orthodox Perspectives* (Malabar: Krieger Publishing Company, 2002).

Elias, John L., "Inter-Cultural Education and Religious Education, 1940-1960," *Religious Education*, Vol.103, No.4 (July-September 2008), 427-439.

Evans, Sara M., *Born for Liberty: A History of Women in America* (New York: Free Press, 1989, 1997): 小檜山ルイ・竹俣初美・矢口祐人・宇野知佐子訳『アメリカの女性の歴史―自由のために生まれて―』(明石書店、一九九七年)。

Fitzpatrick, Ellen, *Endless Crusade: Women Social Scientists and Progressive Reform* (New York and Oxford: Oxford University Press, 1990).

Friedman, Lawrence J. and Mark D. McGarvie (eds.), *Charity, Philanthropy, and Civility in American History* (Cambridge: Cambridge University Press, 2003).

Glasscock, Jean (ed.) *WellesleyCollege, 1875-1975: A Century of Women*(Massachusetts: Wellesley College, 1975).

Gould, Joseph E., *The Chautauqua Movement: An Episode in the Continuing American Revolution* (Albany: State University of New York Press, 1972).

Greenwalt, Emmett A. *The Point Loma Community in California, 1897-1942: Theosophical Experiment* (Berkeley and Los Angeles: University of California Press, 1955).

Grimmitt, Michael, "World Religions and Personal Development," in Robert Jackson (ed.), *Approaching World Religions* (London: John Murray, 1982), pp. 136-149.

Hauerwas, Stanley and John H. Westerhoff (eds)., *Schooling Christians: "Holy Experiments" in American Education* (Grand Rapids: Williams B. Eerdmans Publishing Company, 1992).

Hofstadter, Richard, *Anti-intellectualism in American Life* (New York: Alfred A. Knopf, 1964): 田口哲夫訳『アメリカの反知性主義』（みすず書房、二〇〇三年）。

Hofstadter, Richard, *Academic Freedom in the Age of the College* (New Brunswick and London: Transaction Publishers, 1966): 井門富二夫・藤田文子訳『学問の自由の歴史Ⅰ　カレッジの時代』（東京大学出版会、一九八〇年）。

Home Economics Alumni Association, *History of The Department of Home Economics, University of Chicago* (Washington, D.C.: University of Chicago Home Economics Alumni, 1972).

Ichioka, Yuji, *The Issei: The World of the First Generation Japanese Immigrants, 1885-1924* (New York and London: The Free Press, 1988): 富田虎男・条井輝子・篠田佐多江訳『一世―黎明期アメリカ移民の物語り―』（刀水書房、一九九二年）。

Jackson, Robert, *Rethinking Religious Education and Plurality: Issues in Diversity and Pedagogy* (London and New York: RoutledgeFalmer, 2004).

Jackson, Robert, "Understanding Religious Diversity in a Plural World: The Interpretive Approach," in Souza, Marian de, Kathleen Engebretson, Gloria Durka, Robert Jackson, and Andrew McGrady (eds.), *International Handbook of the Religious, Moral and Spiritual Dimensions in Education* (Secausus: Springer, 2006), pp.399-414.

Jackson, Robert, "Living with difference through religious and citizenship education: Interpretive and dialogical approaches," in Lecture at Aoyama Gakuin University (February 2007): 大森秀子監訳「宗教的市民性教育による異なるものとの共生―解釈学的対話的アプローチ―」青山学院大学総合研究所キリスト教文化研究部編『モラル教育の再構築を目指して―モラルの危機とキリス

ト教—』(教文館、二〇〇八年)、二三〇—二五九頁。

Jobling, J'annine & Ian Markham (eds.), *Theological Liberalism: Creative and Critical* (London: SPCK, 2000).

Kooij, Jacomijn C. van der, Doret J. de Ruyter and Siebren Miedema, " 'Worldview': the Meaning of the Concept and the Impact on Religious Education," *Religious Education,* Vol.108, No.2 (March-April 2013), 210-228.

Kooij, Jacomijn C. van der, Doret J. de Ruyter and Siebren Miedema, "The Merits of Using 'Worldview' in Religious Education," *Religious Education*, Vol.112, No.2 (March-April 2017), 172-184.

Koster, Donald N., *Transcendentalism in America* (Boston: Twayne Publishers, 1975).

Littell, Franklin Hamlin, *From State Church to Pluralism: A Protestant Interpretation of Religion in American History* (New York: Anchor Books, 1962): 柳生望・山形正男訳『アメリカ宗教の歴史的展開—その宗教社会学的構造—』(ヨルダン社、一九七四年)。

Marsden, George M., *The Soul of the American University: From Protestant Establishment to Established Nonbelief* (New York and Oxford: Oxford University Press, 1994).

Marty, Martin E., *The Public Church: Mainline-Evangelical-Catholic* (New York: The Crossroad Publishing Company, 1981): 三宅威仁訳『アメリカ教会の現実と使命—プロテスタント主流派・福音派・カトリック—』(新教出版社、一九九〇年)。

Mathews, Donald G., "Women's History/ Everyone's History," in Hilah F. Thomas and Rosemary Skinner Keller, *Women in New Worlds* (Nashville: Abingdon, 1981), pp.29-47.

Mayeda, Goro, "Mukyokai (The Non-Christian Group)," in B.L. Hinchman & R. W. Wood (eds.), *The Japan Christian Yearbook 1953* (Tokyo: The Christian Literature Society Christian Center, 1953), pp.319-323.

McBath, James H., "The Emergence of Chautauqua as a Religious and Educational Institution, 1874-1900," *Methodist History*, Vol.20, No.1 (October 1981), 3-12.

Metzger, Walter P., *Academic Freedom in the Age of the University* (NewYork: Columbia University Press, 1955): 新川健三郎・岩野一郎訳『学問の自由の歴史II　ユニバーシティの時代』(東京大学出版会、一九八〇年)。

Miedema, Siebren, "Heart and Reason: A Comparison of John Dewey's *A Common Faith* and His 'Religious' Poems," *Religious Education*, Vol. 105, No. 2 (March-April 2010), 175-187: 大森秀子・山室吉孝訳「心と理性—ジョン・デューイの『共通の信仰』と〈宗教的な〉

詩との比較—」『青山学院大学教育人間科学部紀要』第三号（二〇一二年三月）、二三五—二四〇頁。

Morison, Samuel Eliot, *Three Centuries of Harvard, 1636-1936* (Cambridge and London: The Belknap Press of Harvard University Press, 1936).

Nakajima, Kuni, "Jinzo Naruse," in Duke, Benjamin C. (ed.), *Ten Great Educators of Modern Japan* (Tokyo University Press, 1989), pp.67-85.

Noddings, Nel, "Looking Forward from *A Common Faith*," *Education and Culture*, Vol.25, No. 2 (Fall 2009) , 16-17.

Norman, W.H.H., "Non-Church Christianity in Japan," *The International Review of Missions* (Oxford University Press), XLVI, No.184 (October 1957), 380-393.

Omori, Hideko, "Liberal Religious Education in Japan: From the Jinzo Naruse's Perspective," in Meijer, Wilna A.J., Siebren Miedema and Alma Lanser-van der Velde (eds.), *Religious Education in a World of Religious Diversity* (Münster, New York, München and Berlin: Waxmann, 2009), pp.101-115.

Omori, Hideko, "Religious Education Leading to Higher Education for Women: Historical Insights on Modern Japan," *Religious Education*, Vol. 108, No.5 (October-December 2013), 529-541.

Omori, Hideko, "Charles William Eliot and Jinzo Naruse: Beyond the Peace Movement Between the US and Japan," *Bulletin of College of Education, Psychology and Human Studies, Aoyama Gakuin University,* Vol. 9 (March 2018), 1-10.

Palmieri, Patricia A., "Here Was Fellowship: A Social Portrait of Academic Women at Wellesley College, 1895-1920," *History of Education Quarterly* (Summer 1983), 195-214.

Parke, David B., *The Epic of Unitarianism: Original Writings from the History of Liberal Religion* (Boston: Beacon Press, 1957): 紺野義継訳『ユニテリアン思想の歴史—自由宗教の歴史の原史料による述作—』（アポロン社、一九七八年）。

Purvis, June, *A History of Women's Education in England* (Milton Keynes: Open University Press, 1991): 香川せつ子訳『ヴィクトリア時代の女性と教育—社会階級とジェンダー—』（ミネルヴァ書房、一九九九年）。

Reed, James E. and Ronald F. Prevost, *A History of Christian Education* (Nashville: Broadman & Holman Publishers, 1993).

Robert, Dana L., *American Women in Mission: A Social History of Their Thought and Practice* (Macon: Mercer University Press, 1997).

Rockefeller, Steven C., *John Dewey: Religious Faith and Democratic Humanism*(New York: Columbia University Press, 1991).

Rosenbaum, Stuart (ed.), *Pragmatism and Religion: Classical Sources and Original Essays* (Urbana and Chicago: University of Illinois, 2003).

Rosenblith, Suzanne, "Religious Education in a Liberal, Pluralist, Democratic State," *Religious Education*, Vol.103, No.5(October-December 2008), 507-510.

Roux, Cornelia, "Innovative Facilitation Strategies for Religion Education," in Souza, Marian de, Kathleen Engebretson, Gloria Durka, Robert Jackson and Andrew McGrady (eds.), *International Handbook of the Religious, Moral and Spiritual Dimensions in Education* (Secausus: Springer, 2006), pp.1293-1306.

Roux, Cornelia, "Reflective Journaling in Understanding Religious Diversity and Human Rights Values," in ISREV XV (July 2006).

Selçuk, Mualla and John Valk, "Knowing Self and Others: A Worldview Model for Religious Education in Turkey," *Religious Education,* Vol.107, No.5(October-December 2012), 443-454.

Sloan, Douglas, *Faith and Knowledge: Mainline Protestantism and American Higher Education* (Louisville: Westminster John Knox Press,1994).

Solomon, Barbara Miller, *In the Company of Educated Women: A History of Women and Higher Education in America* (New Haven and London: Yale University Press, 1985).

Stage, Sarah and Virginia B. Vincenti (eds.), *Rethinking Home Economics: Women and the History of a Profession* (Ithaca and London; Cornell University Press, 1997): 倉元綾子監訳『家政学再考―アメリカ合衆国における女性と専門職の歴史―』(近代文芸社、二〇〇二年)。

Tocqueville, Alexis de, *De la démocratie en Amérique* I, II(Gillimard, 1961); *Democracy in America*, tr., by Arthur Goldhammer (New York: The Library of America, 2004): 松本礼二訳『アメリカのデモクラシー　第一巻・第二巻』(岩波書店、二〇〇五年、二〇〇八年)。

Unger, Harlow G., *Teachers and Educators* (New York: Facts On File, 1994).

Wagoner, Jr., Jennings L., "Charles W. Eliot, Immigrants, and the Decline of American Idealism," *Biography,* Vol.8, No.1(Winter 1985), 25-36. http://www.jstor.org/stable/23539020(accessed 06-10-2016).

Wardle, Addie Grace, *History of the Sunday School Movement in the Methodist Episcopal Church* (New York: The Methodist Book Concern, 1918).

Williams, George M., *Liberal Religious Reformation in Japan* (New Horizon Press, 1984).

Wilson, James Grant and John Fiske (eds.), *Appleton's Cyclopaedia of American Biography*, Vol. 5 (reprinted ed.; Bristol: Thoemmes Press, 2002).

(org. pub. 1894.)

Woody, Thomas, *A History of Women's Education in the United States,* Vol.I (reprinted ed.; New York: Octagon Books, 1980). (org. pub. 1929.)

Woloch, Nancy, *Woman and American Experience: A Concise History* (New York: McGraw-Hill/ Irwin, 2002 and 1996).

初出一覧

本書は『多元的宗教教育の成立過程―アメリカ教育と成瀬仁蔵の「帰一」の教育―』(東信堂、二〇〇九年)の第7章・第8章とその後発表した論稿に基づいて、全面的に加筆修正しまとめたものである。初出は、以下の通りである。

第1章

「成瀬仁蔵の『帰一』に基づく宗教的人間形成論」『成瀬記念館』第二三号(日本女子大学成瀬記念館、二〇〇八年)、第一章。

"Liberal Religious Education in Japan: From the Jinzo Naruse's Perspective," in Wilna A. J. Meijer, Siebren Miedema and Alma Lanser-van der Velde (eds.), *Religious Education in a World of Religious Diversity* (Münster, New York, München and Berlin: Waxmann, 2009).

第2章

「成瀬仁蔵の『帰一』に基づく宗教的人間形成論」『成瀬記念館』第二三号(日本女子大学成瀬記念館、二〇〇八年)、第二章。

「成瀬仁蔵のアメリカ留学時代再考」『成瀬記念館』第三二号(日本女子大学成瀬記念館、二〇一七年)。

解題『成瀬仁蔵資料集二(D2014)　アメリカ留学時代のノート(娯楽、社会改革の方法、文芸、読書)一八九二年』(日本女子大学成瀬記念館、二〇一八年三月)。

第3章

「アメリカ女子教育におけるリベラル・エデュケーションの変遷―ホーム論から家政学成立へのプロセス

に着目して―」青山学院大学総合研究所研究プロジェクト報告論集 *Credo Ut Intelligam* 第二号（二〇一二年三月）。

「日本人キリスト教徒によるプロテスタント女学校―女子高等教育へのルート―」キリスト教史学会編『近代日本のキリスト教と女子教育』（教文館、二〇一六年）。

第4章

「日米女子高等教育におけるリベラル・エデュケーション―その発祥と展開―」茂牧人・西谷幸介編『二一世紀の信と知のために―キリスト教大学の学問論―』（新教出版社、二〇一五年）。

「チャールズ・W・エリオットの宗教思想と女子高等教育」青山学院大学教育学会紀要『教育研究』第六二号（二〇一八年三月）、第一章・第二章・第三章第二節。

第5章

「明治・大正期におけるデューイの影響―成瀬仁蔵の『帰一』と教育について―」『日本デューイ学会紀要』第三七号（一九九六年六月）。

「チャールズ・W・エリオットの宗教思想と女子高等教育」青山学院大学教育学会紀要『教育研究』第六二号（二〇一八年三月）、第三章第一節。

"Charles William Eliot and Jinzo Naruse: Beyond the Peace Movement Between the US and Japan," *Bulletin of College of Education, Psychology and Human Studies, Aoyama Gakuin University*, Vol. 9 (March 2018).

第6章

「成瀬仁蔵の『帰一』に基づく宗教的人間形成論」『成瀬記念館』第二三号（日本女子大学成瀬記念館、二〇〇八年）、第三章、第四章。

「成瀬仁蔵の実践倫理にみる神智学」『成瀬記念館』第二八号（日本女子大学成瀬記念館、二〇一三年）。

第7章

「帰一協会における宗教間対話と教育―宗教情操教育再考―」日本キリスト教教育学会紀要『キリスト教教育論集』第二二号（二〇一四年三月）。

"Religious Education Leading to Higher Education for Women: Historical Insights on Modern Japan," *Religious Education*, Vol. 108, No.5 (October-December 2013).

索　引

人　名

さ行

た行

な行

は行

バートン Burton, Ernest DeWitt 150, 163, 171
羽仁もと子 86, 104
ハーパー Harper, William Rainey 54, 114, 116
パーマー Palmer, Alice Freeman 116, 117, 137
原田助 143
ハリス , ウィリアム T. Harris, William T. 14
ハリス , ジョージ Harris, George 47, 48
ハルナック Harnack, Adolf von 168
ピーターズ Pieters, Albertus 119
ビーチャー Beecher, Catherine Esther 82
ヒューズ Hughes, Elizabeth Phillips 16, 114, 136, 138
平塚らいてう 17, 98
廣池千九郎 172
広津友信 96, 97, 105
ヒンクス Hincks, Edward Y. 47, 48
フェヌロン Fénelon, François de Salignac de la Mothe 74
ブース Booth, William 50
ブラヴァッキー Blavatsky, Elena Petrovna 4, 182, 185, 202, 203
ブラウン Brown, Emily M. 93, 104
プリンプトン Plimpton, George A. 147
ブルックス Brooks, Phillips 68, 69
ブレイクスリー Blakeslee, G.H. 148, 152, 153
ブレキンリッジ Breckinridge, Sophonisba P. 116, 137
フレーベル Fröbel, Friedrich Wilhelm August 84
フロイント Freund, Ernest 115
ベサント Besant, Annie Wood 4, 179, 192, 194, 202, 204
ヘッケル Haeckel, Ernst Heinrich 166
ベルグソン Bergson, Henri 166
ホール Hall, Granville Stanley 6, 74, 226
ボールズ Bowles, Gilbert 146
ホルト Holt, Hamilton 139, 147, 165, 172
本多日生 172, 212, 213, 223

ま行

マシューズ Mathews, Shailer 115, 130
マッケンジー MacKenzie, John Stuart 166
マッコーレイ MacCauley, Clay 145
松村介石 11, 34, 37-39, 43, 48, 76, 208, 209, 211, 223
松本亦太郎 143
三宅荒毅 97
三好愛吉 208-210
ミラー Miller, Lewis 64
ミル Mill, John Stuart 58
ムーディ Moody, Dwight Lyman 4, 50, 51, 53, 54, 226
村井知至 145
村上専精 208, 209
目賀田種太郎 127, 128, 140
モット Mott, John Raleigh 51-53, 77, 119, 122
森有礼 32
森田久萬人 100
森村市左衛門 143

や行

安井てつ 119, 120, 136, 138
柳敬助 192
柳八重 193
吉田熊次 207, 208
吉田静致 213, 215, 223

ら行

ライプニッツ Leibnitz, Gottfried Wilhelm 186-187, 203, 228

わ行

事　項

あ行

か行

さ行

や行

ら行

わ行

付録1　帰一運動に関する文書(1912年)

原文

PROGRESS OF CONCORDIA MOVEMEMT.

In expressing my appreciation of your kind solicitude for the promotion of the concordia movement, I take the liberty of placing before you a brief statement of the circumstances in which it had inception in Japan. For various reasons I had entertained the hope that it would be better for human happiness if a mutual understanding could be established between various moral and religious teachings existing in the East and West, and an essential point or points of concord be found and promoted and given to the people as a basis for their moral teaching. It will be seen at once that such a movement will be for the benefit of the peace of the world and of friendly relations among different nations.

When Professor Burton of Chicago University came to Japan three years ago, I talked with him on this question and he agreed with my opinion, so that since I came to America on the present visit, he has been giving me valuable assistance on behalf of the movement. I have many letters from him showing the keen interest he had in the movement. Professor Ross of the Wisconsin University came to Japan two years ago, when we discussed various questions of the relations between the Oriental and Occidental civilizations. When I saw him in America he said the movement would have been impossible three years ago, but now it was not only possible but desirable. His views may be gleaned from the following letter of introduction given to me: -

(part of the quotation is omitted)

Opinion of Christian Missionary in Japan.

The Concordia movement was duly organized in Japan last May, and there are two American missionaries among members of the Association so

formed. One of them, Dr. Sydney L. Gulick, belonging to a prominent missionary family in the Far East, writing to the organizers of the Association, says: -

(part of the quotation is omitted)

Correspondence with President Butler.

When Dr. Charles W. Eliot was in Japan last summer, Baron Shibusawa and other organizers of the movement placed before him propositions relating to it. After I had come to this country, Dr. Eliot gave me the following letter of introduction to President Butler of Columbia University, and I had several interviews with him, the purport of which will be seen from the correspondence with him also printed below: -

(part of the quotation is omitted)

New York City, Oct. 28, 1912.

President Nicholas M. Buter,
Columbia University,
New York.

My dear President Butler:

As I have said to you this morning, when you have been so kind to listen to my proposition, the concordia movement has been started by the leading men, in Japan, with a view to finding common grounds of harmony and sympathy between different religions, races and nations and ultimately to the making of their concerted efforts in the promotion of the spiritual uplift and peaceful cooperation of all branches of mankind. I must admit that such movement is of particular importance to the Japanese themselves, because you are perhaps aware

that Japan has met with so many difficult and complicated problems concerning her national life which promise no ready solution. The greatest difficulty lies in the discord between the old and new ideas and conditions which manifest themselves in the wavering faith in the traditional moral ideals on one hand, and the ever-increasing influence of the dazzling western civilization on the other. At the same time, I believe, that a movement with such an aim to the mutual understanding among different peoples of the world is not only beneficial but highly important to the welfare of mankind.

Since I came to America two months ago, I have been convinced that this view of the concordia movement is supported by almost all leaders of thought in America, and I believe that time is ripe for translating the movement into some form of tangible organization in this country.

In my view, the Japanese organization should be financially independent of the sister organization to be formed in America or any other country, and limit their relations to the matter of general cooperation in promoting the spirit of the movement.

Consequently, I have almost nothing to suggest as to the inside constitution of the organization to be formed in American on behalf of the concordia movement. I will be satisfied if the movement be promoted for the better understanding between different religions, races, and nations.

But at the same time I am afraid, the movement, though heartily supported by such a galay 〔*sic*〕 of the leading thinkers of America, will fail to have any actual effect unless it had a leader or leaders who take the trouble of making it into an organization, --- leaders who give life to the movement as an actual power of the community.

As I spoke to you this morning , I had thought and still think that you and Dr. Eliot, will be such leaders. You will forgive me in making such suggestion, in view of any conviction that without the leader who takes the initiative on behalf of the movement it cannot be more than a dead issue. I sincerely desire that you give this proposition a kind consideration and lead the movement, as it seems suitable. The movement will promote the spirit of cooperation between different nations, --- a spirit which forms the basis for the working of the principle of international brotherhood. The Japanese organization proposes to publish a magazine as an organ of the joint movement in Japan and America. We have many other proposals, awaiting further consideration, but the publication of a magazine seems to me to be an initial necessity. This will also go far in awakening the East to the spirit of co-operation, and be a new enterprise to the West which has hitherto indulged in giving one-sided charity towards other countries.

I am desirous of hearing your opinion on these points, and if further

consultation is necessary, I shall be glad to come to your office at your convenience.

I beg to assure you of my sincere appreciation of your kind reception extended to my propositions, and with highest regards.

Yours Most Sincerely,

Signed (Jinzo Naruse)

———

(part of the quotation is omitted)

———

New York City, Oct. 31, 1912.

President Nicholas Murray Butler,
Columbia University,
New York City.

My dear President Butler:

I beg to express my appreciation of your careful consideration of the proposal I have submitted to you and of your kind suggestion of making the Concordia, a movement affiliated with the Conciliation Internationale of France.

Still, I have an idea that an independent organization is required for the successful carrying out of the object of the Concordia movement. In the first place it has more of the nature of a spiritual movement than of a peace movement, which so far as I understand it, busies itself mainly with questions of political and economical relations of different nations, thus concerning itself with the material side of national life. The Concordia movement on the other hand was first promoted in Japan as a protest against the excessive materialism to which the Japanese people seemed to be inclined since their coming into contact with Western civilization. The first object of the movement was to find a common ethical motive amid the chaos of the many different religions that have come to be introduced in Japan. This desire necessitated the attempt to promote a mutual understanding between those religions and afterwards we came to think that the movement would be assisted by a better understanding of different racial ideals and different national aspirations. The Concordia movement is

therefore considered of vital importance in strengthening the moral power of a nation, and its usefulness will be decidedly increased by the cooperation of other nations. Though such a movement is emphatically required for the welfare of the Japanese people still I may say that it cannot but have beneficial influence even on the American people, in view of the recent onslaught of commercialism in this country. In short, I may sum up the difference between the Concordia and Peace movements by pointing out that the former deals mainly with the spiritual side of human life, while the latter deals mainly with the material side. I have come to the conclusion that the Concordia movement cannot achieve its ends without a wide understanding of different religious aspirations and different national characteristics. The material from which a universal and all-comprehending theory of life can be constructed has to be sought all the world over, and for that purpose it is necessary that Concordia should be promoted in different countries by different peoples having the same object in view. That is the reason why I have laid my suggestions before leading thinkers here about the organization of such an association. And as I have to leave this country before the end of November I want to have the movement made into some form of organization. I have thought that you and Dr. Eliot might become the founders of that organization. I am afraid that without such founders all those who have expressed their support and sympathy with the movement will have no rallying point to materialize their hope for the promotion of the movement. One concrete object of the movement is to publish a magazine in America and Japan and a very satisfactory arrangement will be made between the two countries whereby each will supply the other with the articles by way of exchange, and each will have its own editors, authorised to select, sift and edit the articles sent from the other side. These two organizations --- that is in America and Japan --- will cooperate so far as concerns the exchange of manuscripts, and their financial needs will have to be met each by the members of its own country, so that America has to send no money to Japan and neither Japan to America.

If you will allow me to make a frank statement of my thought --- the method of collecting money here is of course to be determined by the members in America, but it will be better suited to the nature of the Concordia movement that every member should contribute something in money or labor, so that the interest may be wide spread and universal. When you come to establish the head-quarters of the movement then it will require some large amount of money. In that case we may have to appeal to a few powerful philanthropists but until then I believe it is better not to draw any large sum from any particular source. The members in Japan are generally working along this line and thought.

At present the all-important question for starting the movement in

America is to find the founders and I take the liberty of bringing the question again to your consideration, hoping that we may talk over the matter at your earliest convenience. With kind regards,

Yours very sincerely,
Signed (Jinzo Naruse)

In the last interview with President Butler, I was given to understand that his time was too much occupied to allow him to take the initiative for starting the movement in America, but, at the same time he expressed his hearty sympathy with the movement and consented to be a councillor for its promotion.

COUNCILLORS.

Those who have consented to be coucillors of the organization which might be formed in America for the promotion of the movement, are as follows: -

(part of the quotation is omitted)

SPECIAL REASONS FOR AN AMERICAN ORGANIZATION.

I have started on this tour with the object of visiting all civilized countries with the proposal for the organization of concordia movement, because its efficiency depends largely upon the support and cooperation it obtains from the leaders of thought of different countries. But I am firmly convinced that the foundation for such a worldwide cooperation must be laid between American and Japan. This country is pre-eminently representative of the most advanced type of the western civilization and Japan occupies a similar posi-

tion with regards to the Eastern civilization. The usefulness of the concordia movement will be most effectively demonstrated by placing these two types of civilization side by side, and by finding out the point of harmony and mutual understanding between the two. The trend of world affairs in the present Century also points to the advisability of promoting such endeavor with vigour and sincereity[*sic*]. The Pacific is the place where the East meets the West politically and commercially. The awakening of Chinese and the opening of Panama can be regarded as a prelude to the great drama that will be enacted there in the years shortly to come. The world is wondering whether it will be a friendly reunion or hostile encounter. Then it seems to me to be of the utmost importance that we prepare for such a meeting ith[*sic*] a mutual and friendly understanding of thoughts and ideals prevailing on both sides of the Pacific Ocean. If we could succeed in establishing a spiritual union of the East and West, then every other thing will come to harmony by itself. This is my reason for my attaching a special importance to the organization of an association concordia in America, without whose cooperation the Japanese association will find it difficult to achieve its original object. I cannot but express my hope that the present meeting will result in the organization of the movement in America with all the success due to its lofty motives.

Source: *Papers of Charles William Eliot: an inventory, General Correspondence Group 1,1909-1926*, Box 20, Harvard University Archives (UAI15.894).

付録２　成瀬仁蔵略年譜

成瀬仁蔵略年譜は、中嶌邦『成瀬仁蔵研究―教育と平和を求めて―』や青木生子『いまを生きる　成瀬仁蔵―女子教育のパイオニア―』の巻末に掲載されている。これらの年譜をもとに、本書で扱った教育関係法規・女子教育機関・社会的出来事を選び、加筆して作成した。

西暦	年次	年齢	事項
1858	安政 5		6 月 23 日、周防国吉敷村（現在・山口県山口市吉敷）に長州藩士成瀬小右衛門、歌子の長男として生まれる 3 歳年上に姉久子がいる
1861	文久元	3	弟文吉生まれる（のち、晋と改名）
1863	3	5	吉敷郷校憲章館に入学
1865	慶應元	7	3 月、祖母没。11 月、母歌子没。やがて継母を迎える
1867	3	9	
1868	明治元	10	この年より明治 6 年まで名井守介に従い、漢学修業
1870	3	12	
1871	4	13	弟、竹下家の養子となる
1872	5	14	
1873	6	15	
1874	7	16	翌年 4 月まで山口県小郡の医師福田徳治方で調剤師となり、物理学を学ぶ 11 月、弟没 12 月、父小右衛門没
1875	8	15	5 月、山口県教員養成所に第二期生として入学
1876	9	18	6 月、教員養成所を卒業。同県室津小学校訓導となる
1877	10	19	1 月から 3 月まで二島小学校訓導 夏、沢山保羅の感化でキリスト教に傾倒、郷里を出る 11 月、大阪の浪花教会で洗礼を受ける
1878	11	20	梅花女学校開校、同校教師となる
1879	12	21	1 月、服部マスエと結婚
1880	13	22	
1881	14	23	『婦女子の職務』を出版
1882	15	24	梅花女学校を辞任し、キリスト教伝道に専念する
1883	16	25	大和郡山の伝道所に赴任
1884	17	26	大和郡山教会の初代牧師に就任 この年、同志社にて麻生正蔵（当時、白木姓）に会う
1885	18	27	

国内関連事項	国際関連事項
日米修好通商条約調印	
	ヴァッサー・カレッジ開校
	YWCA 創立
ミス・キダーの女学校(後のフェリス女学校)開校	
学制頒布	
キリスト教解禁	
東京に女子師範学校設立	アメリカ女性キリスト教禁酒同盟結成 シャトーカ湖畔にて日曜学校教師集会(後にシャトーカ運動に発展)
同志社英学校創立 神戸ホーム(後の神戸女学院)開校	ウェルズリー・カレッジ開校 スミス・カレッジ開校
海岸女学校(後の青山女学院)開校	
教育令公布	ラドクリフ・カレッジ開校
教育令改正	
女子師範学校附属高等女学校設置	
	『アンドーヴァー・レヴュー』発刊
明治女学校創立、『女学雑誌』創刊	ブリンマー・カレッジ開校

西暦	年次	年齢	事項
1886	19	28	大和郡山教会の牧師を辞任し、新潟へ赴任 新潟第一基督教会初代牧師に就任
1887	20	29	3月、沢山保羅没 5月、新潟女学校を開校、校長となる 設立に参与した北越学館開校
1888	21	30	牧師を辞任し、校長に専念
1889	22	31	麻生正蔵、北越学館に赴任
1890	23	32	アメリカ留学を志し、新潟女学校校長を辞任 年末、渡米
1891	24	33	アンドーヴァー神学校に入学、W・J・タッカー教授の知遇を受ける ノースフィールドの夏期学校参加
1892	25	34	6月、アンドーヴァー神学校を去る 9月、クラーク大学に移り、女子教育を専攻する 各地の学校、諸施設を参観する
1893	26	35	*A Modern Paul in Japan* を出版
1894	27	36	1月、帰国 3月、梅花女学校校長となる
1895	28	37	夏、麻生正蔵の執筆協力を得て、教育構想を『女子教育』にまとめる
1896	29	38	2月、『女子教育』を出版 夏、梅花女学校校長を辞任 女子大学設立運動に着手
1898	31	40	2月、妻マスエと離婚
1899	32	41	
1900	33	42	9月、マスエ没
1901	34	43	4月、日本女子大学校開校
1903	36	45	7月『学報』発刊
1904	37	46	4月、桜楓会（同窓会）を組織。『家庭週報』発刊 同校、専門学校令により認可
1905	38	47	同校、財団法人となる
1906	39	48	女子教育研究会「毎月会」を始める 軽井沢に三泉寮開寮

国内関連事項	国際関連事項
帝国大学令公布 小学校令、中学校令、師範学校令公布 東京師範学校女子部は高等師範学校女子部となる	
	マウント・ホリヨーク・カレッジ認可（セミナリーは 1837 年開校） 学生奉仕運動（SVM）組織
大日本帝国憲法発布	シカゴにハル・ハウス設立 バーナード・カレッジ開校
女子高等師範学校成立 「教育ニ関スル勅語」発布	
内村鑑三不敬事件	
	シカゴ大学創立
女子就学促進の訓令	シカゴ万国コロンビア博覧会、万国宗教大会同時開催
高等学校令公布 日清戦争始まる 関西女子教育会開催	
高等女学校規程公布 日清講和条約調印	
高等女学校令公布 文部省訓令第十二号発令 私立学校令公布	ハーグ万国平和会議
女子英学塾（後の津田英学塾）、東京女子医学校創立	
専門学校令公布	
日露戦争始まる 津田英学塾、青山女学院英文専門科、専門学校令により認可	シカゴ大学家政管理学科設置
日露講和条約調印	
日本平和協会組織	

西暦	年次	年齢	事項
1907	40	49	『講演集』第一輯を出版
1908	41	50	桜楓会に「女子大学通信教育会」を設ける
1909	42	51	通信講義録「女子大学講義」発刊
1910	43	52	英文雑誌 *LIFE* 発刊（のち、*LIFE AND LIGHT*） 女子高等教育普及のため、北越地方へ講演旅行
1911	44	53	創立十周年を期し関西地方に講演旅行 『進歩と教育』出版
1912	45	54	6月、帰一協会を組織 7月、C・W・エリオット来校、講演 8月、教育視察および帰一協会の趣旨をひろめるため、欧米旅行に出発 ポイント・ロマのラジア・ヨガ学校見学 11月、米国帰一協会設立
1913	大正2	55	3月、帰国 教育調査会会員に任命され「大学教育改善案」を提出する 『帰一協会会報』発刊
1914	3	56	『新時代の教育』出版。自助団を企画
1915	4	57	勲五等、瑞宝章を受く
1916	5	58	詩聖タゴール来校。夏タゴール軽井沢三泉寮で瞑想指導 『新婦人訓』出版 桜楓会を中心に「天心団」を組織
1917	6	59	三泉寮において「軽井沢山上の生活」と題し10回にわたり講義 臨時教育会議委員となる 11月、腸チフスにて入院（翌年春、快癒） 『世界統御の力』出版
1918	7	60	帝国教育会功牌を受ける 『女子教育改善意見』を出版 女子総合大学設立のため基金募集を企画する 9月ごろより内臓に異常を覚える
1919	8	60	肝臓癌の診断を受け、不治の病を自覚 1月29日、関係者を集めて告別講演を行う 2月、同校教育綱領「信念徹底」「自発創生」「共同奉仕」を揮毫 3月4日、永眠 3月9日、学校葬。東京都豊島区雑司ヶ谷墓地に葬る
1925	14		
1928	昭和3		
1933	8		高村光太郎作「成瀬校長胸像」除幕式
1934	9		生誕地に桜楓会により記念碑建立。現在山口市史跡
1935	10		

国内関連事項	国際関連事項
師範学校規程公布	第二回ハーグ平和会議
奈良女子高等師範学校設置	日米紳士協定
神戸女学院専門学校、専門学校令により認可	
韓国併合 実科高等女学校の設置認可	エディンバラ世界宣教会議
『青鞜』創刊 東京女子神学専門学校、専門学校令により認可	カリフォルニア排日運動
同志社女子専門学校、東京女子医学専門学校、専門学校令により認可 内務省主催三教会同	
東北帝国大学に女子学生入学許可	
	第一次世界大戦始まる
聖心女子学院高等専門学校、専門学校令により認可	国際婦人平和自由連盟結成
『婦人公論』発刊	
東京女子大学設立 大学令公布 母性保護論争起こる	第一次世界大戦終結
治安維持法改正、普通選挙法公布	
日本宗教大会	エルサレム世界宣教会議
文部次官通牒「宗教的情操ノ涵養ニ関スル留意事項」	

著者紹介

大森　秀子（おおもり　ひでこ）

青山学院大学大学院文学研究科博士課程単位取得退学。博士（教育学）。現在、青山学院大学教育人間科学部教授。

主著

『多元的宗教教育の成立過程―アメリカ教育と成瀬仁蔵の「帰一」の教育―』（東信堂、2009年）、『ジョン・ウェスレーと教育』（共著、ヨルダン社、1999年）、『21世紀の信と知のために―キリスト教大学の学問論―』（共著、新教出版社、2015年）、『近代日本のキリスト教と女子教育』（共著、教文館、2016年）。

Jinzo Naruse's Perspectives on Concordia and Higher Education for Women: A Comparative Study of Educational History

成瀬仁蔵の帰一思想と女子高等教育―比較教育文化史的研究―

2019年11月30日　　初　版第1刷発行　　〔検印省略〕

著者©大森秀子／ 発行者　下田勝司　　印刷・製本／中央精版印刷株式会社

東京都文京区向丘1-20-6　郵便振替 00110-6-37828

〒113-0023　TEL (03) 3818-5521　FAX (03) 3818-5514　発行所 株式会社 東信堂

Published by TOSHINDO PUBLISHING CO., LTD.

1-20-6, Mukougaoka, Bunkyo-ku, Tokyo, 113-0023, Japan

E-mail : tk203444@fsinet.or.jp http://www.toshindo-pub.com

ISBN978-4-7989-1592-0 C3037　